정통점성학 실전차트해석

정통점성학 실전차트해석

발행일	2015년 4월 20일

지은이	조만섭·윤소현		
펴낸이	손 형 국		
펴낸곳	(주)북랩		
편집인	선일영	편집	서대종, 이소현, 이탄석, 김아름
디자인	이현수, 곽은옥, 윤미리내	제작	박기성, 황동현, 구성우
마케팅	김회란, 박진관, 이희정		

출판등록 2004. 12. 1(제2012-000051호)
주소 서울시 금천구 가산디지털 1로 168, 우림라이온스밸리 B동 B113, 114호
홈페이지 www.book.co.kr
전화번호 (02)2026-5777 팩스 (02)2026-5747

ISBN 979-11-5585-557-7 03180(종이책) 979-11-5585-558-4 05180(전자책)

이 도서의 국립중앙도서관 출판예정도서목록(CIP)은 서지정보유통지원시스템 홈페이지(http://seoji.nl.go.kr)와
국가자료공동목록시스템(http://www.nl.go.kr/kolisnet)에서 이용하실 수 있습니다.
(CIP제어번호 : 2015011547)

정통
점성학

—————— 실전차트해석

조만섭 · 윤소현 공저

북랩 book Lab

|감사의 글|

천상의 학문인 별들에 대한 비밀과 점성학에 대한 지혜와 영감을 주시고 지식을 전해주신 창조주 하나님 아버지께 진심으로 감사를 드립니다. 27년이 지난 지금도 당신이 제게 해주신 그 말씀은 삶의 기준이 되어 왔습니다. 태초 이전부터 우리 모두는 함께 존재해왔음을 알게 해주신 창조주 하나님 아버지께 진심으로 감사를 드립니다.

수십 만 년의 시간을 뛰어넘어 잊지 않고 찾아준 페가수스에서의 인연 알리에따와 영적세계로 이끌어준 선한 영혼들에게도 감사의 인사를 전합니다. 힘들고 어려웠을 때 찾아와 노래를 불러주고 용기를 북돋아준 날개 없는 파란 눈의 천사와 가야 할 올바른 길을 안내해준 황금빛 찬란한 머릿결을 가진 천사에게 진심으로 감사의 인사를 드립니다.

『정통점성학 실전차트해석』이 나올 수 있도록 공저자로서 함께 애써준 대한점성학협회 부산경남아카데미 타로와 별자리 원장 윤소현 님에게도 감사의 인사를 전합니다. 또한 『정통점성학 실전차트해석』이 출판될 수 있도록 아낌없이 자신들의 차트를 인용할 수 있도록 허락해준 제자 분들과 지인들에게도 감사의 인사를 전합니다.   - 저자 조만섭 -

우리는 점성학을 통하여 자신의 미래를 알 수 있습니다. 점성학을 잘 활용할 수 있다면 현재의 상황을 보다 잘 이해할 수 있고 미래를 준비할 수 있습니다.   - 저자 윤소현 -

『출생차트 해석을 위한 정통점성학』이 출판되기까지 많은 방해하는 세력들이 있었다. 원고를 훔쳐가고 자료들이 들어있는 컴퓨터와 노트북, 천상의 학문인 점성학과 지혜를 27년간 기록해 놓은 노트들을 모두 훔쳐갔다. 불광동 SDH작명연구원의 Shin D-H와 그녀의 딸 무녀 Kim R-A 그리고 이들의 사주를 받은 Kang S-H가 그런 짓을 했다. 이들에 대하여 증거도 가지고 있고, 통화내역과 녹취록도 가지고 있지만 카르마로 엮이고 싶지 않았을 뿐이다. 원고를 비롯하여 모든 자료들을 도둑맞은 이래로 6개월간 다시 원고를 정리하여 『출생차트 해석을 위한 정통점성학』을 출판했다. 책이 출판되고 나서 "책을 너무 잘 썼다."는 전화도 많이 받았고 심지어는 직접 찾아오신 분들도 꽤 많았다. 『출생차트 해석을 위한 정통점성학』의 출판을 방해한 자들은 반드시 『정통점성학 실전차트해석』을 구해볼 것이고 출판을 막지 못한 것을 땅을 치고 통곡할 것이다.

점성학을 공부하는 많은 분들이 어떻게 하면 차트를 잘 볼 수 있는지 끊임없이 질문을 해 왔다. 그래서 『정통점성학 실전차트해석』이라는 책을 쓰게 되었다. 세상에 그냥 얻어지는 것은 아무것도 없다. 그것도 시간을 투자하지 않고 인간의 삶을 조망해볼 수 있는 기예를 배움에 있어 단 2~3개월 배워서 운명을 논하려고 하는 것은 욕심일 뿐이다. 이런 생각을 가지고 있는 사람들은 절대로 정통점성학을 배울 수도 없으며 배워서도 안 된다. 그것은 구업을 짓게 되는 것이며 또 다른 카르마를 만들기 때문이다. 그리고 차트를 제대로 리딩을 하기 위해서는 방향과 관계를 볼 줄 알아야 한다. 그런데 관계를 제대로 볼 줄 아는 점성가는 거의 없다. 애스펙트를 봄에 있어 다른 곳에서 배우고 온 사람들은 "길각, 흉각"이라고 말해버린다. 그러면 관계는 보이지 않는다. 그것으로 차트 해석은 끝이다. 아예 애스펙트 자체를 볼 줄 모르는 사람들도 많다. 애스펙트는 길각, 흉각을 보는 것이 아니라 방향과 관계를 보는 것이다. 심리점성술을 배우고 온 사람들은 모든 행성과 사인을 다 해석하려고 하는 습관이 들어서 더욱 정통점성학을 공부하기 힘든데 그중에서도 사인을 중심으로 해석하려는 성향이 매우 강하다. 그러다 보면 사인과 행성의 의미에 갇혀서 차트의 전체적인 흐름을 볼 수 없다.

많은 사람들이 인터넷에 떠도는 유명인의 차트나 유명 연예인의 차트를 가지고 온다. 그런 유명인의 차트는 보지 말라고 말한다. 세계적으로 유명한 사람들의 차트들과 연예인들의 삶은 우리 모두가 알고 있는 것들이다. 그러므로 이런 사람들의 차트를 보는 것은 결과를 알고 꿰어 맞추게 된다. 절대로 실력이 늘지 않는다. 그래서 제자 분들에게는 절대로 이런 사람들의 차트는 보지 못하게 한다. 이 책에는 유명인의 삶이라든가 연예인에 대한 차트해석은 거의 없다. 직접 상담을 하고 제자 분들과 함께 공부하면서 검증된 차트해석만을 기록했다. 정통점성학 블로그에 올린 차트들을 정리한 것이지만 공부를 하고자 하는 점성가들에게는 훌륭한 교재가 될 것으로 생각한다.

차트를 리딩함에 있어 맞추는 것이 목적은 아니지만 맞추어야 한다. 그래야 네이티브와 상담사 간에 라포르가 형성된다. 이것이 실전이다. 실전이 있은 후에야 상담이 이루어진다.

|차 례|

감사의 글__5

서 문__6

한국표준시 ·· 12

서머타임(일광절약시간) Summer Time 시행시간 ································ 13

실전정통점성학이란 무엇인가? ··· 14

황도대(조디악: Zodiac)의 열두 별자리 ·· 16

천구와 별자리 ··· 16

선사인 별자리가 만들어지는 원리 ·· 17

13번째 별자리 ··· 18

정통점성학 차트를 리딩하는 Geocentric방식과 Heliocenric방식 ·········· 21

하우스 시스템의 종류 ·· 22

홀사인 하우스 시스템 ·· 22

쿼드런트 하우스 시스템 ·· 24

포르투나와 스피릿 ··· 26

카지미(Cazimi) ·· 31

컴버스트(Combust) ··· 32

언더 더 선빔(Under the sunbeam) ··· 35

비아컴버스타(Viacombusta) ·· 37

노드(Node) ·· 44

픽스트 스타(Fixed stars) ·· 47

픽스트 스타 키탈파의 위력 ·· 48

픽스트 스타 알고라브의 위력 ·· 50

픽스트 스타 안타레스의 위력 ·· 52

준 로얄 픽스트 스타 카풋 알골(Caput Algol) ···································· 56

밀리터리 로얄스타 베텔게우스(Betelgeuse) ······················· 58

픽스트 스타 마르카브 페가시(Markab Pegasi) ··················· 62

아랍 점성가 알비루니의 피르다리아 ····································· 64

피르다리라에서 플래닛이 다스리는 기간 ···························· 65

피르다리아 예시차트 ·· 66

시나스트리 Ⅰ(Synastry: 궁합) ·· 69

Synastry Grid ·· 72

시나스트리 Ⅱ(Synastry: 인간관계) ···································· 74

점성술에서 픽스트 스타의 활용, 이것이 실전이다 ················· 80

회사에서 경리로 근무하고 있는 네이티브 ··························· 84

돈을 빌려 줄까요? ··· 88

남편이 궁금한 여인 ··· 92

돈을 벌 수 있을까요? ·· 96

딸을 낳을 수 있을까요? ··· 100

아들이 승진할까요? ·· 104

왜 아기가 왜 안 생기는지 궁금해요 ·································· 106

아들을 축구선수로 키울 수 있을까요? ······························ 108

인생이 그냥 궁금해서 온 네이티브 ··································· 110

여자가 여자를 사랑한 레즈비언 ······································· 114

인생이 너무 안 풀려요 ·· 116

철학을 하면 한 달에 돈 천만 원을 벌 수 있나요? ················ 118

네이티브는 동업을 해도 괜찮은지를 물어왔다 ··················· 120

타로를 배워서 직업으로 삼고 싶은데 적성에 잘 맞을까요? ····· 124

빌려준 돈을 받을 수 있을까요? ··· 126

외과의사에서 성형외과 전문의로 ······································ 128

픽스트 스타 상담을 의뢰한 네이티브 ································ 132

태어날 아이가 괜찮을지를 물어온 네이티브 ······················ 140

배우자의 재산에만 눈이 먼 된장녀 차트 ··························· 144

점성학 공부를 하기 위해 미국으로 가려 했던 네이티브 ········· 152

역학을 하면서 점성학을 배우러 온 네이티브 ····················· 158

돈에 눈이 멀어 자신의 아버지와 어머니를 이혼시킨 패륜녀 ········· 162

요정의 여왕 갈라드리엘 ··· 171

접신한 딸의 어미 ··· 172

가게손님이 갑자기 확 줄었어요 ··· 176

심리점성술이 안 맞는 것 같아요 ·· 180

사업을 하고 있는 네이티브 ·· 184

전생의 인연이 궁금한 여인 ·· 190

최면을 통한 전생의 기억 ·· 196

사업가였으나 역학을 하는 네이티브 ··· 198

타로와 점성학에 관심이 많은 네이티브 ······································· 202

진로적성 ·· 204

모든 인간의 탄생은 크게 두 가지로 나누어진다 ·························· 208

점성학이 무엇인지 궁금해서 온 네이티브 ··································· 210

네이티브와 같이 온 친구 ·· 214

소방공무원이 되고 싶은 네이티브 ·· 218

애견숍을 운영하는 네이티브 ·· 224

네이탈 출생차트와 솔라리턴차트 ·· 226

솔라리턴으로 본 네이티브의 1년 운세 ·· 228

네이탈 출생차트 생시보정 Ⅰ ··· 230

네이탈 출생차트 생시보정 Ⅱ ··· 234

배우자의 인생이 궁금한 여인 ·· 238

영화 '뷰티풀 마인드'를 생각나게 하는 네이티브 ························· 242

네이탈 출생차트 생시보정 Ⅲ ··· 246

네이탈 출생차트 생시보정 Ⅳ ··· 254

성형외과 의사가 되고 싶어 하는 학생 ·· 264

어떻게 하면 돈을 많이 벌 수 있을까요? ····································· 266

가출한 아들 ··· 270

어머니로부터 버림받은 네이티브 ··· 274

간헐적 발작 ··· 278

홀사인 하우스 시스템과 레지오 몬타누스 하우스 시스템

네이탈 출생차트해석 ·· 280

피르다리아를 통해서 사고발생 기기를 보다 ································ 292

플래닛의 배치가 비슷한 남자 네이티브의 차트 ················· 294

플래닛의 배치가 비슷한 여자 네이티브의 차트 ················· 298

네이티브가 구속될까? ····························· 300

소개받은 가게로 입주하면 돈을 벌 수 있을까요? ············· 304

선거에서 떨어진 어느 정치인 네이탈 출생차트 ··············· 308

피르다리아를 통해서 운의 흐름보기 ··················· 312

출생차트와 카르마의 관계 ························· 316

정통점성학 책에 실려있는 호라리 차트 ················· 322

동생의 친구가 죽었는지 살았는지 봐주세요 ··············· 326

정통점성학의 예언적 기능에 대하여 ··················· 330

한 하우스에 플래닛이 5개 이상 몰려있는 네이티브 ··········· 334

정신세계가 강한 네이티브 ························· 336

1분 간격으로 출생차트를 타고난 쌍둥이 네이탈 차트 ········· 338

서른이 넘도록 직업을 갖지 못한 네이탈 출생차트 ··········· 340

먼데인 ································ 342

외국인 여인과 결혼한 네이티브 ····················· 346

크리스티나 오나시스의 죽음 ······················ 348

점성학 무료프로그램 ···························· 354

점성학 유료프로그램 ···························· 355

해탈의 자유__357

참고문헌__358

◥ 한국표준시

　1954년 3월 21일부터 1961년 8월 9일까지 한국은 동경 127.5°(GMT+8 시간 30분)를 기준으로 하는 한국표준시를 사용했다. 현재 우리나라는 한국표준시를 사용하지 않고 동경 135°(GMT+9시간)를 기준으로 하는 일본표준시를 사용하고 있다. 그 이유는 역사적인 사건들 때문에 한국 고유의 표준시를 사용하는 것이 많은 불편을 초래했기 때문일 것이다.

　역사적으로 보면 일제 강점기를 비롯하여 미 군정시기가 있었다. 1945년 일본이 미국 주도의 연합국에 항복하면서 일본 오키나와에 아시아 최대의 미군기지가 들어서고 일본과 한국을 미군이 통치하게 된다. 한국은 1945년 9월부터 1948년 8월 15일 대한민국 정부가 수립되기 전까지 38°선 이남 지역에서 미군이 통치를 한 것이다. 이 때 미 군정청에서 오키나와 미군 사령부로 전화통화를 하거나 수시로 대한해협을 넘나들 때 시차를 조정해야 하는 불편함이 많았을 것이다. 그래서 한국표준시가 아닌 일본을 중심으로 하는 동경 135° 일본 표준시를 쓰게 된 것이라고 생각한다.

　이렇게 동경 135° 일본 표준시를 사용해오다가 한때 우리나라에서는 한국표준시를 사용한 적이 있다. 1954년 3월 21일부터 1961년 8월 9일까지 8년 동안 한국표준시를 사용했다. 한국표준시는 일본표준시에 비하여 약 30분 정도 앞당겨진다. 예를 들어 일본표준시 오전 11시라면 한국표준시는 오전 10시 30분이 되는 것이다. 따라서 한국표준시 사용기간에 태어난 사람은 출생시간을 30분 빼주어야 한다. 한국표준시 사용기간에 서머타임이 겹치면 1시간 30분을 빼주고, 현재 많은 점성학도들이 점성학 무료프로그램을 쓰고 있다. 무료프로그램에서는 자동으로 시간을 보정해주지 않으므로 태어난 시간을 입력할 때 현재 사용하고 있는 일본표준시에서 30분을 빼고 입력해야 정확한 것이다. 서머타임 기간이면 1시간 + 한국표준시 30분을 빼주어야 한다. 솔라파이어 프로그램에서는 자동으로 시간을 보정해준다.

◆ 서머타임(일광절약시간) Summer Time 시행시간

일반적으로 서머타임 기간에 출생한 사람은 출생차트를 입력할 때 출생시간을 한 시간 빼고 입력한다. 예를 들어 1987년 8월 9일 오전 9시에 출생한 사람이라면 출생시를 입력할 때 오전 9시가 아닌 오전 8시를 입력해야 한다.

서머타임 양력 기준			
1948년	5월 31일 자정부터	1948년	9월 22일 자정까지
1949년	3월 31일 자정부터	1949년	9월 30일 자정까지
1950년	4월 1일 자정부터	1950년	9월 10일 자정까지
1951년	5월 6일 자정부터	1951년	9월 9일 자정까지
1954년	3월 21일 자정부터	1954년	5월 5일 자정까지
1955년	4월 6일 자정부터	1955년	9월 22일 자정까지
1956년	5월 20일 자정부터	1956년	9월 30일 자정까지
1957년	5월 5일 자정부터	1957년	9월 22일 자정까지
1958년	5월 4일 자정부터	1958년	9월 21일 자정까지
1959년	5월 4일 자정부터	1959년	9월 32일 자정까지
1960년	5월 1일 자정부터	1960년	9월 18일 자정까지
1987년	5월 10일 02시부터	1987년	10월 11일 03시까지
1988년	5월 8일 02시부터	1988년	10월 9일 03시까지

🔸 실전정통점성학이란 무엇인가?

세계적인 미국의 예언가이자 심령가인 에드거 케이시에 따르면 자신의 자서전 『나는 잠자는 예언자』에서 '행성, 즉 별은 사람의 운명과 관계가 있다.'고 말하고 있다. 따라서 실전정통점성학이란 별의 운행을 통하여 인간의 삶을 예측하는 학문이다.

실전정통점성학은 예언적 기능에 초점을 맞춘 윌리엄 릴리의 크리스천 아스트랄러지를 기반으로 현대에 맞게 재해석하였으며 정교한 헬레니즘 점성학과 현실적이고 실용적인 아랍점성학을 결합한 최고의 실전점성학이다.

헬레니즘 점성학은 기원전 약 356~323년 그리스의 알렉산더 대왕이 이집트와 메소포타미아 지역인 소아시아를 점령하고 그리스문화와 동방 오리엔트 문화를 결합하여 새로운 문화인 헬레니즘 문화를 만들어내면서 탄생하게 된다. 그리고 이집트에 자신의 이름을 딴 알렉산드리아라고 하는 도시를 건설하여 이곳에서 모든 학문이 발전하고 연구가 이루어 지며 점성학도 비약적인 발전을 이루게 된다.

기원전 약 300년경 그리스의 철학자 플라톤과 그의 제자 아리스토텔레스에 의하여 판별점성학이 체계를 이루게 된다. 그리고 2세기경 이집트의 천문학자이자 지리학자인 클라우디우스 프톨레마이오스가 판별점성학에 권위를 부여함으로써 비약적으로 발전하게 된다. 그러나 로마제국시대에 교회와 권력이 결탁하면서 개인적인 노력으로 영혼의 구원이 가능하다면 교회와 황제의 권위가 무너진다는 정치적인 논리에 따라 윤회를 가리키던 당시의 용어인 '선재론(先在論)'의 개념이 교회신학에서 삭제되고 인간의 운명을 예언하는 점성학도 탄압을 받게 된다. 서기 4세기에는 동로마제국의 황제인 콘스탄티누스 대제는 기독교를 공인하면서 니케아 공의회 이후 신약성경에 실려있는 환생사상을 암시하는 구절들을 완전히 삭제한다. 또한 6세기경 동로마제국의 폭군 유스티니아누스 황제와 그의 아내는 동로마제국의 수도인 콘스탄티노플(현재 터키의 영토가 된 이스탄불)에서 공의회를 소집하여 자신들을 신격화하는 데 방해가 된다는 이유로 환생사상을 이단으로 규정하고 탄압한다. 이렇게 환생사상을 비롯한 점성학 등이 유럽에서 이단으로 규정받고 탄압받기 전 6세기까지 발전한 점성학이 헬레니즘 점성학이다.

결국 사람들이 환생사상과 점성학 또는 오컬트에 의지하게 되면 황제와 교회의 권위가 약화되고 자신들을 신격화하는 데 방해가 된다는 우려에 의해서 탄압하고 이단으로 규정해버린 것이다. 이러한 사건들 이후 7세기부터 점성학은 유럽에서 자취를 감추게 된다. 유럽의 점성학자들은 교황의 핍박과 탄압을 피해 학문적으로 자유로운 아라비아로 이주하게 된다. 그리고 중세유럽의 암흑기 천 년 동안 아라비아에서 점성학은 실용점성학으로서 꽃을 피우게 된다.

🔹 황도대(조디악: Zodiac)의 열두 별자리

조디악과 함께 마자로스는 점성학에서 12사인을 가리키는 말로 사용된다. 솔(태양)은 황도대(조디악)를 따라 돌면서 3월 20일과 9월 23일경 1년에 두 번 적도와 만나게 되는데 이때가 낮과 밤의 길이가 똑같은 춘분점과 추분점이다. 춘분점에서 추분점으로 가는 솔(태양)의 운행이 계절의 변화를 가져오고 조디악 12사인의 시작점을 결정하는 근거가 되었다.

🔹 천구와 별자리

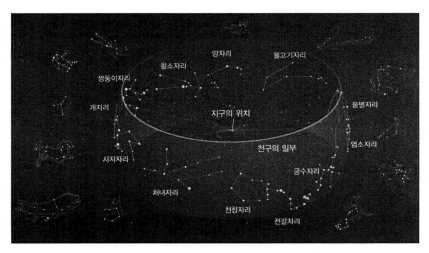

출처: 사계절의 별자리 관찰

위 그림은 천구의 개념 중 일부를 나타낸 것이다. 별들과 별자리들은 우주공간에 흩어져 있다. 위 그림은 지구를 중심으로 가상의 원구를 그려서 태양이 지나는 길인 황도를 중심으로 투영된 별자리를 나타낸 것이다. 지구에서 관측하는 사람을 중심으로 태양이 지나는 길인 황도에 투영된 별자리들을 연결하면 교점이 생기는데 이 별자리가 천구상의 별의 위치가 된다.

선사인 별자리가 만들어지는 원리

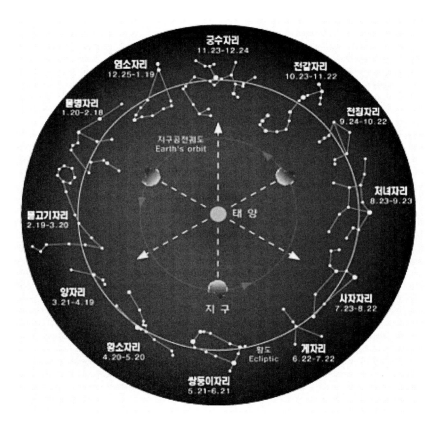

출처: 네이버 블로그 정통점성학

선사인 점성술에서 자신의 별자리가 양자리로 정해지는 원리는 다음과 같다. 위 그림을 보면 지구가 3월 20일 춘분점이 시작되는 시점에 지구는 천칭자리에 진입한다. 지구가 천칭자리에서 태양을 바라볼 때 가상의 구인 천구에 태양이 양자리에 상이 맺힌다. 그래서 천칭자리에서 지구가 태양을 바라보았을 때 태양이 양자리에 상이 맺히는 원리이다.

3월 20일부터 4월 20일 지구가 한 달 동안 천칭자리를 지나갈 때 태양은 양자리를 지나가게 된다. 이것이 선사인 심리점성술에서 각 사람이 태어난 달의 별자리가 정해지는 원리이다. 그러나 정통 고전점성학에서 보는 선사인은 단지 네이티브가 태어난 달과 계절을 보여줄 뿐이다.

🔹 13번째 별자리

한동안 13번째 별자리에 대하여 논란이 많았었다. 제자 분들도 듣고 와서는 13번째 별자리에 대하여 질문을 해왔던 적이 있었다.

논란의 발단은 미국의 허핑턴 포스트가 천문학자 파크 너클이 NBC방송의 인터뷰에서 "12개 별자리가 3000년 전 고대 바빌로니아에서 결정된 이후 지구 자전축이 점차 위치 이동을 하여 13번째 별자리인 뱀 주인(땅꾼)자리를 볼 수 있게 되었다."는 인터뷰 기사를 보도하면서 논란의 발단이 되었다. 그러나 사이드리얼 조디악 시스템인 항성 황도대에서는 원래부터 뱀 주인(땅꾼)자리가 존재했던 것이다. 이것은 트로피칼 조디악 시스템(고정 황도대)과 사이드리얼 조디악 시스템(항성 황도대)을 구분하지 못한 데서 온 것이다.

[13번째 별자리 뱀주인(땅꾼)자리]

13th sign of the Zodiac: Ophiuchus represents a man wrestling a serpent and was discarded by the Babylonians because they only wanted 12 constellations

출처: http://rakooon.tistory.com/m/post/625

13번째 별자리는 뱀 주인(땅꾼)자리로서 황도대에 발을 살짝 걸치고 있다. 천문학자 조 라오의 말에 의하면 13번째 별자리인 뱀 주인(땅꾼)자리를 처음 제기한 천문학자는 기원전 280년 전 그리스의 천문학자 아리스타쿠스라고 한다.

BC 336년경 알렉산더 대왕이 이집트와 페르시아 지역을 점령하고 소아시아와 인도까지 점령함으로써 대제국을 건설한다. 그리고 동방 오리엔트 문화와 그리스 문화를 융합시켜 새로운 헬레니즘 문화를 이룩한다. 이 시기에 고대 바빌로니아 점성술이 인도에 전해진다. 인도에서 발전된 점성술인 베딕(Vedic)점성술은 세차운동을 반영하는 사이드리얼 조디악 시스템(Sidereal Zodiac System)을 사용한다. 사이드리얼 조디악 시스템(Sidereal Zodiac System)은 실제로 존재하는 사인(Sign) 자체를 사용하며 항성황도라고 부른다. 사이드리얼 조디악 시스템(Sidereal Zodiac System)은 실제로 천문을 관측했을 때 나타나는 별자리이다.

그러나 서양에서 발전된 정통점성학인 고전점성학은 트로피칼 조디악 시스템(Tropical Zodiac System)을 사용한다. 트로피칼 조디악 시스템(Tropical Zodiac System)은 세차운동을 고려하지 않고 사인(Sign)들을 좌표로만 사용한다. 특히 픽스트 스타들이 있는 좌표로만 사용한다. 그렇기 때문에 사이드리얼 조디악 시스템(Sidereal Zodiac System)에 비하여 사인(Sign)자체는 중요하지 않다. 트로피칼 조디악 시스템(Tropical Zodiac System)은 2천 년 전인 예수의 탄생을 기점으로 한 시기인 AD에 천문학적으로 관측되었던 별자리로 만들어진 조디악 시스템이다. 트로피칼 조디악 시스템(Tropical Zodiac System)을 회기황도 또는 고정황도라고도 부르며 세차운동이 반영되지 않고 태양을 중심으로 별자리를 배치해 놓은 것이다.

실전정통점성학은 2천 년 전에 천문학적으로 관측되었던 별자리인 트로피칼 조디악 시스템(Tropical Zodiac System)을 사용한다. 이것을 사이드리얼 조디악 시스템으로 바꾸면 ☽의 위치가 달라진다. 약 26~30°의 오차가 생긴다. 왜냐하면 하늘의 별자리는 정확하게 30°씩 끊어지는 것이 아니기 때문이다. 그래서 인도 점성술인 Vedic 점성술에서는 트로피칼과 사이드리얼의 간격 차이를 아야난사(Ayanansa)라고 한다.

🐾 정통점성학 차트를 리딩하는 Geocentric방식과 Heliocenric방식

점성학은 기원전 약 3천 년경 칼데아지역에서 칼데안들이 처음 만들었다. 그 당시에는 태양 또는 별이 지구 주위를 돈다고 하는 천동설적 입장에서 생각하던 때이다. 당시에 처음 등장한 점성학 역시 천동설적 세계관에서 만들어졌고 학문이 발달되어 왔다. 갈릴레오 갈릴레이가 17세기 지동설을 주장하기 전까지 천문학적 세계관은 천동설적 세관이 지배하고 있었다. 따라서 실전정통점성학에서는 천동설의 세계관에 입각하여 발전한 Geocentric(천동설)방식의 Tropical(회기황도)방식으로 차트를 리딩한다. 전 세계 80%의 점성가들이 사용하고 있는 방식이다. 나머지 20%의 프랑스 일부 점성가와 인도 점성가들, 현대 심리점성가들은 Heliocentric방식의 Siderial(항성황도)방식을 사용한다.

트로피칼 회기황도대방식은 세차운동을 반영하지 않은 황도대이므로 태양이 위치하는 춘분점 ♈0°를 기준으로 12별자리가 배정이 된다.

사이드리얼 항성황도대방식은 세차운동을 반영한 실제로 존재하는 별자리 위치를 사용한다. 트로피칼 고정 황도대와 사이드리얼 항성 황도대는 약 25~30° 정도 차이가 생긴다. 따라서 트로피칼 회기황도대 춘분점 ♈ 0°를 기준으로 할 때 사이드리얼 항성 황도대는 ♓ 5~6° 사이에 춘분점이 걸리게 된다.

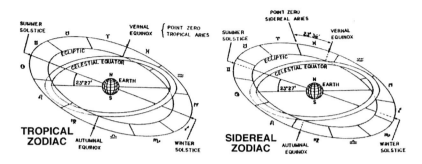

이미지 출처: http://www.quantumyoga.org

하우스 시스템의 종류

점성학에서 사용되는 하우스 시스템은 홀사인 하우스 시스템과 쿼드
런트 하우스 시스템으로 나누어진다.

홀사인 하우스 시스템

홀사인 하우스 시스템은 기초적인 하우스 시스템으로 헬레니즘시대
에 많이 쓰이던 초기 하우스 시스템으로서 하우스와 사인을 각각 30°로
맞춘 하우스 시스템이다. 처음 공부하는 초보자 점성학도들이 사용하기
쉬운 하우스 시스템이다. 홀사인 하우스 시스템은 어센던트가 위치한
하우스가 1하우스가 되며 사인은 1하우스를 기준으로 하여 차례대로 2
하우스, 3하우스, 4하우스로 돌아가면서 위치한다.

아래의 차트는 홀사인 하우스 시스템으로 출력한 차트이다. 홀사인
하우스 시스템은 사인과 하우스가 30°로 끊어진다.

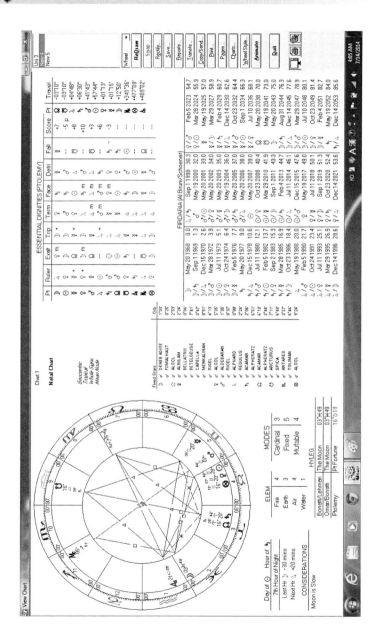

23

쿼드런트 하우스 시스템

쿼드런트 하우스 시스템은 호라이즌과 메리디안이라고 하는 두 개의 축을 기준으로 하여 어센던트, 미디움 코엘리, 디센던트, 이뮴 코엘리 4개의 쿼터로 나누어진다. 프라이머리 모션을 통해 태양은 어센던트로 떠오르고 천정점인 정오 미디움 코엘리를 지나 디센던트 아래로 내려오면 저녁이 시작되며 이뮴 코엘리 천저점에 위치하면 자정이 시작된다. 쿼드런트 시스템에는 레지오 몬타누스 시스템, 플라시두스 시스템, 알카비투스 시스템 등이 있다. 쿼드런트 시스템 중에서 전 세계적으로 플라시두스 시스템을 많이 사용한다. 그러나 윌리엄 릴리의 크리스천 아스트랄러지를 계승한 실전정통점성학에서는 윌리엄 릴리에 의해서 사용되어지고 검증된 레지오 몬타누스 하우스 시스템을 사용한다.

다음의 차트는 쿼드런트 하우스 시스템 중에서 레지오 몬타누스 하우스 시스템으로 출력한 차트이다. 홀사인 하우스 시스템으로 출력한 플래닛의 위치와 쿼드런트 하우스 시스템으로 출력한 플래닛의 위치를 잘 비교해보라.

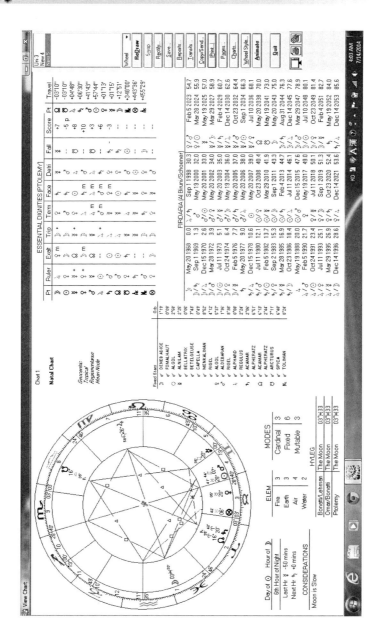

포르투나와 스피릿

점성학을 공부하는 사람들 중에서 많은 사람들이 '포르투나'에 대하여 단순히 재물을 다스린다거나 행운을 다스리는 시그니피케이터로서 알고 있는 사람들이 많다. 그러나 포르투나는 재물이 들어오고 나가는 역할을 담당하기도 하며 행운을 다스리기도 하지만 네이티브의 삶에서 운명을 지배한다. 포르투나는 고대 로마의 운명의 여신이다. 처음에는 풍요와 다산의 여신으로서 그리스의 '티케'와 동일시되었지만 점차로 행운의 여신에서 운명의 여신으로 발전하였다.

Fortuna라고 하는 이름은 라틴어 Fero(초래한다)와 같은 어원이다. 영어에서 행운의 의미를 지닌 Fortune이란 단어는 Fortuna에서 비롯되었다.

네이티비티 네이탈 차트에서 포르투나를 잘 관찰해보라. 포르투나가 어느 하우스에 위치하고 있든지 포르투나에 스퀘어나 어포지션을 이루고 있는 플래닛이 있다면 그 플래닛이 메이저나 마이너로 들어오는 시기에 반드시 네이티브에게는 삶의 소용돌이가 휩쓸고 지나갈 것이다.

결혼한 사람이라면 이혼이나 별거의 아픔과 재정적인 궁핍함을 경험하게 될 것이고, 열애 중인 연인이라면 이별의 쓰라린 아픔을 경험하게 될 것이며, 사업을 하는 사람이라면 거의 파산에 가까운 삶의 고통 속에 놓이게 될 것이다.

네이티비티 네이탈 차트에서 포르투나가 위치한 하우스는 그 어떤 하우스보다도 중요하며 네이티브의 삶에서 그 어떤 시그니피케이터나 포인트들보다도 중요하다. 왜냐하면 물질세계에서는 통용되는 수단이 돈이기 때문이다.

일곱 개의 아라비아 파트 중에서 포르투나와 스피릿이 가장 중요하다. 포르투나는 루나의 파트이며, 스피릿은 솔의 파트이다. 스피릿은 네이티브가 이 세상에서 정신적으로 영적으로 추구해야 하는 것은 무엇인지, 네이티브의 정신적인 영역에 영향을 미치는 것은 무엇인지를 보여준다. 네이티비티 네이탈 출생차트에서 포르투나를 구함으로써 스피릿을 구할 수 있다.

일각에서는 아라비아 파트가 헬레니즘시대부터 존재한다고 하면서 논란의 불씨를 지피는 점성가가 있는 줄 안다. 전 세계 사람들이 아라비아 숫자를 쓰면서 그 아라비아 숫자가 아라비아 사람들이 만든 것이 아니라 인도인이 만든 것임을 잘 알고 있다. 중세 유럽의 암흑기 아라비아를 통해서 아랍 점성가가 현실적이고 실용적인 점성학으로 발전시켜 활용함으로써 널리 알려지게 된 것이다. 그래서 그렇게 부르는 것이다. 여기에 특별한 뜻은 없다.

다음 페이지의 차트에서 포르투나는 2하우스 케프리콘 사인 $1° 30'$에 위치하고 있다. 스피릿은 11하우스 리브라 $0° 7'$에 위치하고 있다.

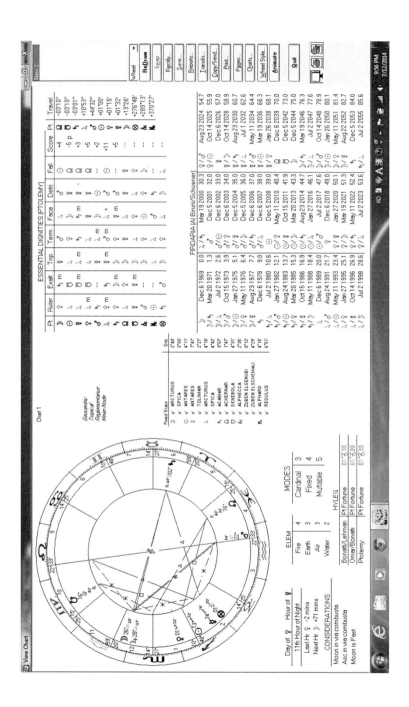

네이티비티 네이탈 출생차트에서 포르투나가 2하우스에 위치하고 있다는 것은 네이티브가 현실의 삶에서 물질을 쫓을 것이란 사실을 보여준다. 그런데 포르투나가 케프리콘 사인에 위치하고 있다는 것은 네이티브에게 무엇을 의미하는 것일까? 그것은 네이티브의 삶에서 한 번쯤은 정신적 가치와 세속적 가치 사이에서 하나의 선택을 해야 하는 기로에 놓일 수 있음을 보여주는 것이다. 이때가 되면 네이티브는 성공에 대한 야망과 욕심을 자제해야 하며 내면의 마음을 잘 다스리고 정신적 가치를 추구해야 한다. 왜냐하면 케프리콘 사인은 인간에 대한 타락을 주관하는 별자리이기 때문에 내면의 마음을 잘 다스리지 못하면 그동안 쌓아온 명성과 성공을 한순간에 모두 잃을 수 있기 때문이다.

실제로 이 네이티브는 인생에서 세속적인 가치와 정신적인 가치 사이에서 하나의 선택을 해야만 하는 순간이 되었을 때 세속적 가치인 물질을 선택했다. 그 결과 한순간에 모든 것을 잃었다.

스피릿은 리브라 0° 7′에 위치한다. 스피릿이 리브라 사인에 위치하는 것은 이 네이티브가 정신적인 영역에서 다스리는 것은 사람들과의 조화로운 관계와 정의로운 행동이다. 이것은 사람들과의 관계 속에서 상대방에게 신뢰를 주기 위해 노력해야 하며 아픔이나 피해를 입히지 않도록 하기 위하여 세심하게 배려를 하고 노력해야 한다는 것을 보여준다.

카지미 네이탈 차트(Cazimi natal chart)

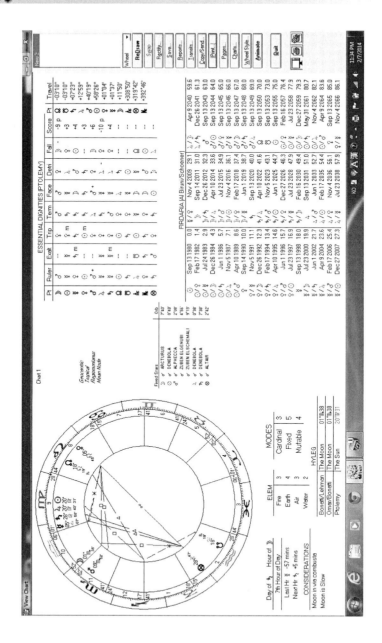

♥ 카지미(Cazimi)

　차트에서 ☉을 기준으로 ☉의 0° 0′부터 0° 17′ 사이에 어떤 플래닛이 위치할 때 카지미(Cazimi) 한다고 하며 룰러를 얻은 것만큼이나 강하다. 태풍의 눈을 생각하면 쉽게 이해할 수 있을 것이다. 태풍의 눈 안에 있으면 맑고 고요하고 깨끗하다. 그러나 태풍의 눈에서 1㎞ 밖부터는 엄청난 폭풍이 몰아친다.

　앞 페이지의 차트는 ☉이 9하우스에서 ♍ 20° 31′에 위치하며 ♃는 ♍ 20° 42′에 위치하고 있다. ♃는 ☉으로부터 11′밖에 차이가 나지 않으므로 카지미 한다. 그리고 칼데아 오더 체계에 의하여 ♃는 9하우스에서 힘을 얻는다. 그러므로 이 차트는 ♃가 매우 강하고 9하우스가 매우 강해진다. 9하우스는 정신세계를 다스리는 하우스이며 종교를 다스리는 하우스이다.

　2007년 12월 27일 메이저 ☿ 마이너 ☉이 들어와서 2009년 11월 3일까지 작용한다. 메이저 ☿는 9하우스의 룰러이며 9하우스에 위치하고 있으며 ☉이 하우스로 들어오면서 카지미 하고 있는 ♃가 동시에 매우 강해진다. 동시에 9하우스도 매우 강해진다. 이 시기에 네이티브는 접신을 하게 된다.

컴버스트(Combust)

⊙의 0° 18′부터 8° 30′까지 이 도수(디그리, Dgree)사이에 플래닛이 위
치하면 그 플래닛은 컴버스트 한다고 한다.

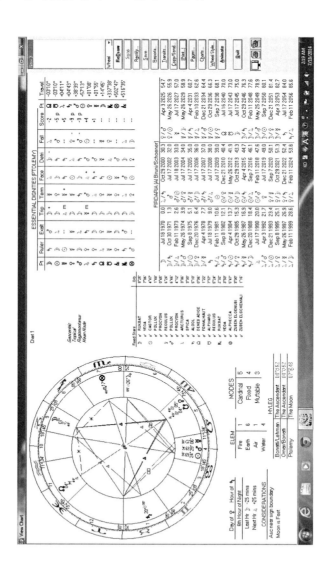

네이탈 차트는 여자의 네이탈 차트이다. ☉이 칼데아 오더 체계에 의하여 4하우스에서 힘을 얻으므로 매우 강력하다. 배우자를 다스리는 7하우스의 룰러이자 8하우스의 룰러 ♂는 4하우스에서 ☉으로부터 컴버스트 당한다.

피르다리아에서 2009년 7월 17일 메이저운이 ♂에서 ☉으로 바뀐다. 메이저운이 바뀌면서 마이너도 ☉으로 바뀐다. 이 시기에 무슨 일이 일어났을까?

4하우스로 메이저이면서 마이너인 강력한 ☉이 들어와서 배우자를 다스리는 7하우스의 룰러이며 네이티브의 큰 재물과 죽음을 다스리는 8하우스의 룰러 ♂를 컴버스트 한다. 또한 ♂는 네이티브의 보편적 재물의 시그티피케이터인 ♃를 □ 애스펙트를 이룬다. 이렇게 되면 가정에 반드시 문제가 생기는데 돈 때문에 문제가 생기는 것이다. 그리고 강력한 ☉이 컴버스트하는 배우자 ♂는 자살로 생을 마감했다.

이 차트를 처음 보았을 때 배우자가 남편을 죽음으로 몰아갔다고 판단했다. 그랬더니 네이티브는 그러지 않아도 시댁에서 네이티브를 보고 서방을 잡아먹은 년이라고 동네방네 떠들고 다녀서 미치고 환장하겠다고 했다.

이 네이티브는 남편이 무엇 때문에 죽었는지 말은 하지 않았지만 돈 때문에 자살한 것이다. 어느 날 일찍 낚시하러 간다고 하고 집을 나갔는데 높은 바위 위에서 바다로 떨어져 죽었다고 했다.

언더 더 선빔(Under the Sunbeam) 차트

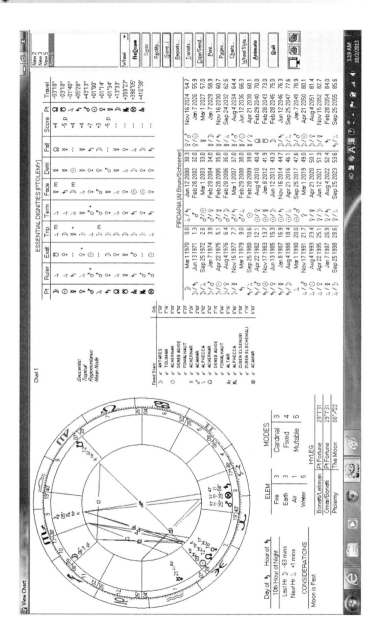

🔻 언더 더 선빔(Under the sunbeam)

⊙의 8° 31′부터 ⊙의 17°까지 이 도수 사이에 어떤 플래닛이 위치하면 언더선빔 한다고 하며 컴버스트 하는 플래닛과 언더선빔 하는 플래닛은 디트리먼트 하는 플래닛만큼이나 디그니티가 약해진다.

네이탈 차트는 9th와 4th의 룰러인 우가 2nd ♓에서 익절테이션을 얻어 매우 강하다고 할 수 있지만 ⊙로부터 언더선빔을 당하고 있으므로 매우 약하다. 그래서 네이티브는 공부를 할 수 없어 학벌이 미약하고, 가정 또한 이혼으로 가정이 해체되었다.

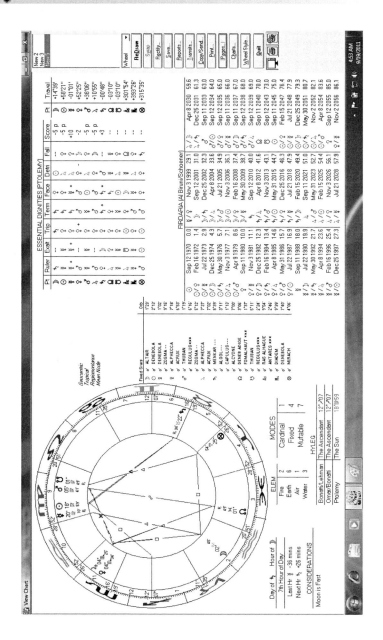

🔖 비아컴버스타(Viacombusta)

비아컴버스타는 태양이 지나는 길로써 불타는 길이라는 뜻이다. 비아컴버스타는 차트에서 두 개의 구역이 존재한다.

♈15°~♉15°까지, ♎15°~♏15°까지 양쪽에 30°씩 존재한다. 비아컴버스타에 플래닛이 몰리게 되면 그 플래닛들은 약해지고 해당 하우스는 장애가 생긴다.

● 비아컴버스타(Viacombusta) 차트 1

차트에서 ♃와 우는 ♎15°~♏15° 비아컴버스타에 정확하게 위치해 있다. ♃는 어센던트 1st의 로드이다. ♃와 우가 다스리는 인체부위의 공통적인 질병은 허리통증이다. 이 네이티브는 척추협착증(척추신경을 감싸고 있는 관이 조여들어서 통증을 유발하는 질환)으로 인하여 고통받고 있다. 몇 번의 수술과 물리치료에도 불구하고 허리통증이 계속되어 장시간 서 있을 수도 없고 장시간 의자에 앉아 있을 수도 없다. 또한 ♃는 보편적 재물의 시그니피케터이며 4th의 룰러이다. 우는 질병을 다스리는 6하우스와 직업 및 사회적 활동영역을 다스리는 10th의 룰러이다. 이 네이티브는 일을 하고 싶어도 허리통증 때문에 제대로 된 일자리를 잡을 수 없고 경제적으로도 매우 곤궁하여 제대로 된 가정 또한 이룰 수 없었다.

비아컴버스타(Viacombusta) 차트 2

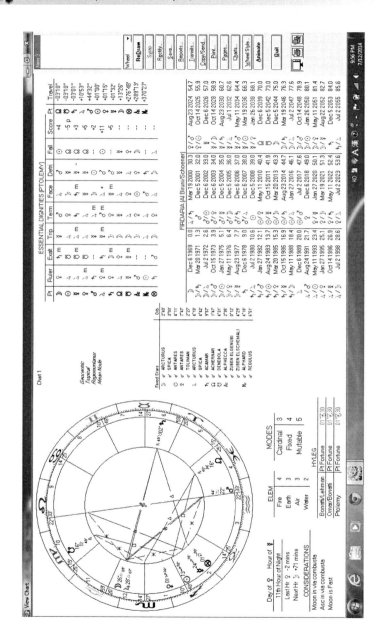

- 비아컴버스타(Viacombusta) 차트 2

네이탈 출생차트의 네이티브는 내게서 네이탈 과정과 호라리 과정을 배운 제자 분이다. 이분은 사주명리로 상담을 업으로 하시는 분이었다. 2013년 초기에 피르다리아에서 3월 20일에 마이너 루나가 들어오는데 이 시기에 무슨 일이 일어나겠느냐고 물어왔다.

이 질문을 받고 참으로 난감했다. 과연 마이너 루나시기에 무슨 일이 일어날까? 여기서 내가 틀리면 맞지도 않는 점성학을 가르친다고 하면서 과연 내게 배울까? 하는 생각이 스쳐지나갔다.

메이저 솔(태양)시기에 마이너 루나가 들어온다. 루나는 12하우스에서 쥬피터와 컨정션을 이루고 6하우스의 새턴과 어포지션 애스펙트를 이루고 있다.

마이너 루나가 12하우스로 들어옴으로써 쥬피터가 움직인다. 그리고 새턴을 어포지션 한다. 윌리엄 릴리에 따르면 재물의 시그티피케이터가 흉성으로부터 스퀘어나 어포지션을 받으면 감당할 수 없는 큰 빚을 지거나 큰 재물의 손실을 본다고 했다. 그런데 여기서 재물의 보편적 시그티피케이터인 쥬피터는 2하우스의 룰러이다. 그리고 쥬피터와 루나는 비아컴버스타에 걸려있다.

이 시기에 매우 큰 재산상의 손실이 발생할 수 있으며 마음의 큰 근심과 걱정거리가 생길 것이라고 했다. 그리고 쥬피터가 비아컴버스타에 걸려있으므로 법적으로도 자유롭지 못한 상황에 놓이게 될 수도 있을 것이라고 판단을 내렸다. 그리고 루나가 9하우스의 룰러이므로 9하우스가 움직인다. 원거리 여행이나 이동수도 생길 수 있을 것이라고 판단을 내렸다. 맞는지 안 맞는지는 2013년 3월 20일 이후 마이너 루나가 들어와야 알 수 있을 것이라고 판단했다.

그로부터 두 달 뒤에 마이너 루나가 들어오자마자 이분은 가지고 있던 전 재산을 날렸다. 그리고 법적인 문제에 얽혀서 매우 고생을 했다. 그에 따른 마음의 고통도 매우 컸다. 그리고 그 시기 아들이 입대하면서 남도지방으로 자주 내려가는 일이 생겼다.

그 이후로 수업 중에 계속 곤란한 질문을 해서 더 이상 수업을 할 수 없다고 판단했고 다른 곳에 가서 배우라고 다른 점성가를 소개해주었다. 그러나 결국 두 달을 못 배우고 다시 돌아왔다.

집착하는 마음은 좋고 나쁨을 가리게 된다. 그리고 좋고 나쁨을 가리게 되면 더욱 집착하게 된다. 좋고 나쁨을 가림과 서로 어우러져 더욱 얽히고 깊어진다. 그래서 갈등과 번민은 소용돌이에 매몰된다. 집착으로 인해서 욕심이 생겨나기 때문에 자신을 잘 다스려 항상 탐욕에 물들지 않도록 해야한다.

- 아함경

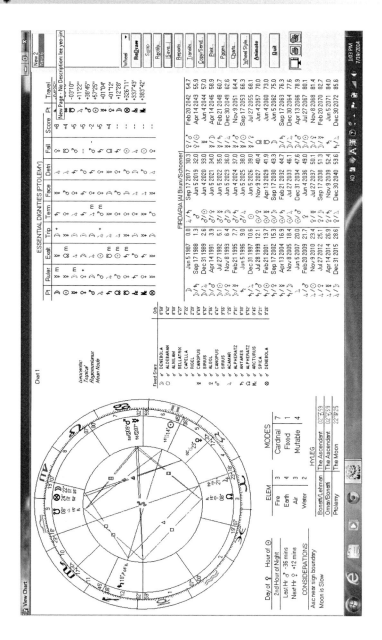

● 비아컴버스타(Viacombusta) 차트 3

네이탈 출생차트의 네이티브는 교대를 나와서 현재 초등학교 기간제 교사로 재직 중이다. 올해로 임용고시 3수를 하고 있는데 작년에 기간제 교사로 같이 근무하던 동료는 임용고시를 3개월 남겨두고 공부해서 합격하였는데 자신은 재수를 하면서도 떨어진 이유를 모르겠다고 하면서 자신의 운명이 알고 싶다고 차트 리딩을 의뢰해왔다.

이 출생차트는 직업과 사회적 활동영역을 다스리는 10th 커스프가 비아컴버스타에 걸려있다. 또한 10th의 룰러 비너스가 6th에서 10th커스프를 트라인으로 보지만 네이티브의 운명과 직업을 다스리는 포르투나를 스퀘어하며 9하우스에 걸쳐서 8하우스에 위치한 카타비바존을 스퀘어한다. 이와 같은 경우 네이티브는 직업이나 사회활동영역이 발현되지 않는다. 인생 자체가 매우 힘들어질 수 있는 것이다. 그리고 8th에 위치한 루나는 픽스트 스타 데네볼라(정신질환, 행복이 절망이 되는, 사고, 자연재해)를 컨정션하고 있다. 상담을 하다 보면 느낌이 안 좋은 네이티브가 반드시 존재한다. 그때는 미련 없이 상담을 접어야 한다. 거짓말을 하고 다른 곳에서 상담을 받았는데 다른 곳에서 상담받은 것과 왜 일치하지 않느냐고 따지는 네이티브들이 있다. 그때는 미련 없이 상담을 접고 바로 환불조치 해야 한다. 많지는 않지만 이런 네이티브들이 있다. 특히 차트에서 정신질환과 관련된 픽스트 스타 데네볼라나 알골이 컨정션하거나 1하우스에 카타비바존이 위치한 네이티브가 그러하다. 사람들은 보는 눈이 다 똑같다. 면접에서 계속 떨어지는데 면접관의 눈에 비친 자신의 모습을 잘 살펴볼 수 있어야 한다.

🔷 노드(Node)

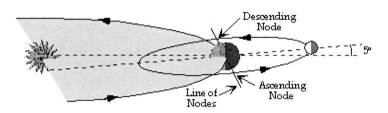

출처: http://www.opencourse.info/astronomy/introduction/04.motion_moon/

노드(Node)는 태양이 지나가는 길인 황도(皇道)와 달이 지나가는 길이 백도(白道)가 교차하는 두 지점을 나타낸다. 두 지점 중에서 북쪽에서 교차하는 노드를 노스 노드(North node), 아나비바존(Anabibazone), 라후(Rahu), 카풋 드라코니스(Caput Draconis), 드레곤 해드(Dragon's Head)라고 표현하며 ☊으로 나타낸다. 일반적으로 노스 노드는 아나비바존이라고 부른다. ☊(아나비바존)은 포춘인 주피터와 비너스의 성질을 띠며 흉성인 인포춘과 컨정션, 트레인 또는 섹스타일 애스펙트를 이루면 그 흉함을 감소시킨다.

남쪽에서 교차하는 지점을 사우스 노드(South Norde), 카타비바존(Catabibazone), 케투(Ketu), 카우다 드라코니스(Cauda Draconis), 드레곤 테일(Dragon's Tail)이라고 표현하며 ☋으로 나타낸다. 사우스 노드는 일반적으로 카타비바존이라고 부른다. ☋(카타비바존)은 인포춘인 새턴과 마르스의 성질을 띠며 흉성인 새턴이나 마르스와 애스펙트를 이루면 그 흉함이 더욱 심각하게 만든다.

차트에서 해당 시그니피케이터들이 포춘과의 애스펙트에서 좋은 관계로 작용하여 원하는 결과를 쉽게 도출될 수 있는 것처럼 보일지라도 ☋(카타비바존)과 애스펙트로 연결되면 결과가 도출되기 전까지 많은 장애에 시달리거나 방해를 받게 되며, 예기치 않게 완전히 좌절되는 결과를 가져오는 경우도 있다.

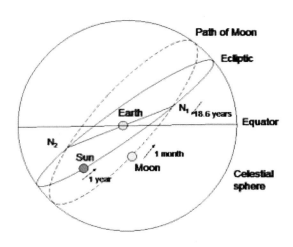

풀 한 잎이 꺾일 때 전 우주도 떨린다.

- 우파니샤드 -

픽스트 스타(Fixed stars)

픽스트 스타(Fixed stars)는 힘이 매우 강해서 인간의 삶과 리듬에 강력한 영향을 미친다. 플래닛(Planet)의 힘은 느리고 단계적으로 나타나지만 픽스트 스타는 짧은 기간에 갑자기 격렬한 반응으로 나타난다.

픽스트 스타는 네이티브에게 있어서 세 가지 중에 한가지로 발현이 된다. 첫째, 픽스트 스타는 99%가 심리적인 만족으로 발현이 된다. 둘째, 픽스트 스타가 발현되는 경우는 1% 남짓밖에 되지 않는데 네이티브 인생의 흐름을 바꾼다. 셋째, 로얄스타가 발현되기 위해서는 자격을 갖춰야 한다.

행성은 인력이 작용하지만 픽스트 스타는 자기장이 작용한다. 좋은 의미의 픽스트 스타와 나쁜 의미의 픽스트 스타의 차이는 픽스트 스타가 내뿜는 자기장의 성질이 다르기 때문이다. 이것이 원리이다. 이것을 모르면 픽스트 스타를 사용하는 점성가를 비난하는 점성가가 되는 것이다.

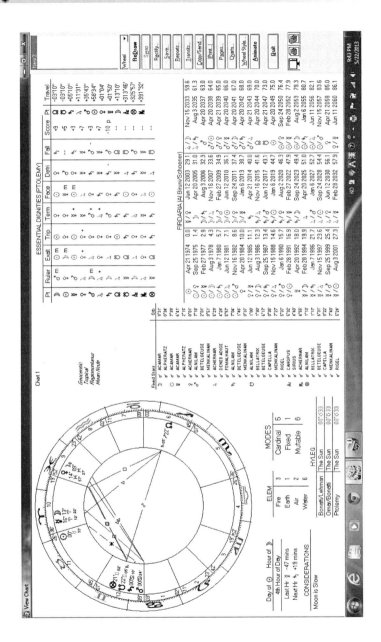

이 네이티비티 네이탈 출생차트에서 9th 커스프는 사인 ♒ 23° 42′ 픽스트 스타 키탈파(우정과 명민함 그러나 천박하고 유희와 놀기를 좋아함)와 ♂ 한다.

이 네이탈 출생차트에서 9하우스를 잘 보라. 9하우스에서 주피터와 비너스가 10하우스 사인 파이시스에서 각각 룰러와 익절테이션을 얻어서 매우 강하다. 9하우스와 10하우스가 이렇게 강하면 사람들은 생각할 것이다. 공부를 잘해서 사회적으로 명예와 지위를 얻어 성공한 사람이 되어 있을 것이라고….

그런데 이 네이티브는 대학도 나오지 못하고 고등학교도 간신히 졸업해서 현재 버스운전기사를 하고 있다. 9하우스와 10하우스에서 룰러와 익절테이션을 얻어 매우 강력한데 왜 이런 현상이 벌어졌을까? 픽스트 스타를 보지 못하면 결코 설명할 수 없다.

하우스는 환경이라고 했다. 9하우스가 강하다는 것은 네이티브가 공부할 수 있는 환경이 주어진 것이다. 그렇다. 이 네이티브는 옛날 어려운 시절 시골에서 부모님이 서울로 유학을 보내주었다. 학비를 비롯하여 네이티브가 공부할 수 있는 여건을 모두 갖추어 준 것이다. 그러나 9하우스 커스프에 픽스트 스타 키탈파(천박하고 유희와 놀기를 좋아하는)가 컨정션 하므로 룰러와 익절테이션을 얻은 플래닛보다 먼저 발현됨으로써 친구들과 어울려 술 마시고 놀기 바빴던 것이다. 픽스트 스타는 플래닛보다 우선하여 강력하게 발현된다. 키탈파 픽스트 스타가 발현되는데 무슨 자격이 필요한가? 술 잘 마시고 잘 놀 줄 알면 되는 것이다.

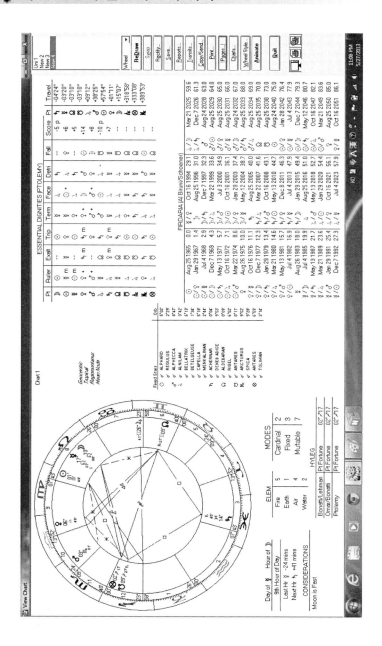

네이탈 출생차트에서 10th 커스프 13° 52′ 픽스트 스타 알고라브(저속한, 파괴적인, 불쾌, 적의, 극도로 악한, 거짓, 자살, 탐욕, 위법을 즐기는, 인포춘 새턴과 마르스 의미) 컨정션 한다.

이 네이탈 차트에서 네이티브는 9th, 10th, 11th에서 비너스와 마르스가 룰러를 얻어서 매우 강한데 피르다리아 마이너에서 비너스가 들어오고 나서 사업이 안 된다고 하면서 매우 힘들다고 했다. 네이탈 차트에서 9th, 10th, 11th가 룰러를 얻어서 매우 강한데 왜 직업에 문제가 생긴 것일까? 픽스트 스타를 볼 줄 모르면 결코 설명할 수 없다.

10하우스 커스프 리브라 사인에 픽스트 스타 알고라브가 컨정션 한다. 피르다리아 마이너에서 비너스가 들어옴으로써 사인 리브라가 움직인다. 리브라가 움직이면 픽스트 스타 알고라브가 발현된다. 픽스트 스타는 플래닛보다 우선하여 발현되므로 이 네이티브는 직업에 문제가 생길 수밖에 없는 것이다. 프로 점성가는 이것을 볼 수 있어야 한다.

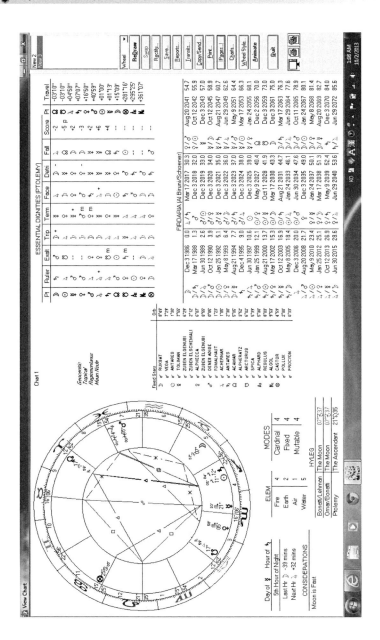

네이탈 출생차트를 네이티비티 네이탈 출생차트이다. 피르다리아에서 2000년 8월 21일 솔(태양)이 마이너로 들어온다. 솔은 새지태리어스 11° 5′에서 픽스트 스타 안타레스와 컨정션 한다.

● 이 시기에 네이티브에게 무슨 일이 일어났을까?

솔은 가정의 하우스인 4하우스에 코로드로 위치하고 있다. 밀리터리 별 픽스트 스타 안타레스는 갑작스러운 상실을 의미한다. 그렇다. 이 시기 피르다리아에서 마이너로 솔이 들어옴으로써 솔과 컨정션한 픽스트 스타 안타레스가 움직인다. 갑자기 순식간에 가정이 해체되었다. 그리고 7하우스에 위치하여 8하우스 사인 파이시스에서 룰러를 얻은 보편적 재물의 시그니피케이터 주피터와 8하우스 커스프를 솔이 스퀘어 애스펙트 한다. 이것은 솔이 피르다리아에서 마이너로 들어옴으로써 부모로부터의 경제적 단절을 의미한다.

이 네이티브는 이 당시에 지방에서 예술 중학교에 다녔을 정도로 경제적으로 풍요로운 생활을 하고 있었는데 갑자기 가정이 해체되는 바람에 인생이 나락으로 떨어지고 만다. 이 네이티브는 이 시점에서 인생의 전환점을 맞이하게 된다. 최고의 좋은 환경에서 공부를 하다가 갑작스럽게 가정이 해체되는 바람에 경제적 어려움으로 인하여 학교를 중퇴하게 되고 검정고시를 통해 학력을 인정받게 된다. 이것이 픽스트 스타의 위력이다.

픽스트 스타를 볼 줄 모르면 4하우스의 솔(태양)이 종교와 학문을 다스리는 9하우스 아나비바존을 트라인 애스펙트를 이루므로 부모로부터 도움을 받아 공부를 할 수 있을 것이라고 착각하고 있는 점성가가 있을 것이다. 픽스트 스타의 사용을 부정하는 점성가는 그렇게 생각할 것이다. 픽스트 스타는 일반 플래닛에 비하여 우선 발현된다. 이것이 원리다. 일반 플래닛은 둔중하여 그 발현이 현저히 느리다.

하나님이 감당할 시험밖에는 너희에게 당한 것이 없나니 오직 하나님은 미쁘사 너희가 감당치 못할 시험 당함을 허락지 아니하시고, 시험당할 즈음에 또한 피할 길을 내사 너희로 능히 감당(堪當)하게 하시느니라.

- 고린도 전서 10 : 13

준 로얄 픽스트 스타 카풋 알골(Caput Algol)

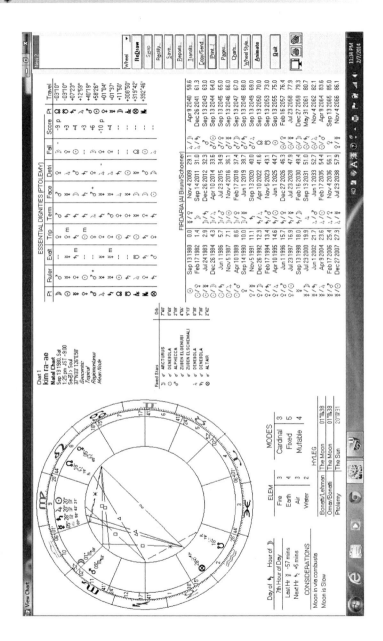

이 네이티비티 네이탈 출생차트는 네이티브의 모든 고통이 시작되는 6th의 커스프가 ♉ 24° 41′에서 준 로얄 픽스트 스타 카풋 알골(Caput Algol)과 ♂하고 있다. 카풋 알골(Caput Algol)은 메두사의 머리다(The head of Medusa). 즉, 뱀의 혓바닥을 가진 자. 네이탈 출생차트에서 픽스트 스타 알골을 ♂하고 있는 사람들은 교활함과 비열함이 하늘을 찌른다. 이런 사람들은 거짓말을 아무렇지도 않게 하며 거짓말을 숨기기 위해 또 다시 거짓말을 한다. 하지도 않은 말을 했다고 억지를 부리며 주위의 모든 사람들을 이간질 하고 은혜를 받고도 고마운 줄조차 모른다. 자신의 치부가 드러나면 사람들의 인정에 눈물로 호소를 하는 소시오패스적 성향이 매우 강하게 드러난다. 알골이 주위에 있으면 모든 사람들의 인생이 불행해진다.

이 네이티브는 피르다리아에서 ☉이 9th로 들어와서 ♃를 카지미 하는 시기 9th는 매우 강해지고 접신을 하게 된다. 그리고 자신의 아버지와 어머니를 이간질해서 이혼을 시켰다. 이것은 픽스트 스타 알골의 위력이 합쳐진 결과이다.

밀리터리 로얄스타 베텔게우스(Betelgeuse)

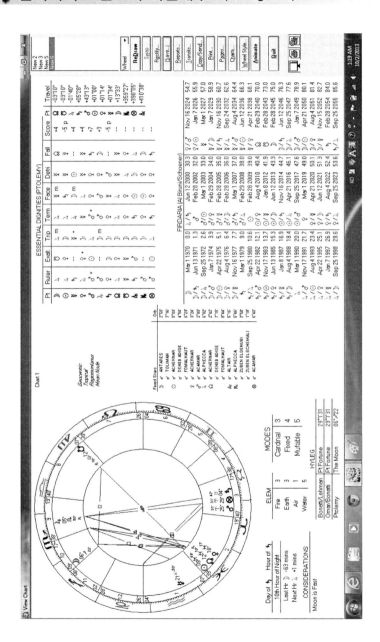

네이탈 출생차트는 네이티비티 네이탈 차트이다. 이 네이티브는 예술가이다. 음악을 하는 사람이었다. 피르다리아에서 2005년도에 ☿가 마이너로 들어온다. 일반적으로 피르다리아에서 ☿가 마이너로 들어오면 무언가 배울 것이라고 생각한다. 그렇다. 이분은 이 시기에 무언가를 배운다.

☿가 마이너로 들어오면 Ⅱ가 움직인다. Ⅱ가 움직이면 6th 커스프에 걸린 베텔게우스(Betelgeuse)가 움직인다. 네이티비티 네이탈 차트에서 픽스트 스타가 들어오면 자격을 갖추지 않았을 때 심리적인 만족감으로 발현이 되거나 인생의 흐름이 바뀐다고 말했다. 이것이 픽스트 스타를 보는 원리이다.

우리나라에서 픽스트 스타를 제대로 이해하고 볼 줄 아는 점성가가 있을까? 나는 없다고 생각한다. 베텔게우스(Betelgeuse)는 전쟁에서의 공훈, 장군을 달 수 있는 밀리터리 전쟁의 별이다. 이 픽스트 스타가 발현이 되기 위해서는 자격을 갖추어야 한다. 즉 전쟁에서 공훈을 세우기 위해서는 군인으로서 전쟁터를 누벼야 한다. 그러한 환경에 놓여 있어야 하는 것이다. 또는 3군 사관학교를 나와서 소위로 임관을 하여 정상적인 진급과정을 거쳐서 대령진급을 했을 때 장군 진급심사에서 우선적으로 별을 달 수 있는 것이다. 이렇게 자격을 갖추어야만 베텔게우스(Betelgeuse)는 발현이 된다. 생각해보라. 조폭이 장군이 될 수는 없지 않은가? 조폭이라면 이 시기에 우두머리가 되거나 일반 시민이라면 인생의 흐름이 바뀔 것이다.

이 네이티브는 음악을 하던 분이다. 타로카드와 음악가로서의 활동은 아무런 상관관계가 없다. 예술활동을 하던 분이 피르다리아에서 ☿가 마이너로 들어올 때 타로카드를 배우게 된다. 그리고 지금은 타로카드 상담을 하면서 직원을 거느리고 타로숍을 운영하고 있다. 이렇게 로얄 스타는 네이티브 인생의 흐름을 바꾼다.

[달과 별을 거는 창조주]

1100년경 샤오이궁, 빠리

하나님이 가라사대 하늘의 궁창에 광명이 있어 주야를 나뉘게 하라. 또 그 광명으로 하여 징조(徵兆)와 사시(四時)와 일자(日字)와 연한(年限)이 이루라

- 창세기 1 : 14

픽스트 스타 마르카브 페가시(Markab Pegasi)

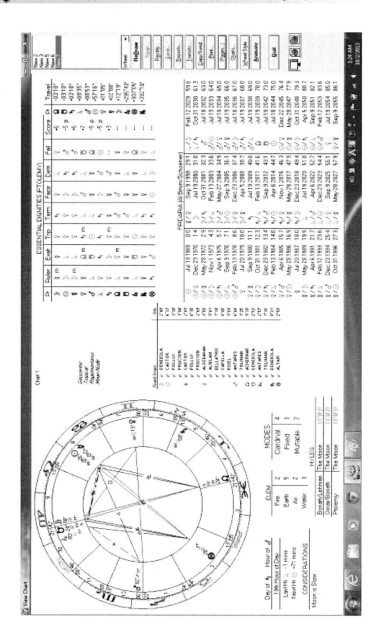

이 네이티비티 네이탈 출생차트는 2012년도 9월 9일 ♂가 피르다리아에서 마이너로 들어온다. 이 시기 메이저 ♄, 마이너 ♂, 서브마이너 ☊이 네이티브의 운의 흐름을 지배한다. 서브마이너 ☊에서 픽스트 스타 마르카브 페가시(Markab Pegasi)가 ♂한다. 픽스트 스타 마르카브 페가시(Markab Pegasi)는 법률상의 문제와 사고를 의미하는 슬픔의 별이다. 메이저 ♄, 마이너 ♂, 서브마이너 ☊시기에 본인이 감당할 수 없는 사고를 겪게 된다. 운전을 하다 신호를 받고 정차하고 있는데 큰 트럭이 엄청난 속도로 달려와서 네이티브 차를 들이 받은 것이다. 무엇이 이 네이티브를 미치게 하는 것일까? 자신은 아무 잘못이 없는데 신호를 받고 정차하고 있는데 왜 사고를 당해야 하냐고, 가만히 서 있는 자신의 차를 왜 들이 받느냐고 하는 것이다.

피르다리아에서 서브마이너 ☊시기에 픽스트 스타 마르카브 페가시(Markab Pegasi)가 ♂함으로 사건이 발생할 수밖에 없고 법률적인 분쟁까지 겪을 수밖에 없었던 것이다. 이것이 픽스트 스타 마르카브 페가시(Markab Pegasi)의 위력이다.

그리고 픽스트 스타 마르카브 페가시(Markab Pegasi)는 가정을 다스리는 4th에 위치한 Co-Lord ☊과 픽스트 스타 마르카브 페가시(Markab Pegasi)가 ♂함으로써 가정이 온전히 유지 되지 못할 것이라고 판단을 내렸다. 그러자 네이티브는 2008년 9월경 이혼을 했다고 했다. 이에 본인은 2005년도에 이혼을 했을 것이라고 생각했는데 '제가 틀렸네요.'라고 말하니 2005년도에 이혼을 한 것이 맞다는 것이다. 그러면서 차트에 그런 것이 다 나오냐고 신기하다고 했다. 2005년도에 이혼을 하고 1년 뒤 재결합을 해서 2년 동안 같이 살고 2008년 9월경 다시 이혼을 했다는 것이다. 그래서 이혼을 두 번 했다는 것이다. 피르다리아에서 ⊙이 2005년도에 들어오고 ☿도 2008년도에 들어와서 ⊗를 ♂한다. 이 시기에 이혼을 한 것이다. 네이티비티 네이탈 출생차트에서 플래닛이 포르투나를 건드릴 때 네이티브는 인생에서 가장 안 좋은 현실을 경험하게 된다.

🍃 아랍 점성가 알비루니의 피르다리아

네이티비티 네이탈 출생차트에서 피르다리아는 알프다리아라고도 하며 운의 흐름을 보는 디렉션의 핵심 기법이다. 피르다리아는 칼데안 오더의 플래닛 정렬 순서에 따라 네이탈 출생 차트에서 낮에 출생한 네이티브는 ⊙로부터 운의 흐름이 시작되며 네이탈 출생 차트에서 밤에 출생한 네이티브는 ☽로부터 운의 흐름이 시작된다. 피르다리아는 플래닛이 다스리는 연수를 계산해서 그 플래닛의 시기에 발현되는 사건을 예측하는 것이다. 우리나라에서 피르다리아를 제대로 볼 줄 아는 점성가가 있을까? 나는 없다고 생각한다. 피르다리아를 제대로 볼 줄 모르기 때문에 피르다리아를 활용하는 점성가를 폄하하고 현실적이고 실용적인 아랍점성학을 폄하하는 것이다.

🔖 피르다리라에서 플래닛이 다스리는 기간

플래닛	다스리는 연수
♄	11년
♃	12년
♂	7년
☉	10년
♀	8년
☿	13년
☽	9년
☊	3년
☋	2년

운의 흐름을 보는 디렉션 기법 중 '피르다리아' 또는 '알프다리아'라고 하는 기법은 아랍 점성가 알비루니에 의하여 체계화 되었다. 피르다리 아는 네이티비티 네이탈 차트 리딩에서 운의 흐름을 보는 디렉션 기법 중에서 가장 정확한 방법 중의 하나이다.

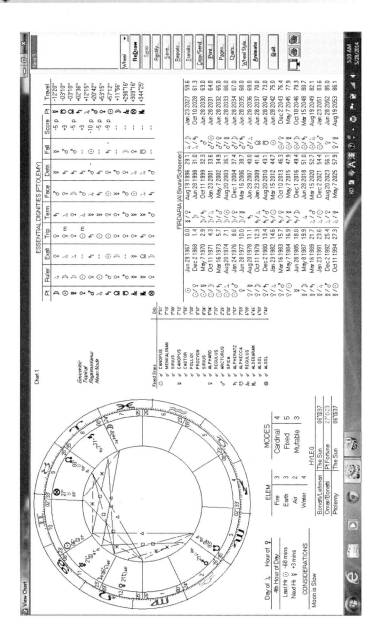

이 네이티비티 네이탈 출생차트는 2013년 10월 10일 메이저 ♄ 마이너 우가 피르다리아에서 들어온다. 위 네이티브에게 피르다리아에서 마이너 우가 들어오면 이 시기에 어떤 일이 발생할까?

피르다리아에서 메이저 ♄ 이 8th에 위치하며 디스포지터인 ♂가 8th의 룰러이면서 2nd에서 디트리먼트 하고 있다. 이 사실을 통해서 위 네이티브는 메이저 ♄ 이 다스리는 동안 경제적으로 어려움을 겪을 것이라는 사실을 알 수 있다. 실제로 몇 년에 걸친 경제적 어려움으로 인하여 극심한 스트레스에 시달리고 있었다.

일단 마이너 우가 2013년도 10월 10일 피르다리아에서 들어온다. 위 네이티브에게 무슨 일이 일어날까? 비너스가 9th의 룰러이면서 12th로 들어온다. 9th에서 사인 ♉는 인터셉티드 한다. 즉 사인 ♉의 의미가 가장 강하게 드러나는 것이다. 다시 말하면 사인 ♉를 다스리는 우도 그 의미가 강하게 드러난다는 의미이다. 마이너 우시기에 외국에 나갈 일이 생길 것이라고 판단을 내렸다. 무엇과 관련하여 외국에 나갈 것인가? 우의 디스포지터인 ☉이 10th에 위치하여 11th 사인 ♋의 영향을 받고 있고, 9th와 3rd에 각각 ✳과 △ 애스펙트를 이루고 있으므로 직업과 사회생활에서 관계된 사람들에 의하여 외국에 나갈 일이 생길 것이라고 판단했다.

● 그럼 언제 외국에 나갈 일이 생길 것인가?

서브마이너 ☿시기의 마이너 서브 마이너 ☽시기인 2014년 4월 23일~5월 13일 사이에 외국에 나갈 것이라고 판단을 내렸다. 실제로 위 네이티브는 서브마이너가 ☿ 이므로 직업과 관련하여 연수 형식으로 2014년 5월 6일 외국에 나갔다 왔다.

그렇다면 서브마이너 ☿ 시기에 외국에 나갈 일만 생기는 것일까? 위 네이탈 차트에서 ☿는 8th의 룰러인 ♂가 2nd에 위치하여 ☿를 □ 애스펙트 하고 있다. 서브마이너 ☿ 시기에 직접적으로 돈이 나갈 일이 생긴다. ☿는 1st의 사인 ♍의 룰러이다. ♂는 8th의 룰러이다. 이것은 사고나 수술을 의미한다. ♂는 3rd의 룰러이기도 하므로 교통사고나 수술로 인하여 돈이 나갈 것이라고 판단했다.

실제로 돈이 나갔으나 교통사고는 아니고 ☿가 다스리는 사인 ♍의 인체부위인 복부부분, 즉 소장의 끝에서 대장이 시작되는 부위다. 맹장 수술을 했다. 서브마이너 ☿, 마이너 서브 마이너 ☿ 시기인 2014년 4월 3일~4월 23일 사이에….

연초에 상담을 의뢰한 분이었는데 당시에는 차트에 보이는 대로 리딩을 해주었다. 5월 20일경 다시 소식을 접하게 되어 확인한 것이다. 인생은 차트에 나와 있는 대로 흘러간다는 사실을 다시 한 번 확인할 수 있었다.

🔖 시나스트리 I (Synastry: 궁합)

남성의 시나스트리에서는 ☽를 가장 중요하게 보고 그 다음으로 ♀를 살핀다. 여성의 시나스트리에서는 ☉을 가장 중요하게 보고 그 다음으로 ♂를 살핀다.

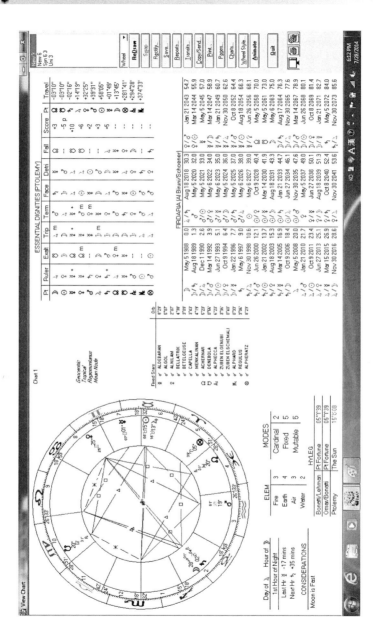

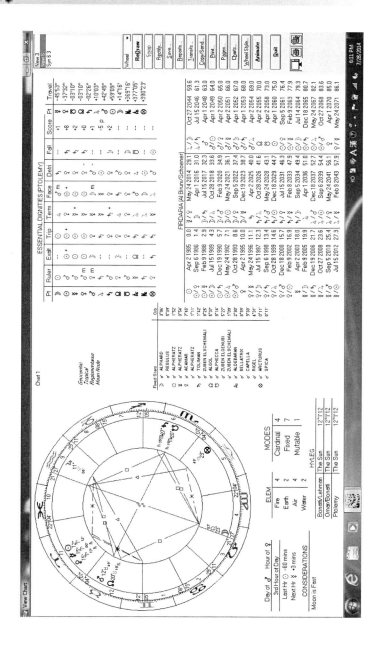

남성의 차트에서는 ☽와 ♀를 보며 여성의 차트에서는 ☉과 ♂를 본다. 시나스트리 그리드에서 Across가 남성이며 Down이 여성이다. 시나스트리 그리드에서 보면 ☽와 ☽가 △을 이루고 있으며 남성의 ☽와 여성의 ♀가 ⚹을 이룬다. 이것은 남성의 마음과 여성의 마음이 조화를 잘 이루고 있음을 보여준다. 남성의 ☉과 여성의 ⊗가 ♂한다. 남성의 ♂가 여성의 ☉과 ♃로부터 ♂한다. ☉♂⊗은 여성은 남성을 운명의 남자라고 생각하고 있는 것이다. 실제로 이 여성은 이 남자가 아니면 안 된다는 생각을 가지고 있다.

궁합은 인간관계나 교우관계를 보는 것이 아니다. 궁합은 결혼을 전제로 보는 것이기 때문에 일반적인 관점에서 관계를 보면 안 된다. 이 시나스트리 그리드에서 중요한 것은 남성의 ☉과 ♂ 여성의 ☽와 ♀가 어떤 관계도 가지고 있지 않다는 것이다. 그러므로 결혼으로서의 궁합

관계는 좋지 않다.

만일 이를 무시하고 결혼을 한다면 어떤 사건들이 벌어질까? 생각해 볼 필요가 있다. 여성의 차트에서 ☉과 남성의 차트에서 ♃가 □ 애스펙트 한다. 또 여성의 차트와 남성의 차트에서 ♃와 ♃가 □ 애스펙트 한다. 이것은 살아가다 보면 반드시 법적인 분쟁에 휘말리게 됨을 의미한다. 어떤 원인으로 인하여 법적인 분쟁이 발생하게 되는지 각자의 네이탈 차트를 놓고 판단을 한다.

먼저 여자의 네이탈 차트를 보면 ☉이 7하우스 사인의 영향을 받아 6하우스로 들어온다. ☉이 들어오면 ♃가 컴버스트 한다. ♃는 재물을 다스리는 2하우스의 룰러이다. 즉 여성의 네이탈 차트에서 이성이나 아랫사람으로 인하여 재물의 손실이 발생하게 되고 그것이 배우자와의 법적인 분쟁으로 이어질 수 있음을 나타내고 있는 것이다. 이와 같은 경우에는 한 쪽에서만 법의 잣대를 들이대기 때문에 피해갈 수 있는 여지는 있지만 ♃와 ♃가 □ 애스펙트 하는 경우에는 피해갈 수 있는 여지가 없다. 반드시 인생에서 상처를 남긴다.

🔻 시나스트리 II(Synastry: 인간관계)

시나스트리(Synastry)는 남녀관계에서의 궁합만을 의미하지 않는다. 모든 보편적 인간관계를 나타내는 데 시나스트리(Synastry)가 활용된다. 네이티브의 교우관계 또는 사회생활에서 만나는 모든 사람들에 대하여 어떤 사람들과의 관계를 유지하고 어떤 사람들을 멀리해야 하며 어떤 사람들을 정리해야 하는지는 네이티브의 인생에서 매우 중요한 문제들이다. 적을 만들지 아니하고 적이 될 만한 사람들을 멀리해야 하며 있는 적을 피할 수 있어야 네이티브의 인생에서 피해를 최소화할 수 있기 때문이다.

다음의 네이티브는 자신의 인간관계에서 교우관계 때문에 속상해하고 고민하고 있다고 했다. 어떻게 해야 할지 몰라서 상담을 의뢰한다고 했다. 이 네이티브는 친구 때문에 매우 힘든 상황에 놓여 있다고 하며 이 친구를 정리를 해야 할지 판단이 서지 않는다고 했다. 그래서 점성술을 매우 신뢰하기 때문에 점성술의 판단에 맡겨보기로 했다는 것이다.

그리고 자신이 왜 친구로부터 중상모략을 당하는지 알고 싶어 했다. 자신은 친구들을 위해서 매우 헌신하고 모든 것을 다 퍼주는데 친구들은 그때만 좋아하고 시간이 지나면 자기들 끼리 모여서 이 네이티브를 험담을 하거나 없는 이야기를 지어내어 친구들로 하여금 따돌림을 당해서 많은 상처를 받았다고 했다. 상처보다도 배신감에 가슴이 아프다고 했다.

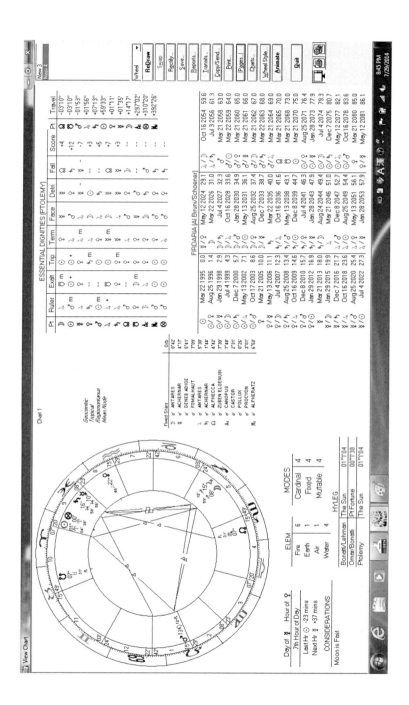

이 네이티비티 네이탈 출생차트가 의뢰인의 네이탈 출생차트이다. 이 차트에서 1st ASC는 ♋이다. 룰러인 ☽은 양육과 보호의 하우스인 5th 에 코로드로 위치해 있다.

♋는 물의 원천인 바다와 모든 생명과 삶의 요람을 상징한다. ♋는 임신, 모성애, 생명의 창조와 보존을 상징하며, 가정을 만들고 양육하고 보호하며 그 속에서 안정을 찾는다. 그래서 친구들과 타인을 가족처럼 어머니같이 보살피고 보호하는 것에서 기쁨과 보람을 느낀다. 이것이 ♋의 가장 큰 특징이다. 이 네이티브는 이러한 ♋의 특성을 타고났으며 룰러 ☽가 양육과 보호의 하우스인 5th에 코로드로 위치하기 때문에 친구들에게 자신의 모든 것을 퍼주는 것이다.

이 네이티브의 네이티비티 네이탈 출생차트에서 10th와 11th를 보라. 10th에 ☊이 위치하여 11th의 사인 ♉의 영향 아래 놓여 있다. ☊은 ♄ 과 ♂의 의미를 상징하는 인포춘이다. ☊이 위치한 하우스와 사인은 그 하우스와 사인에서 네이티브의 장애를 다스린다. ☊으로 인하여 네이티 브의 명예가 실추되고 친구들로부터의 배신을 당하게 되는 것이다. 또 한 타인과 드러난 적을 다스리는 7th의 룰러 ♄이 9th에서 5th에 위치여 교우관계를 다스리는 ☽를 □ 애스펙트 한다. 이 관계 역시 내가 알고 있는 사람들이 나를 배신하며 나의 적이 되는 것을 보여준다. 이 네이티 브의 삶에는 이러한 좋지 않은 관계의 사람들이 항상 존재할 것이기 때 문에 사람들과의 관계에 있어 매우 신중함이 요구된다.

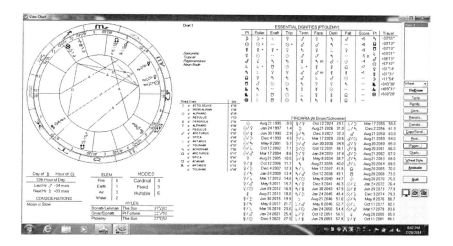

　위 네이티비티 네이탈 출생차트는 의뢰인 네이티브가 제공한 것이다. 이 의뢰인과 위 차트의 주인공과의 인간관계를 청산해야 되는지 아니면 관계를 계속 유지해야 되는지 의뢰를 해왔다.

　두 개의 네이티비티 네이탈 차트를 비교해보았을 때 1th의 코로드가 서로 다르므로 인품과 기질이 서로 달라 두 사람과의 교우관계는 좋지 않을 것이라고 판단했다.

아래의 시나스트리 그리드는 의뢰인 네이티브와 친구와의 출생차트를 비교하고 시나스트리로 출력한 것이다.

위 시나스트리 그리드에서 1th에 위치한 코로드 ♂와 ♄은 ✱ 또는 △ 애스펙트 어떤 관계도 없다. 그리고 각각의 네이탈 출생차트에서 1th에 있는 코로드 ♂와 ♄은 서로 적대적인 플래닛이다. 그러므로 두 사람은 좋은 관계를 유지하기는 힘들 것이라고 판단했다.

운명에 우연이란 없다. 어떤 운명에 부딪치기 전에 인간이 그것을
만든다.

- W. 윌슨

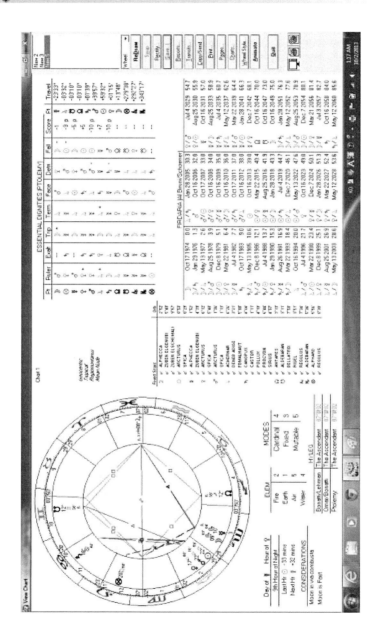

네이티비티 네이탈 출생차트를 해석할 때 네이티브가 현대무용을 전공한 여자라는 사실밖에 어떤 정보도 알지 못했다. 차트를 리딩함에 있어 맞추는 것이 목적은 아니지만 맞추어야 한다. 그래야 네이티브와 점성가 사이에 신뢰가 생기고 라포르가 형성이 된다. 이것이 실전이다. 실전이 있은 후에야 상담이 진행되는 것이다.

이 네이티브가 명예나 권력을 얻기 위해서는 ☉이나 ♃ 또는 9th의 룰러인 우가 10th에 위치해야 한다. 그런데 10th에 ☋이 위치해 있고 9th의 룰러인 우가 2nd에 위치해 있다. 10th에 ☋이 위치해 있다는 것은 네이티브가 사회활동을 함에 있어 많은 제약이 따른다는 것을 보여준다. 즉 자신이 원하는 대로 사회생활을 통해서 성공하기 힘들다는 것을 의미한다. 9th의 룰러인 우가 2nd에 위치하고 있다는 것은 자신이 배운 지식을 활용하여 일을 해서 돈을 벌고자 할 것이라고 판단을 했다. 그런데 ☉네이티브가 지향하는 인생의 모습을 보여주므로 이 네이티브는 규모를 크게 하여 사업을 하려 할 것이라고 판단을 했다.

8th의 룰러인 ♂가 2nd에서 디트리먼트 하며 ☉로부터 컴버스트 당하고 있다. 또한 ☉2nd에서 폴 한다. 이 경우 네이티브는 사업을 위하여 돈을 융통하고자 하나 할 수 없게 될 것이라고 판단했다. 또한 이들이 비아컴버스타에 위치하여 사업을 해서 벌어들이는 돈이 모이지 않고 흩어질 것이라고 판단을 내렸다.

그런데 누구 때문에 재물이 흩어지게 되는 것일까?

2nd에 위치한 9th의 룰러 우는 ♎ 17° 40′에서 픽스트 스타 세기누스 (사업, 점성술, 법률, 친구를 통한 상실, 기만, 파멸, 속임)와 ♂하고 있다. 여기서 사업과 관련하여 친구로부터의 배신과 상실이라고 판단했다. 2008 년도 피르다리아에서 우가 마이너로 들어온다. 우가 들어오면 사인 ♎가 움직이고 사인 ♎가 움직이면 픽스트 스타 세기누스가 발현된다.

맞다. 지금까지 조용히 듣고 있던 분이 손뼉을 치면서 놀라서 소리를 질렀다. 무당이다. 무당도 알지 못하는 것을 맞추었다고 하면서 소리를 질렀다. 자기 여동생이 현대무용을 전공해서 무용학원을 운영했는데 같은 과인 대학교 동창이 집에서 놀고 있고 형편이 어려워서 그 친구를 도와주기 위해 그 친구를 자신이 운영하는 학원에 무용 강사로 일하게 해 주었다고 말했다. 그런데 그 동창생이 얼마 뒤에 바로 길 건너 맞은편에 똑같은 무용학원을 차려서 여동생이 운영하던 무용학원에서 가르치던 원생들을 모두 빼갔다는 것이다. 그래서 빚을 지고 문을 닫을 수밖에 없었다고 했다.

2009년도 프리다리아에서 ☿가 마이너로 들어온다. 7th에서 룰러를 얻은 ♃를 ☿가 △ 애스펙트를 이루며 ♃는 네이티브의 직업과 사회적 명예를 다스리는 10th 커스프를 □ 애스펙트 하고 있다. 이 시기에 이 네이티브는 직업과 관련하여 법적인 분쟁이 발생한다. 맞다. 가만히 듣고 있던 분이 또 다시 손뼉을 치면서 놀라서 말했다. 직업과 관련하여 끊임 없는 송사에 시달리고 있다고 했다.

상담을 의뢰해오는 많은 네이티브들이 성격을 알기 위해 또는 심리를 알기 위해 비싼 상담료를 내고 상담을 의뢰하지 않는다. 점성술 상담에서 맞추는 것이 목적은 아니지만 이것이 현실이다. 실전이 있은 후에야 신뢰가 형성이 되고 상담이 진행되는 것이다.

신들이 인간의 일에 개입하지 않는다고 여기는 젊은이는 우리가 나빠지면 나쁜 영혼으로 가고 좋아지면 좋은 영혼으로 가게 된다는 것을 안다. 그리고 끝없는 삶과 죽음의 연속 안에서 우리가 남에게 주었던 고통을 고스란히 돌려받는다는 것을 안다. 이것이 하늘의 정의다.

- 플라톤

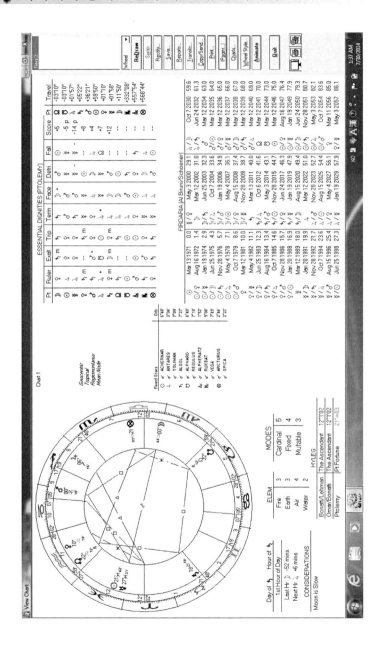

네이티비티 네이탈 출생차트에서 네이티브는 회사에서 경리로 근무 중인데 회사직원의 공금횡령에 대하여 자신이 책임을 지게 될지를 문의 해왔다. 네이티브는 경리로 근무를 하면서 회사 내의 누군가에 의해 공금이 횡령된 사실을 발견했다. 아직 사장에게 알리지 않은 상태인데 자신도 연대책임을 지게 되는 건 아닐지 걱정하고 있었다.

피르다리아에서 메이저 ♄ 마이너 ♂가 2014년 5월 3일을 기하여 운으로 들어온다. ♂는 1st의 룰러이며 9하우스의 코로드로 위치하고 10th의 사인 ♑의 영향 아래에 있다. 이 시기 네이티브는 무언가를 배우러 다닐 것이라고 판단을 내렸다. 이에 네이티브는 먼 거리를 공부를 하기 위해서 차를 타고 다니고 있다고 했다. 무슨 공부를 하는지를 물어보았으나 네이티브는 대답하지 않았다. 사인 ♑에서 익절테이션을 얻어 매우 강한 ♂는 6th의 ☽와 12th의 ☿를 각각 □ 애스펙트 한다. ♂은 직업의 자리에서 익절테이션을 얻어 매우 강하므로 직업에는 영향을 크게 미치지는 않을 것이라고 판단을 내렸다. 그러나 ♂의 디스포지터인 재물의 시그니피케이터 ♄은 11th와 5th에 각각 □ 애스펙트 하므로 직장 내에서의 인간관계와 동료관계에 문제가 생길 것으로 판단했다. 피르다리아에서 ♂가 들어옴으로써 12th의 ☿를 □ 애스펙트 하는 것은 문서로 인하여 자신의 입지가 매우 불리해지는 것을 의미한다. 또한 ☿의 디스포지터가 8th의 ♃이므로 법적인 부분에서, 금전적인 부분에서 자유롭지 못함을 의미한다. 그러나 ♃가 룰러를 얻었으므로 법적인 부분은 크게 영향을 미치지 못할 것이라고 판단을 내렸다.

이 네이탈 출생차트의 네이티브는 자식과의 관계에 대해서도 질문을 했다. 5th에 ☋가 들어 있으므로 이 네이티브와 자식과의 관계는 인연이 없다고 판단을 내렸다. 5th에 흉성인 ♄이나 ♂ 또는 ☋이 코로드로 위치하면 자식이 없거나 장애를 가진 자식을 둘 수 있다고 했다. ☋의 디스포지터가 ☉이므로 자식으로 인하여 매우 불행하거나 슬픈 일을 경험할 것이라고 했다.

네이티브는 말한다. 자식이 둘이 있는데 하나는 자폐아라고 했다. 2006년 남편과 이혼을 하고 아이들은 남편이 키우고 있다고 했다.

2014년 5월 3일 피르다리아에서 ♂가 들어옴으로써 6th에 위치한 자식의 시그니피케이터인 ☽를 □ 애스펙트 한다. 아이들은 성격이 거칠고 반항심이 강한 아이들일 것이라고 판단을 내렸다. 노동과 봉사의 하우스인 6th에 자식의 시그니피케이터 ☽를 ♂가 □ 애스펙트 함으로 자식을 돌보아야만 하는 일이 생기게 될 것이고 네이티브에게는 자식을 돌보는 일이 매우 번거롭고 힘든 일이 될 것이라고 했다. 이에 대하여 네이티브는 맞다고 했다. 지금 매일 차를 타고 다니면서 네이티브 자신이 자식들을 돌보아야만 하는 상황에 놓였다고 했다. 아이들이 반항심이 강하고 성격이 거칠어서 어떻게 해야 할지 고민이라고 했다.

현명한 사람은 자신의 별을 다스리고 어리석은 사람은 자신의 별에
복종한다.

- 토마스 아퀴나스

돈을 빌려 줄까요?

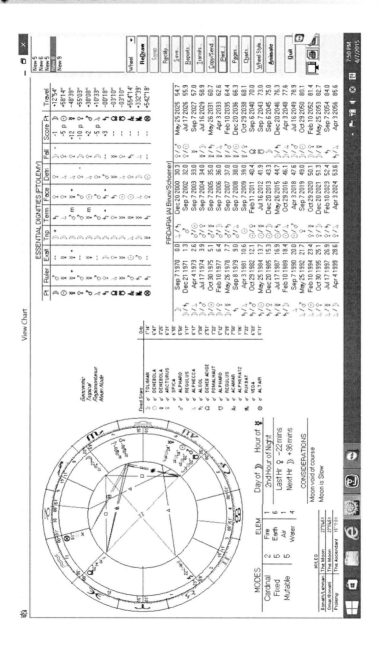

어떤 여인이 상담을 의뢰하러 왔다. 네이티비티 네이탈 출생차트에서 네이티브를 다스리는 ASC는 사인 ♈이며 룰러는 ♂이다. ♂는 ☉의 8° 17′ 이내에서 컴버스트를 당하고 있으므로 네이티브는 키가 작고 외모가 일그러져 못생겼다고 생각할 수 있다. 그러나 강한 것은 차트에서 드러난다. 오리엔트 쿼터에서 6th에 위치한 ☿가 비록 ℞하지만 사인 ♍에서 룰러를 얻었으므로 약간 중간 정도의 큰 키를 가졌다. 1st의 룰러 ♂가 ☉으로부터 컴버스트를 당하고 있기 때문에 네이티브는 좀 말랐다. 1st의 룰러 ♂는 ♃와 ♀의 조력을 받고 있으므로 1st의 룰러 ♂가 순수하게 ☉으로부터 순수하게 컴버스트를 당할 때 보다는 외모적으로 괜찮았다.

차트를 보니 룰러를 얻은 ☿가 케이던트인 6th에 빠져서 1st에 위치한 10th의 룰러 ♄과 △애스펙트를 이루고 있다. 네이티브에게 어린이집 원장이거나 유치원 교사를 하고 있냐고 물어보았다. 네이티브는 웃으면서 그런 것도 다 나오냐고 말 하면서 신기하다고 했다. 네이티브는 어린이집 원장을 하고 있다고 했다.

네이티브는 돈이 좀 필요한데 사람들로부터 돈을 좀 빌릴 수 있는지 봐달라고 했다.

올해의 피르다리아를 보니 아직 마이너 ☽가 지나가지 않은 상태이다. 마이너 ☽는 재물의 하우스인 8th에 위치하여 역시 재물의 하우스를 다스리는 2nd의 사인 ♉의 영향을 받으며 1st에 코로드로 위치한 인포춘 ♄과 ☍애스펙트를 이룬다. 그리고 12th와 6th를 □애스펙트로 본다. 이것은 마이너 ☽의 영향이 지속 되는 한 경제적 어려움이 지속될 것임을 보여준다. 특히 인포춘 ♄을 보고 있는 한 경제적 어려움은 지속될 것으로 판단했다. 그것은 2015년도 5월 이후 바뀌는 마이너 ♄이 들어온다고 할지라도 경제적 상황은 나아지질 않을 것이라고 판단을 내렸다. 이 시기에 네이티브는 큰돈이 필요하게 될 일이 계속해서 생기게 된다. 마이너 ☽의 디스포지터인 ♂가 질병의 하우스인 6th에 위치하므로 그것은 질병에 관련된 것일 수도 있고, 마이너 ☽가 10th의 룰러인 ♄을 ☍애스펙트 함으로 운영 중인 어린이집의 경영과 관련하여 돈이 필요하게 될 수도 있다고 말해주었다.

그런데 마이너 ☽가 재물의 시그니피케이터로서 12th, 6th와 연결되므로 자칫 잘못하면 급한 마음에 잘 못된 돈에 손을 댈 수 있으므로 조심하라고 했다. 아무리 급해도 결코 사채에는 손을 대서는 안 된다고 일러주었다.

재물의 시그니피케이터들이 □나 ☍으로 애스펙트를 맺게 되는 경우 윌리엄 릴리에 따르면 네이티브는 재산상의 큰 손실을 보거나 큰 빚을 지게 된다고 했다.

2015년 5워 26일을 기하여 마이너 ♄이 재물의 하우스인 2nd의 사인 ♉의 영향을 받으며 1하우스의 코로드로 들어온다. ♄은 사회활동 영역과 직업을 다스리는 10th의 룰러이다. ♄이 마이너로 들어옴으로써 재물의 하우스인 8th에 위치한 이동과 방랑의 플래닛 ☽를 ☍애스펙트를 이루고 타인의 지배를 받는 자리인 6th에 위치한 ☿와 △애스펙트를 이루고 있으므로 네이티브에게 직업의 변화가 생길 것이라고 판단을 내렸다. 그리고 네이티브는 금전적인 어려움으로 인하여 다른 사람 밑에서 일을 하려는 생각을 할 것이라고 판단을 내렸다. 그러자 네이티브는 조만간 다른 사람 밑에서 일을 해볼까 하는 생각을 가지고 있다고 했다.

네이티브는 지금 남자가 들어왔는데 그 남자가 네이티브에 대하여 어떤 생각을 가지고 있는지 물어왔다.

대부분의 점성가들은 이성이나 배우자를 다스리는 하우스는 7th이므로 7th의 룰러나 코로드를 살피는데 그렇게 판단하는 것은 보편적인 이성이나 배우자를 판단할 때 보는 것이다. 직접적인 판단은 피르다리아에서 들어오는 것이 더 중요하다. 지금 마이너 ☽ 시기에 들어온 이성 남자이므로 ☽ 의 기운을 받고 들어온 남자다. 이것이 중요하다. 이것이 원리다. 물론 피르다리아를 부정하거나 폄하하는 네이티브에게는 큰 의미가 없는 이론이겠지만 10년 이상 하늘의 뜻을 보고 노력하는 점성가라면 보일 것이다.

마이너 ☽ 는 재물의 하우스인 8th의 시그니피케이터로 들어와서 재물의 시그니피케이터인 ♄ 을 ☍으로 보며 고독과 슬픔의 하우스인 12th와 모든 고통이 시작되는 하우스인 6th를 □로 본다. 그리고 ☽ 의 디스포지터인 ♂는 ☉으로부터 컴버스트를 당해서 다 타버렸다. 이 남자는 네이티브가 돈이 있다고 생각을 하고 들어온 것이다. 그리고 네이티브에게 뭔가 숨기는 것이 있다. 재물의 시그니피케이터인 ☽ 가 12th와 연결되므로 절대로 돈을 빌려주거나 돈거래를 하지 말라고 일러주었다. ☽ 가 ♄ 을 ☍하고 ♂가 ☉으로부터 컴버스트를 당하므로 네이티브가 돈이 없다는 사실을 알면 남자는 저절로 떨어져 나갈 것이라고 판단을 내렸다.

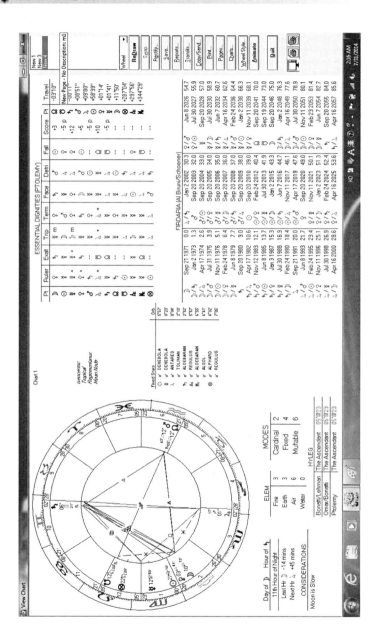

네이티비티 네이탈 출생차트에서 네이티브는 ASC에 사인 ♍가 위치한다. 1st 사인 ♍에서 ☿가 룰러를 얻었다. 이 네이티브는 손재주가 뛰어나며 머리가 좋다. 예로부터 ☿가 강한 사람은 점성가가 많다고 했는데 이 네이티브는 1st에 ☉이 코로드로 위치하고 있어 자존심이 매우 강하다. 타인의 눈높이에 맞추지 못하고 자신을 낮추지 못하므로 점성가로서의 재능은 없다고 판단했다. 대신 2nd에서 우가 룰러를 얻었으므로 손기술을 활용한 예술적인 재능을 통해서 경제활동을 할 것이라고 판단했다. 10th에서 ♄이 코로드로 위치하므로 몸을 사용해서 하는 직업을 할 것이라고 판단했다. 여기까지 판단하자 의뢰인은 남편이 인테리어를 한다고 했다. 비록 우가 2nd에서 룰러를 얻었지만 ☉으로부터 컴버스트하므로 돈을 벌어도 돈이 모이지 않는다고 했다. 또한 3rd 커스프가 비아컴버스타에 걸려있으므로 형제와의 인연이 없고 말이 험하고 거칠다고 했다. 그러자 의뢰인은 돈을 벌어도 저축을 하지 못한다고 하며 말이 거칠고 쌍스러우며 가끔 폭력도 쓴다고 했다.

이 네이티브는 다른 사람들에 비해서 룰러를 두 개씩이나 얻었으면서도 왜 다른 사람들보다 삶이 어려울까? 비록 우가 2nd에서 룰러를 얻었을지라도 ☉으로부터 컴버스트 당하여 그 힘이 매우 약해졌고, 1st의 룰러 ☿는 픽스트 스타 조스마(행동에 제약을 느끼는, 불행)와 컨정션 한다. 그러므로 이 네이티브는 일생을 통해서 평탄한 삶을 살아가기 어려울 것이라고 판단했다. 물론 이와 같은 판단은 의뢰인에게는 하지 않았다.

2013년 7월 30일 메이저 ☉에 마이너 ☿가 세운으로 들어온다. 마이너로 ☿가 들어오면 픽스트 스타 조스마가 움직인다. 픽스트 스타 조스마는 '행동에 제약을 느끼는, 불행'의 의미를 내포하고 있다. ☿가 들어오면 반드시 픽스트 스타 조스마가 움직이는데 언제 움직일까? 어디에서 행동에 제약을 느낄까? 불행은 언제 어디에서 시작이 될까? 서브마이너 ☉ 마이너 서브마이너 ♄ 시기다. ♄은 10th에서 공기의 사인 Ⅱ에 위치하고 있다. 공기의 사인 Ⅱ는 높은 곳이다. 높은 곳은 제한된 공간에서 행동에 제약을 느낀다. 그리고 불행이다. ♄은 10th에서 1st 커스프와 4th에 위치한 보편적 재물의 시그니피케이터인 ♃를 ☍ 애스펙트한다. ♄은 높은 곳에서 추락을 의미한다. 이 시기 네이티브는 높은 곳에서 인테리어 작업을 하다가 떨어져서 갈비뼈가 부러지고 병원에 입원해서 돈을 까먹고 있다고 했다.

"As above so below"
(하늘에서와 같이 땅에서도 그러하다.)

별들의 움직임을 통하여 지상의 일, 즉 인간의 삶에 미치는 영향과 변화까지도 가늠할 수 있다.

- 헤르메스 트리스메기투스

돈을 벌 수 있을까요?

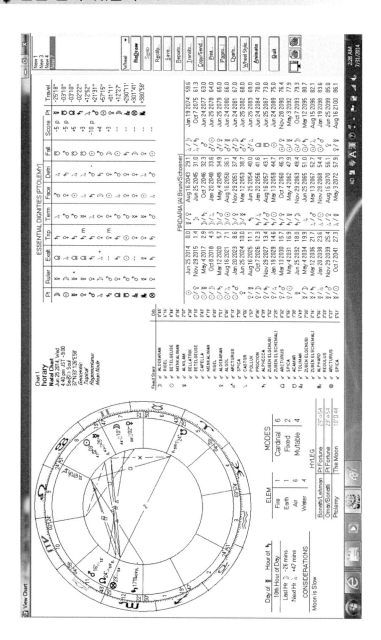

쿼런트는 아는 부동산 공인중개사로부터 가게를 소개받았는데 그 가게에 입주를 하면 돈을 벌 수 있을 것인지를 호라리로 봐달라고 요청이 들어왔다. 또한 그 가게를 동생이 사고자 하는데 살 수 있는지 호라리로 봐달라고 했다.

1. Consideration Moon is Slow.
2. ASC의 Ruler ♂가 Viacombusta에 걸려있다.
3. 2nd의 Ruler ♃가 9th에서 11th ☊과 12th의 ⊗를 □ 애스펙트를 이루며 5th의 ☋과도 □ 애스펙트를 이룬다.
4. 8th의 룰러 ☿가 비록 룰러를 얻었지만 ℞하며 ☉로부터 컴버스트를 당하고 있다.

장사를 하거나 가게를 운영할 수 있으려면 일단 11th와 5th가 살아야 하며, 2nd와 8th가 살아야 한다. 그런데 위 호라리 차트는 인간관계에서 문제가 생긴다. 그리고 재물의 시그니피케이터들이 손상을 입었으며 쿼런트 자신이 비아컴버스타에 걸려있고 ☽가 슬로우 하므로 쿼런트 자신이 확신이 없다. 그러므로 소개받은 가게에 들어가는 것은 안 된다고 판단을 내렸다.

동생은 쿼런트의 형제이므로 3rd를 ASC로 놓는다. 부동산은 3rd로부터 네 번째이므로 6th로 배정한다. 3rd의 룰러는 ♄이다. ♄이 12th에서 ℞하고 있다. 부동산을 다스리는 시그니피케이터는 3rd로부터 네 번째 하우스인 6th가 되며 6th의 룰러는 ♂이다. ♂는 11th에서 비아컴버스타에 걸려있다. ♂의 디스포지터는 ♀이며 ♀는 쿼런트 3rd로부터 다섯 번째인 7th에서 여덟 번째인 10th커스프를 □ 애스펙트 한다. 3rd로부터 여덟 번째인 10th 사인 ♍의 룰러는 ☿로써 3rd로부터 여섯 번째인 8th 에서 ☉으로부터 컴버스트 당하고 있다. 따라서 쿼런트의 동생은 부동산을 사려고 하지만 은행으로부터 돈을 융통할 수 없을 것이라고 판단을 내렸다. 또한 쿼런트의 동생을 의미하는 시그니피케이터 ♄은 3rd로부터 열 번째인 12th에서 ℞함으로써 부동산을 구입하려고 했던 생각을 나중에 접을 것이라고 판단을 내렸다.

머칠 뒤 쿼런트로부터 전화가 왔다. 쿼런트는 그 가게에 들어가지 않기로 결정을 내렸다고 했다. 그리고 동생이 그 가게를 사려고 하였으나 평당 가격이 6천만 원에 이르고 대출을 받고도 1억 8천만 원이 모자라서 살 수가 없다고 했다.

지구를 포함한 태양계의 행성들은 인간이 자신의 자유 의지를 마스터하기 위한 수업의 장(場)이다.

- 에드가 케이시

◥ 딸을 낳을 수 있을까요?

딸을 놓고 싶어 하는 부부가 상담을 의뢰해왔다. 다음의 네이티비티 네이탈 출생차트는 남편과 아내의 차트이다.

먼저 남편의 네이티비티 네이탈 출생차트를 살펴보면 자녀의 하우스인 5th 사인이 남성의 사인이다. 5th의 룰러 역시 남성 플래닛인 ♂가 남성의 사인 ♐에 위치하고 있다. ♂는 여성의 쿼터인 옥시덴탈 쿼터에 위치하고 있다. ♂은 남성의 사인 ♎에 위치한 코로드 여성의 플래닛 ♀를 * 애스펙트 한다. 남편의 네이티비티 네이탈 출생차트에서 남성의 시그니피케이터가 너무 우세하다.

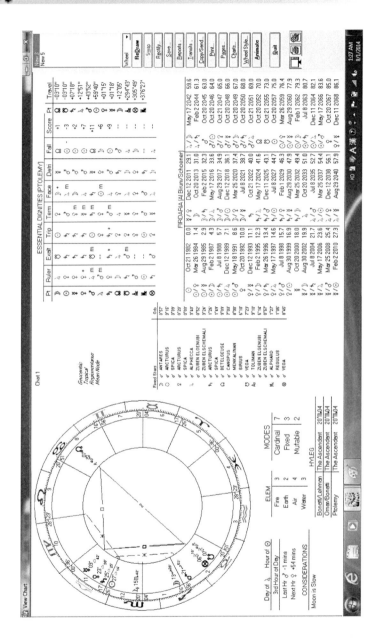

101

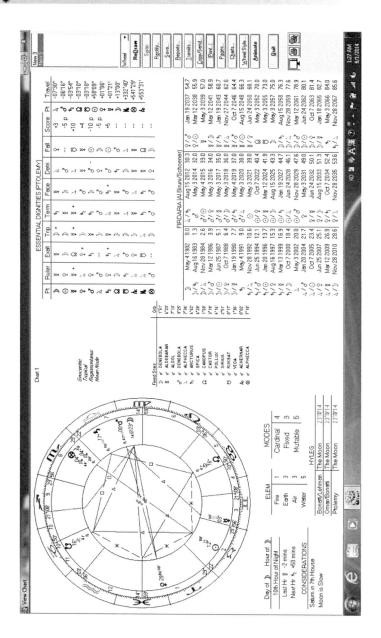

부인의 네이티비티 네이탈 출생차트에서 자녀의 하우스인 5th는 여성의 사인이며 룰러 또한 여성의 플래닛이고 여성의 쿼터인 옥시덴탈 쿼터에서 여성의 사인에 위치하고 있다. ☽의 디스포지터는 ☿이며 여성의 쿼터인 옥시덴탈 쿼터에 위치하여 남성의 사인에서 여성의 쿼터인 옥시덴탈 쿼터에 위치하며 남성의 사인에 위치한 ♂와 △ 애스펙트 한다. ☉은 여성의 쿼터인 옥시덴탈 쿼터에 위치하며 여성의 사인에서 5th의 코로드 ☊을 ✳ 애스펙트 한다. ♄은 여성의 쿼터인 옥시덴탈 쿼터에 위치하며 남성의 사인에서 5th의 코로드 ☊을 □ 애스펙트 한다. 5th의 룰러 ☽와 ♂가 여성의 플래닛 ♀를 각각 ☍ 애스펙트 한다.

부인의 네이티비티 네이탈 출생차트에서 여성의 시그티피케이터가 우세하지만 ♂과 ☽가 ♀를 각각 ☍ 애스펙트 함으로써 여성의 시그니피케이터 디그니티가 매우 약해졌다. 그러므로 딸을 낳을 수 있는 확률이 매우 적다고 판단을 내렸다.

남편이 네이티비티 네이탈 출생차트에서 남성의 시그티피케이터가 매우 우세하고 부인의 네이탈 출생차트에서 여성의 시그니피케이터의 디그니티가 매우 약해졌으므로 딸보다는 아들을 낳을 확률이 매우 크다고 판단했다.

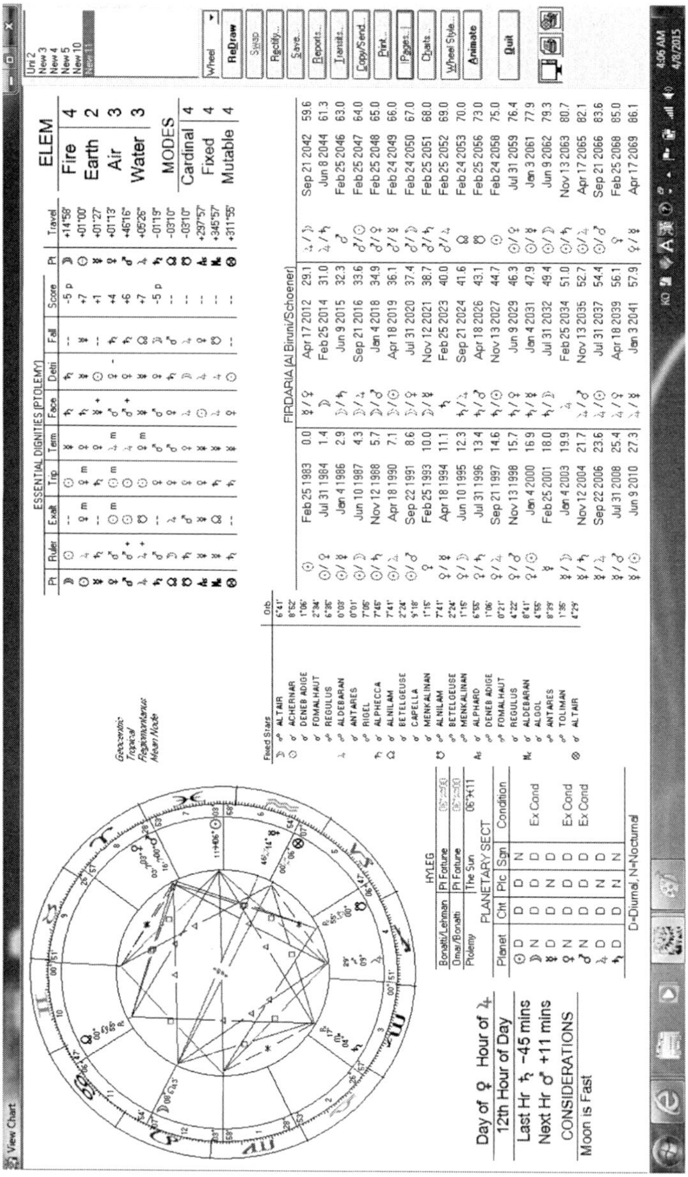
View Chart
ESSENTIAL DIGNITIES (PTOLEMY)
FIRDARIA (Al Biruni/Schoener)
ELEM
Fire 4
Earth 2
Air 3
Water 3
MODES
Cardinal 4
Fixed 4
Mutable 4
HYLEG
PLANETARY SECT
D=Diurnal, N=Nocturnal
Day of ♀ Hour of ♃
12th Hour of Day
Last Hr ♄ -45 mins
Next Hr ♂ +11 mins
CONSIDERATIONS
Moon is Fast

지난해 겨울 은행원인 아들을 둔 어머니가 아들의 승진이 걱정이 되어 찾아왔다. 네이티비티 네이탈 출생차트에서 피르다리아를 보니 2014년도 2월 25일에 메이저가 ☿에서 ☽로 바뀌었다. 플래닛의 기운은 메이저로 바뀌었을 때 가장 강하게 작용한다.

피르다리아에서 메이저이며 마이너 ☽는 12th에서 사인 ♌의 영향을 받으며 코로드로 위치하여 8th에서 룰러를 얻어 강력한 ♂와 4th에서 룰러를 얻어 강력한 ♃를 각각 △애스펙트로 보고 있다. ♂가 8th에서 룰러를 얻어 강력하다는 것은 네이티브가 심령능력이 발달하여 심리학자나 정신과 의사로서의 길을 가거나 은행원으로서 또는 환율시장이나 증권회사에서 애널리스트로서의 직업을 가질 수 있다는 것을 보여준다. 특히 8th에서 룰러를 얻어 강력한 ♂가 네이티브의 사회활동영역과 직업을 다스리는 10th의 커스프를 ✳애스펙트를 이루므로 더욱 그러하다.

메이저 이며 마이너 ☽의 디스포지터는 ☉이며 7th에 코로드로 위치하여 10th에 위치한 ☊과 3rd에 코로드로 위치한 ♄을 각각 △애스펙로 본다. 그러므로 네이티브는 직업에서의 이동이 보이므로 당연히 승진하며 좋은 일이 있을 것이라고 말해주었다.

2015년 1월에 어머니가 다시 찾아왔다. 참으로 신기하게 잘 맞는다고 하면서 아들이 승진해서 본사로 올라갔다는 것이다. 축하드립니다. 어머니 ^^

왜 아기가 왜 안 생기는지 궁금해요

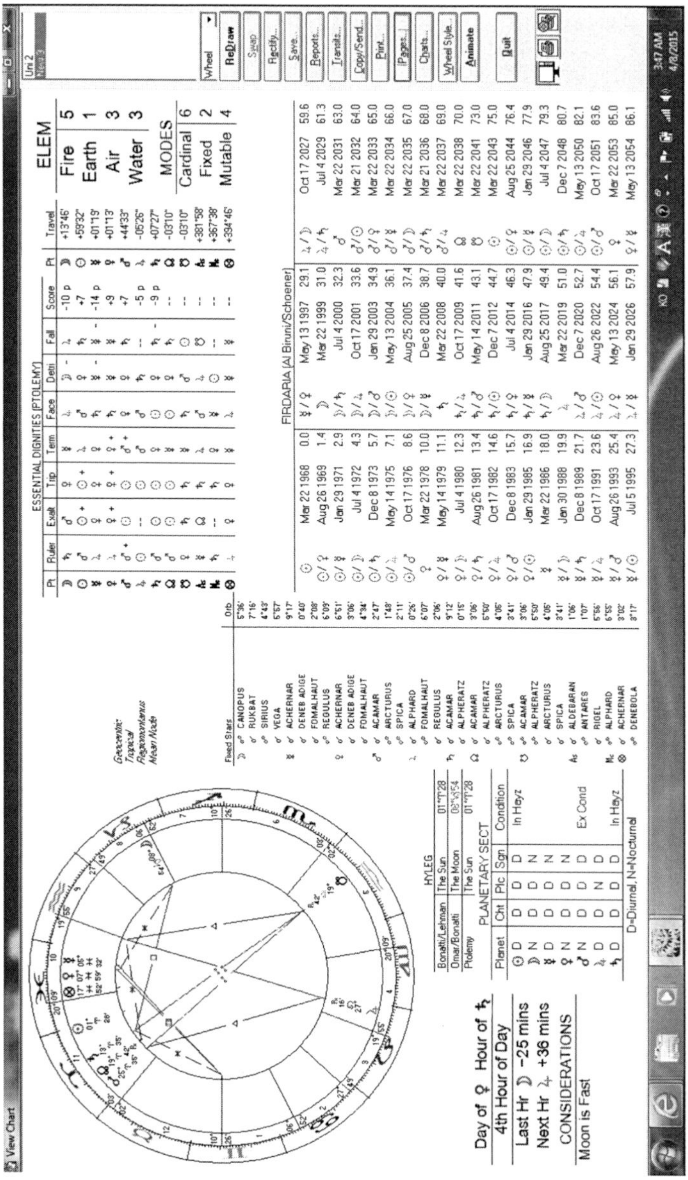

네이티비티 네이탈 출생차트에서 네이티브의 아내가 남편에 대하여 상담을 의뢰해 왔다. 이 여인은 남편이 10년 전에 본 부인과의 관계에서 성기가 발기가 안 되어 섹스를 하지 못해서 이혼을 했다고 했다. 그리고 자신은 10년 전 남편이 본 부인과 이혼을 한 이후 바로 결혼을 했다고 했는데 남편이 섹스를 못해서 아직까지 아기가 없다고 했다. 그래서 시험관 아기를 가지려고 노력도 했는데 안됐다고 했다. 무엇 때문에 아기가 안 생기는지 궁금해서 왔다고 했다.

먼저 자녀의 하우스인 5th를 살펴보았다. 5th에는 인포춘인 ☊이 위치하고 있다. 5th에 인포춘인 ♄이나 ♂가 있거나 ☊이 위치하게 되면 아이가 없거나 있다고 하더라도 반드시 장애를 가진 아이가 태어나게 된다. 윌리엄 릴리에 따르면 이런 차트를 가진 네이티브는 아이가 태어나더라도 요절하거나 단명 한다고 했다. 더욱이 이 네이탈 출생차트는 5th에 인포춘의 ☊위치하고 있으면서 자녀의 또 다른 하우스인 11th에서 룰러를 얻은 강력한 ♂와 인포춘의 ♄이 자녀의 하우스인 5th에 위치한 ☊을 ☍애스펙트를 이루고 있다. 이런 차트구조를 가진 네이티브는 자녀가 없다.

네이탈 출생차트에서 질병의 하우스인 6th를 살펴보았다. 6th의 커스프는 사인 ♏ 11° 57′에 위치하고 있다. 네이탈 출생차트에서 사인 ♏는 생식기를 다스리며 요로결석이나 담석, 신장결석을 방광결석 등 인체 내에서 생기는 결석을 다스린다. 특히 사인 ♏가 비아컴버스타에 걸려 타버렸으므로 분명히 생식기에 문제가 발생할 수밖에 없다.

아들을 축구선수로 키울 수 있을까요?

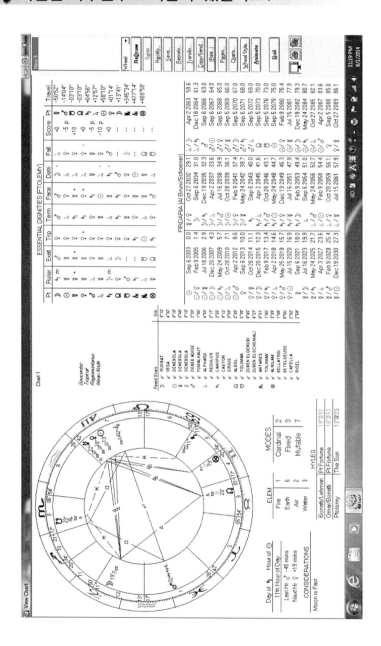

네이티비티 네이탈 출생차트의 네이티브는 현재 초등학교 3학년이다. 네이티브의 어머니가 아들이 축구를 너무 좋아하고 선생님도 축구를 잘한다고 해서 축구선수로 키우면 어떨지를 의뢰해왔다. 운동에 소질이 있다면 운동을 할 수 있는 학교 근처로 이사를 갈 계획도 세우고 있다고 했다.

네이티브의 9th가 사인 ♏이며 ☋이 코로드로 위치하고 있다. ☋은 위치한 하우스에서 장애를 일으킨다. 비록 ☿가 룰러를 얻어서 ☋과 △애스펙트를 이루고 있지만 ☿는 ℞하며 ☉으로부터 언더선빔을 당하고 있다. ☽와 9th의 ☋이 △애스펙트를 이루고 있지만 ☽는 뮤추얼리셉션하는 ♄으로부터 ☍을 이루고 있으므로 그 힘이 매우 약하다. 그러므로 이 네이티브는 공부와 인연이 없다고 볼 수 있다. 사인 ♈가 인터셉티드하여 ♈의 성향이 강하게 드러나며 9th의 룰러 ♂가 1st에 위치하므로 자신의 개성과 소질을 살릴 수 있는 운동을 하는 것이 제일 좋다고 판단된다. 또한 1st에 위치한 ♂는 로얄 픽스트 스타 포말하우트를 ♂하고 있으므로 운동을 하면 명예를 얻을 수 있을 것이라 판단된다.

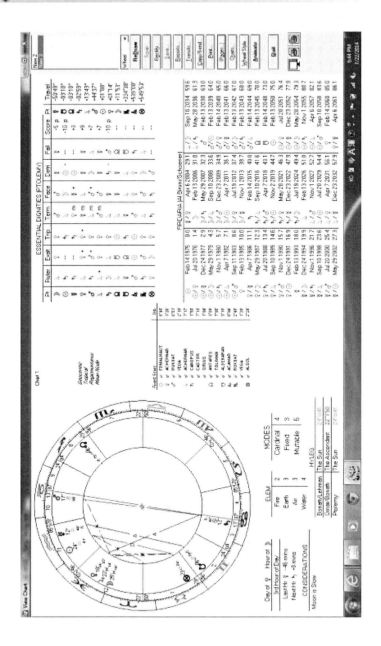

네이티비티 네이탈 출생차트에서 2009년 12월 23일 피르다리아 메이저 ☽ 마이너 ♂가 10th으로 들어온다. ♂가 10th에서 익절테이션을 얻었으므로 직업 또는 직장이 유지 =될 수 있을 것이라고 생각할 수도 있지만 가장 좋지 않은 것은 디스포지터가 □ 애스펙트나 ♂ 애스펙트를 이루는 것이다. 익절테이션을 얻은 ♂는 10th에서 10th의 룰러 ♄으로부터 ♂ 애스펙트를 이룬다. 이 시기 네이티브에게는 무슨 일이 일어났을까? ♂가 마이너로 들어오는 2010년도에 반드시 직장을 그만두거나 직장에 문제가 있었을 것이라고 판단을 내렸다. 이 시기 직장을 그만둔 일이 있느냐고 물어보았다. 네이티브는 망설이면서 말을 하지 않는다. 잠시 시간이 지난 후에 네이티브는 당시에 은행에 근무를 하고 있었는데 기분 나쁜 일이 있어서 은행을 그만두었다고 했다. '은행을 그만두지 않아도 되는데.' 하면서…. 그 일이 무슨 일인지는 말하지 않았다.

2012년 7월 19일을 기하여 피르다리아에서 마이너 ♀가 들어온다. ♀는 7th의 룰러이며 12th에서 10th에 위치한 1st의 룰러 ♂를 ✳ 애스펙트를 이룬다. 이 시기 네이티브에게 분명 남자가 생겼을 것이라고 판단을 내렸다. 네이티브는 한동안 망설이다가 말을 한다. 당시에 문자메시지를 잘못 보내서 어떤 남자한테 갔는데 그 이후로 카톡으로 자주 연락하다가 만나게 되었다고 했다. 인연은 참으로 묘하다. 인연이 되려고 하면 어떻게 해서든 엮이게 되는 것이 인연인 것 같다는 생각이 든다. 참으로 이상한 인연도 다 있네요.

이 네이티브는 2018년 4월 7일 피르다리아에서 메이저 ♄ 마이너 ♂가 들어온다. 이 시기 다시 회사를 그만두는 일이 생길 수 있으니 조심하라고 일러주었다. 이에 대하여 네이티브는 '회사를 그만두면 안 되는

데.'라고 하면서 조심해야 되겠다고 말했다. E. H 카는『역사란 무엇인가』에서 역사는 반복된다고 말하고 있다. 네이티비티 네이탈 출생차트도 마찬가지이다. 한 사람 개인의 인생을 놓고 보면 네이탈 출생차트는 개인의 역사라고 말할 수 있다. 그러므로 자신의 삶에서 같은 운이 피르다리아에서 들어올 때 기존에 일어났던 사건들이 반복해서 일어날 수 있는 것이다.

이 네이티브는 1st에 픽스트 스타 아케르나르를 ♂하고 있다. 픽스트 스타 아케르나르는 종교적 성공의 의미를 가지고 있다. 9th의 룰러이며 12th의 룰러인 ♃가 12th 사인 ♓에서 룰러를 얻어 매우 강하다. 사인 ♓는 물의 기운이 제일 강한 사인이다. 또한 ♓는 관념적이고 이상적이며 종교적이므로 신비주의적인 경향으로 흐르거나 심령가나 영매로서의 능력을 갖는 경우도 많다. 그러므로 이 네이티브는 종교를 갖게 되거나 종교와 관련하여 일을 하면 성공할 것이라고 판단을 내렸다.

자각은 이중의 과정이어서 그것에 도달하는 데는 두 개의 길이 있다.

영혼은 영계의 길을 따라서는 완결된 앎에 도달하고, 물질계의 길을 따라서는 완결된 체험에 도달한다.

두 길 모두 필요하다. 이것이 두 세계가 존재하는 이유다. 그 둘을 함께 묶을 때 완결된 느낌을 창조하여 완결된 자각을 낳게 해주는 완벽한 환경을 갖는다.

- 닐 도날드 왈시

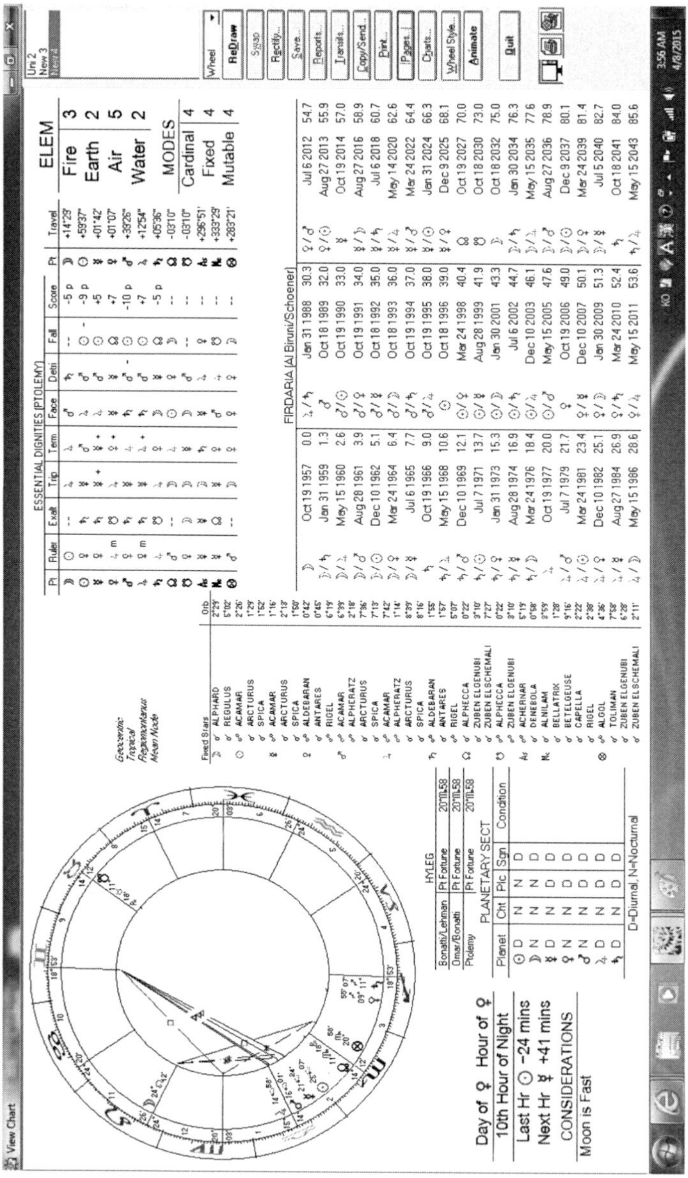
View Chart
Day of ♀ Hour of ♀
10th Hour of Night
Last Hr ☉ -24 mins
Next Hr ☿ +41 mins
CONSIDERATIONS
Moon is Fast
HYLEG
PLANETARY SECT
D=Diurnal, N=Nocturnal
Fixed Stars
ESSENTIAL DIGNITIES (PTOLEMY)
FIRDARIA (Al Biruni/Schoener)
ELEM
Fire 3
Earth 2
Air 5
Water 2
MODES
Cardinal 4
Fixed 4
Mutable 4
ReDraw
Quit
Animate

네이티비티 네이탈 출생차트는 여자이며 여자를 사랑한 레즈비언이다.

어느 날 전화 한 통을 받았다. 전화를 한 분이 10년 만에 전화 통화를 한 사람이 있다고 했다. 살아 있으니 10년 만에 전화가 오는 사람이 있다는 것이다. 순간 궁금했다. 누군데 10년이 지난 세월 동안 연락 한 번 없다가 10년 만에 연락을 했을까?

남자라는 영감이 스쳐지나갔다. 전화를 한 분에게 남자군요, 라고 말했다. 수화기 너머에서는 아니라고 하는 강한 톤의 말이 흘러나왔다. 그럼에도 남자가 맞습니다. 나도 물러서지 않았다. 그러자 수화기 너머에서는 남자가 아니라 여자라고 했다. 나는 그럼 그 여자는 성전환 수술을 한 남자라고 했다. 그러자 전화를 한 분이 놀라서 어떻게 알았냐고 하면서 꼬치꼬치 캐묻기 시작했다. 어떻게 알았는지 신기하고 궁금하다는 것이다.

레즈비언의 차트가 궁금해서 허락을 받고 열어보았다. 네이티비티 네이탈 출생차트에서 ♀와 ♀가 서로 뮤츄얼 리셉션 함으로써 매우 강하다. 여자의 네이탈 출생차트에서 ♀가 강하면 여자가 여자를 사랑하는 경우가 생길 수 있다. 역할은 어떻게 정해질까? 남성의 사인에 플래닛이 7개 위치하며 여성의 사인에 플래닛이 3개가 위치한다. 그러므로 이 네이티브는 여자가 여자를 사랑하는 레즈비언으로서 남자역할을 하게 되는 것이다. 반대로 남자의 네이탈 출생차트에서 ♂가 강하면 남자가 남자를 사랑하는 게이가 될 수 있다. 남자의 차트에서 ♀가 강하면 성전환 수술을 할 수 있다.

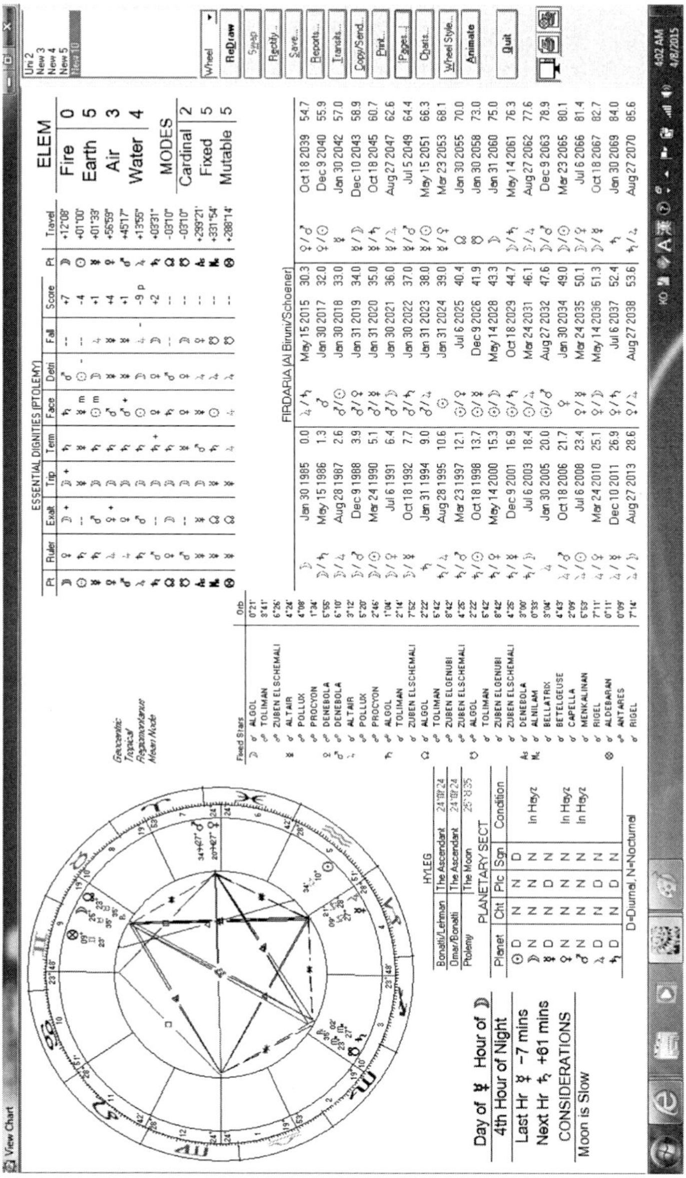
View Chart
Day of ☿ Hour of ☽
4th Hour of Night
Last Hr ☿ -7 mins
Next Hr ♄ +61 mins
CONSIDERATIONS
Moon is Slow
HYLEG
Bonatti/Lehman The Ascendant
Omar/Bonatti The Ascendant
Ptolemy The Moon
PLANETARY SECT
D=Diurnal, N=Nocturnal
Geocentric
Tropical
Regiomontanus
Mean Node
Fixed Stars
ESSENTIAL DIGNITIES (PTOLEMY)
FIRDARIA (Al Biruni/Schoener)
ELEM
Fire 0
Earth 5
Air 3
Water 4
MODES
Cardinal 2
Fixed 5
Mutable 5
ReDraw
Rectify...
Save...
Reports...
Transits...
Copy/Send...
Print...
Pages...
Charts...
Wheel Style...
Animate
Quit

역학과 점성술에 관심이 많은 여인이 상담을 의뢰해 왔다. 자신의 인생이 안 풀려도 너무 안 풀린다는 것이다. 네이티브는 2003년 대학을 중퇴한 이후로 공무원 시험을 준비해오고 있는데 계속 떨어진다고 했다. 밤의 차트에서는 ♄이 아버지를 다스린다. ♄이 9th에 위치한 ☽를 □ 애스펙트 함으로써 아버지가 가장으로서 역할을 하지 못했기 때문에 학업을 포기할 수밖에 없었을 것이라고 판단을 내렸다. 이에 대해 네이티브는 맞다고 했다.

네이티비티 네이탈 출생차트에서 네이티브는 ASC 사인이 ♍에 걸렸을 때 태어났다. 1st의 룰러 ☿는 사인 ♑에 위치하고 있다. ☽는 정신세계의 하우스 9th에서 익절테이션을 얻어 매우 강하다. 네이티브의 운명을 주관하는 ⊗역시 정신세계와 종교를 다스리는 9th에 위치하고 있다. ♀역시 물의 기운이 가장 강한 사인 ♓에서 익절테이션을 얻어 매우 강하다. 이와 같이 네이탈 출생차트를 분석해 보았을 때 네이티브는 종교인으로서의 삶을 살거나 정신세계와 관련한 학문을 하는 것이 가장 좋을 것이라고 판단을 내렸다. 그러잖아도 오컬트 분야에 관심이 많아서 공무원시험 공부를 하면서 꾸준히 사주 명리공부도 했다는 것이다. 피르다리아에서 2013년 마이너 ☽가 9th로 들어온다. ☽가 9th로 들어오면 네이티브는 자신이 속한 행정구역을 벗어나는 이동이 있을 수 있으며 거주지를 옮길 수 있는 일이 생기게 된다. 그러나 무엇보다도 ☽가 9th로 들어오면 네이티브는 공부를 하고 싶어 미친다. 이 시기 네이티브는 공무원 시험을 다시 준비 중인데 합격할 수 있는지 물었다. ☽가 픽스트 스타 알골을 ♂하고 인포춘 ♄으로부터 ☍애스펙트를 이루므로 명예를 얻을 수 없다고 판단했다. 결국 네이티브는 또 떨어졌다.

철학을 하면 한 달에 돈 천만 원을 벌 수 있나요?

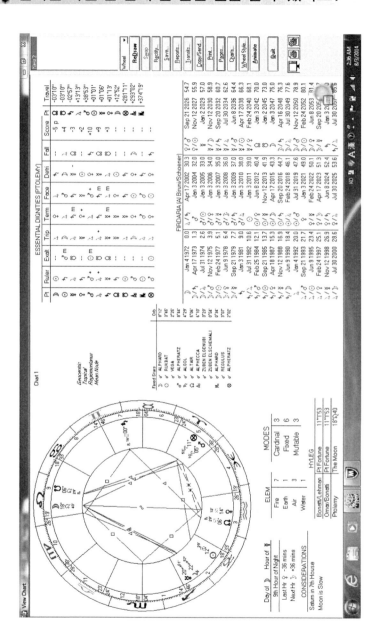

네이티비티 네이탈 출생차트의 네이티브는 여자다. 2012년 피르다리아에서 메이저 ☉ 마이너 우가 3rd로 들어온다. 우의 디스포지터는 ♄이며 7th에서 8th의 사인 Ⅱ에서 ℞한다. ♄은 직업과 명예를 다스리는 10th커스프를 □ 애스펙트 한다. 이 시기 네이티브는 꼬임에 빠져서 종교사업에 전 재산을 투자했다고 했다. 그리고 홀라당 말아먹고 2013년에 정리를 했다고 했다. 그러면서 철학을 하면 한 달에 천만 원 이상 벌수 있냐고 질문해왔다. 이 차트는 재물을 탐하면 안 되는 차트라고 말해주었다.

2nd에서 보편적 재물의 시그니피케이터인 ♃가 룰러를 얻어서 매우 강한 것처럼 보이지만 8th의 룰러 ☿가 2nd ♐에서 디트리먼트 한다. 또한 ☉이 ♑사인에 위치하므로 정신적 가치를 추구해야 하는 네이탈 차트이다. 그리고 ☉이 ⊗를 □ 애스펙트하는 것은 물질을 추구하지 말고 정신수양을 하라고 하는 메시지다.

네이티브는 동업을 해도 괜찮은지를 물어왔다

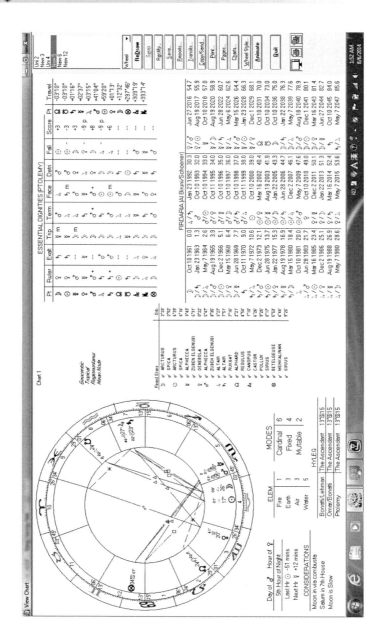

네이티비티 네이탈 출생차트에서 동업자의 하우스를 다스리는 7th는 ♄과 ♃가 코로드로 위치하여 4th의 ☉과 ☽를 □애스펙트 하고 있다. ♃는 6th의 룰러이기도 하다. 6th는 아랫사람을 다스리며 종업원을 다스린다. 이것은 아랫사람 복이 없다는 것을 의미하며 동업을 하게 되면 동업자로부터 심각한 재산상의 손실을 보게 될 것임을 암시한다. 그러므로 동업을 하게 되면 안 된다고 이야기했다.

실제로 동업자가 들어오고 동업자에게 2천만 원을 주었다고 했다. 네이티브는 동업자가 어려운 처지인 것 같아서 받을 생각을 하지 않고 준 돈이라고 했다. 이 네이탈 출생차트는 동업을 하게 되면 동업자로 인해 계속해서 재물의 손실을 보게 되어있다. 그 동업자는 6하우스의 룰러이기도 하므로 아랫사람들을 특히 조심해야 하는 차트이다.

2013년 메이저 우에 ☽가 마이너로 들어온다. 이 시기에 배우자로 인하여 금전적인 손실이 발생한 적이 없냐고 물어보았다. 네이티브는 그 당시 아내에게 아파트를 사지 말라고 했는데 아내가 몰래 큰 평수의 아파트를 샀는데 그것이 잘못되었다고 했다. ☽가 4th로 들어온다. 부동산이다. 4th에서 배우자의 코로드 ♄과 보편적 재물의 시그니피케이터 ♃를 □애스펙트 하므로 배우자로 인해서 부동산으로 인한 금전적 손실을 의미한다.

이 네이티브는 자꾸만 산으로 들어가서 혼자 살고 싶다고 한다. 왜 그런 말을 하는 것일까? 네이티브의 운명을 다스리는 ⊗는 고독과 슬픔의 하우스인 12th에 위치하여 12th의 룰러인 ☿로부터 △애스펙트 한다. 그러므로 이 네이티브는 홀로 고독을 씹으며 사는 것을 즐긴다. 피르다리아에서 ☿가 들어오는 2018년이나 ☽가 마이너로 들어오는 2020년에 산으로 들어갈 것이라고 판단을 내렸다. 그러나 4th에서 ☉이 칼데안오더 체계에 의하여 힘을 얻으므로 이혼을 하지 않을 것이라고 판단했다. 그러자 네이티브는 이혼을 할 생각은 전혀 없고 자신 혼자서 산속에 들어가서 살고 싶다고 했다.

내가 기억할 수 있는 한, 나는 무의식적으로 이전 존재 상태의 경험들에 대해 언급해왔다. 나는 1천 8백 년 전에 유대 땅에 살고 있었지만 나의 동시대인들 중에 그리스도 같은 사람이 존재했다는 사실은 전혀 몰랐다. 별들이 아시리아의 양치기였던 나를 비추었던 것처럼, 지금은 뉴잉글랜드 사람인 나를 비추고 있다.

- 헨리 데이비드 소르

타로를 배워서 직업으로 삼고 싶은데 적성에 잘 맞을까요?

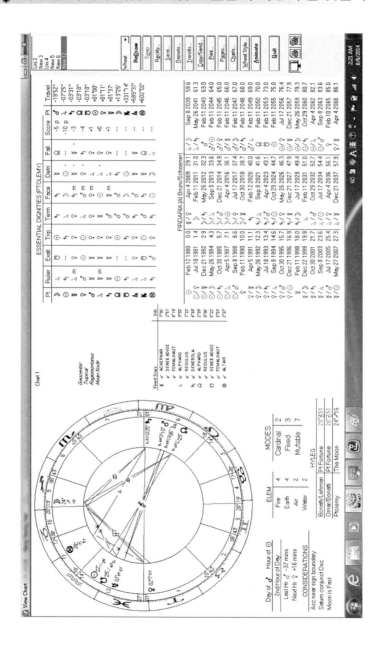

124   정통점성학 실전차트해석

네이티비티 네이탈 출생차트에서 네이티브의 운명을 다스리는 ⊗는 11th의 ♑사인에 위치하며 11th의 룰러인 ♄으로부터 △애스펙트를 이루고 있다. 네이티브의 잠재의식을 다스리는 ☽는 정신세계를 다스리는 9th에서 코로드로 위치하여 최고의 로얄스타 레귤루스와 ♂한 ♌을 △애스펙트 한다. 그러므로 타로카드를 배워서 직업으로 삼으면 좋을 것이라고 말해주었다.

남편은 밖에 나가면 부인에 대한 칭찬을 해주고 말도 잘한다고 했다. 그러나 집에만 들어오면 남편은 말이 전혀 없다고 한다. 자신을 드라마 허준에서 나온 허준의 아내 역할을 한 배우처럼 말없이 조용히 자신을 내조해주기를 바란다고 했다. 그러면서 이 네이티브는 남편은 왜 말이 없는지 물어왔다. 집에서는 도무지 말을 하지 않는 이유가 궁금하다고 한다.

배우자는 7th의 룰러 ☿다. ☿가 고독과 슬픔의 하우스인 12th에서 뮤트사인 ♓에 위치하고 있다. 그러므로 배우자는 말이 없다고 판단한다. 네이티비티 네이탈 출생차트에서 1st이 룰러나 7th의 배우자의 룰러가 말이 없는 뮤트사인에 위치하게 되면 보편적으로 말이 없다.

이 네이티브는 왜 엄마가 자기를 버렸는지 알고 싶어 했다. 낮의 차트에서 ♀와 10th와 그 룰러인 ♃가 네이티브의 어머니를 다스린다. ♀는 1하우스에서 디트리먼트 하므로 디그니티가 매우 약하며 네이티브를 다스리는 ☽를 □애스펙트 한다. 또한 네이티브의 어머니를 다스리는 10하우스의 룰러 ♃가 하늘의 가장 안 좋은 위치인 6th에서 디트리먼트 하며 디그니티가 매우 약하다. 이것은 어머니가 매우 안 좋은 상태여서 네

125

이티브와 함께 할 수 있는 상황이 안 되었음을 보여준다.

◆◆ 빌려준 돈을 받을 수 있을까요?

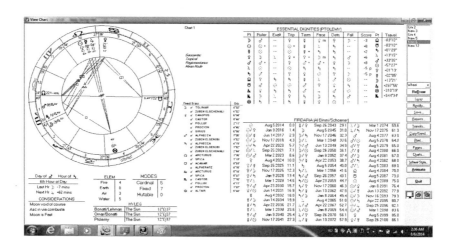

쿼런트는 '빌려준 돈을 받을 수 있을까요?'라고 호라리 차트로 봐달라고 하면서 질문을 의뢰해왔다.

쿼런트는 1st의 룰러 ♀와 ☽, 2nd의 룰러와 코로드, 돈을 빌려간 상대방은 7th와 그 룰러 그리고 8th와 그 룰러를 본다.

쿼시티드: 빌려준 돈을 받을 수 있을까요?

채무자를 다스리는 7th의 룰러 ♂가 1st에 코로드로 위치하고 있다. 쿼런트를 다스리는 1st의 룰러이자 재무자의 재산을 다스리는 8th의 룰러 ♀는 9th에서 2nd에 위치한 ☽를 △애스펙트 한다. 그러므로 쿼런트는 빌려준 돈을 돌려받을 수 있을 것이라고 판단을 했다. ☽가 우로부터 △ 애스펙트를 벗어나기 위해서는 5°를 더 가야 한다. 그런데 ☽는 픽스트 사인 ♏에 위치하므로 5주 이내에 빌려준 돈을 받아야 하며 이 기간에 받지 못하면 5개월 이내에 받을 수 있도록 적극적으로 요구해야 한다. 다만 ASC가 비아컴버스타에 걸려있으므로 쿼런트가 적극적으로 빌려준 돈을 돌려받으려는 마음의 자세가 아직 안 되어 있다고 본다. 그냥 때가 되면 주겠지 이런 생각을 가지고 있는 것이다. 그러니까 빌려간 지 1년이 다 되어가도 돈을 안 갚는 것이다. 채무자가 1개월만 쓰고 준다고 돈을 빌려갔으면서도 1년이 다 되어 가도록 돈을 갚지 않으니 답답한 마음에 호라리 차트를 뽑아보긴 하지만 쿼런트의 적극적인 마인드가 부족하다고 볼 수 있다.

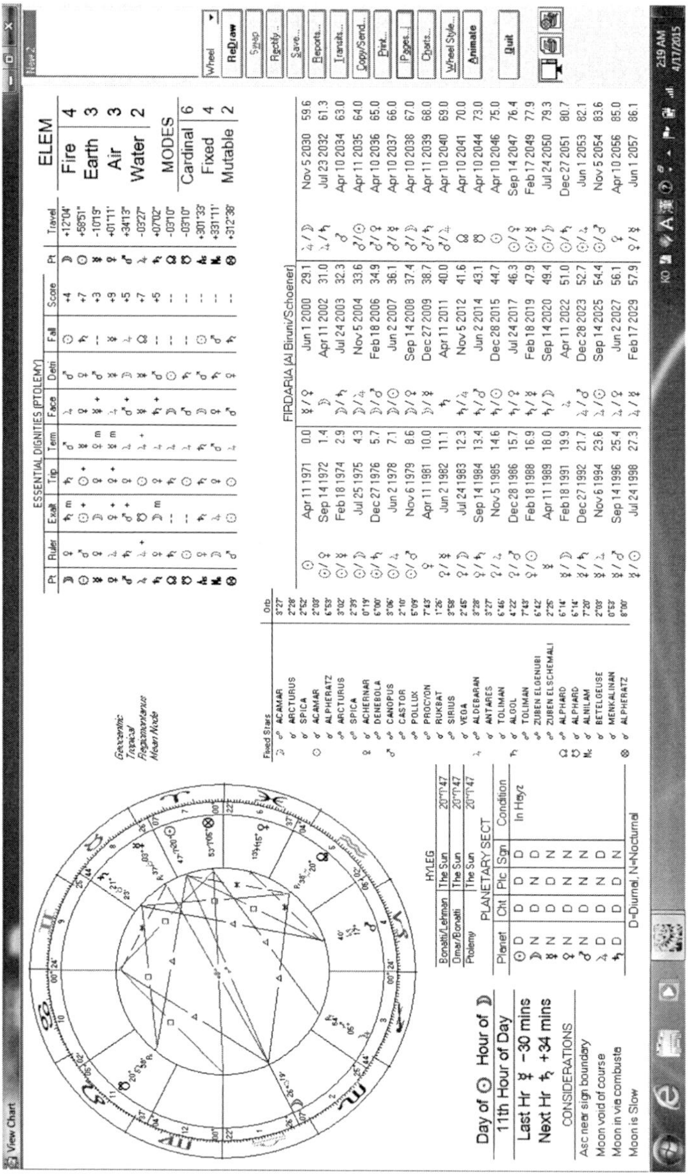
View Chart
ESSENTIAL DIGNITIES (PTOLEMY)
FIRDARIA (Al Biruni/Schoener)
ELEM
Fire 4
Earth 3
Air 3
Water 2
MODES
Cardinal 6
Fixed 4
Mutable 2
Fixed Stars
HYLEG
PLANETARY SECT
D=Diurnal, N=Nocturnal
Day of ☉ Hour of ☽
11th Hour of Day
Last Hr ☿ -30 mins
Next Hr ♄ +34 mins
CONSIDERATIONS
Asc near sign boundary
Moon void of course
Moon in via combusta
Moon is Slow
ReDraw
Rectify...
Save...
Reports...
Transits...
Copy/Send...
Print...
Pages...
Charts...
Wheel Style...
Animate
Quit
2:19 AM
4/17/2015

이 네이티비티 네이탈 출생차트의 네이티브는 외과의사에서 성형외과 의사 전문의 자격증을 취득했으며 현재 성형외과 의원을 운영하고 있다.

네이티브는 사람들과의 관계가 힘들다고 했다. 그래서 환자들과 직원들과의 관계가 어떤지를 물어왔다.

네이티비티 네이탈 출생차트를 열어서 네이티브의 인간관계를 살펴보니 인간관계를 다스리는 11th에 그 하우스에서 장애를 다스리는 ☊이 위치하고 있으며 5th에 ☋이 있으나 대 흉성 ♄으로부터 각각 □애스펙트를 이루고 있다. 이것은 네이티브가 인간관계를 맺음에 있어 매우 서툴고 문제가 있음을 보여주는 것이다. 그렇다면 이러한 상황에서 어떻게 처신하는 것이 좋을까? 네이티브를 다스리는 1st의 룰러 ♀가 타인의 지배를 받는 하우스인 6th에 위치하고 있다. 이것은 네이티브가 사람들과의 관계 속에서 좀 더 겸손하라고 하는 메시지를 주는 것이다. 항상 다른 사람들을 존중하고 배려하는 마음으로 친절하게 환자와 직원들을 대한다면 인간관계에서 오는 어려움은 극복할 수 있을 것이라고 판단했다.

네이티비티 네이탈 출생차트에서 네이티브는 ♃가 ♐에서 룰러를 얻었으며 ♂는 ♑에서, ♀는 ♓에서, ☉은 ♈에서 각각 익절테이션을 얻어서 디그니티가 매우 강하다. 많은 점성가들이 네이탈 출생차트에 강한 플래닛이 많으면 차트가 강해서 네이티브에게 좋을 것이라고 생각하는데 사실은 그렇지 않다. 동양철학에 이런 말이 있다. 많은 것은 없는 것과 같다. 그리고 카디날 사인에 시그니피케이터가 6개나 몰려있다. 이와 같은 경우 네이티브는 강한 네이탈 출생차트를 타고 났음에도 불구하고 인생이 매우 더디게 흘러간다. 즉 어떤 한 가지를 이루기 위해 노력한다고 할

지라도 뜻을 이루기 어렵거나 중도에 포기를 하거나 매우 오랜 시간이 걸려서 이루어진다. 이에 대하여 네이티브는 말한다. "선생님, 정말 미치겠어요. 맞아요. 사실 어떤 일을 시작하거나 추진하게 되면 일이 너무 느리고 더디게 가서 미칠 지경입니다."고 했다.

그렇다면 이 네이티브는 어떻게 의학공부를 할 수 있었을까? 학문을 다스리는 9th에서 사인 Ⅱ가 인터셉티드하여 매우 강력하게 작용하므로 네이티브는 지식을 추구하고 학문을 이루게 된 것이다. 9th 사인 Ⅱ의 룰러 ☿는 죽음의 하우스인 8th에 위치하며 ☿의 디스포지터 ♀는 질병의 하우스인 6th에 위치하여 칼을 의미하는 ♂와 ✳ 애스펙트를 이루므로 네이티브는 외과의사가 될 수 있었던 것이다. 피르다리아에서 마이너 ♀가 들어오는 2009년도에 성형외과 전문의 자격을 취득하게 된다.

네이티비티 네이탈 출생차트에서 네이티브에게 가장 중요한 상황은 배우자로 인하여 경제적 어려움이 발생한다는 것이다. 재물의 하우스 2nd의 커스프와 ☽가 비아컴버스타에 걸려있으며 배우자를 다스리는 ☉로부터 ☍애스펙트를 이루고 있다. 이것은 배우자로 인하여 재산상의 손실이 발생함을 보여주는 것이다. 네이티브는 "배우자와 그 가족들로 인해서 돈이 모이지 않고 자꾸 나가서 미치겠다고 했다." 그리고 네이티비티 네이탈 출생차트에서 네이티브는 3rd에서 사인 ♐가 인터셉티드하여 매우 강하게 작용한다. 3rd는 전자통신, 기계, 등을 의미한다. 3rd에서 ♃가 룰러를 얻어 7th에 위치한 ⊗와 △애스펙트로 보기 때문에 네이티브는 네이티브를 제외한 모든 사람들의 시선을 의식하게 되고 명예를 중요시 여긴다. 그래서 별로 필요하지 않은 비싼 의료장비를 많이 들여놓고 병원도 고급스럽게 꾸미는 것을 좋아한다. 이렇게 보여주는 것이 네이티브는 프라이드라고 생각한다. 그러나 보편적 재물의 시그니피케이터 ♃가 ℞함으로써 금전상의 손실을 보게 되는 것이다. 그리고 고독과 슬픔의 하우스인 12th의 룰러 ☿가 8th에 위치하여 재물의 시그니피케이터 ☽를 ☍애스펙트로 보고 있다. 이것은 네이티브가 경제관념이 희박할 경우 사기를 당할 수 있음을 보여주는 것이다. 그래서 다른 사람으로부터 사기를 조심하라고 했다. 그러자 네이티브는 그러잖아도 사기를 당했다는 것이다. 동서에게 억대의 돈을 뜯겼다고 했다.

네이티브의 재물을 다스리는 2nd의 커스프가 비아컴버스타에 걸렸으며 네이티브의 마음을 다스리는 ☽ 역시 비아컴버스타에 걸려있으므로 네이티브는 매우 소극적인 마인드를 타고났다. 배우자를 다스리는 ☉으로부터 ☽가 ☍애스펙트를 이루므로 네이티브는 남자 같은 성격의 배우자에게 휘둘리게 되고 역설적이게도 배우자에게 의지하게 되면서 경제적인 주권을 거의 빼앗기게 되었다.

이러한 차트구조는 윌리엄 릴리에 따르면 네이티브는 큰 빚을 지거나 재산상의 매우 큰 손실을 보게 될 것이라고 했다. 그러므로 명확한 경제관념을 가지고 현명하게 금전관리를 잘 하려고 노력하는 수밖에는 없다.

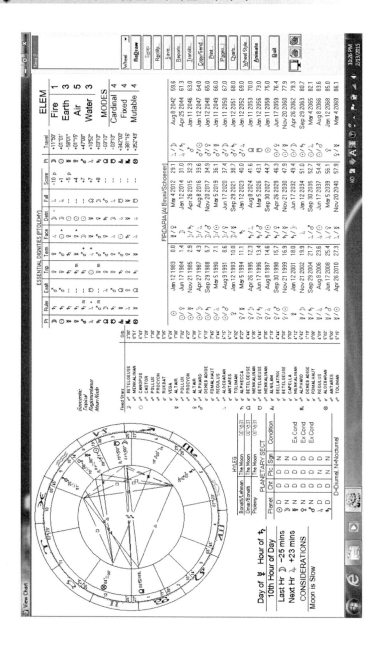

네이티비티 네이탈 출생차트의 네이티브는 상담을 의뢰하기 전에 여러 군데에서 점성술 상담을 받아보았다고 했다. 그러면서 픽스트 스타에 대하여 궁금하다고 하면서 상담을 받고 싶다고 의뢰를 해왔다.

사람들은 네이탈 출생차트에서 픽스트 스타가 뜨면 갑자기 큰 부자가 되거나 큰 출세를 하는 줄 안다. 그런데 픽스트 스타가 발현되기 위해서는 조건이 있다. 조건은 자격을 갖추어야 한다는 것이다. 예를 들어서 픽스트 로얄스타 베텔게우스는 장군이 되는 별이다. 군인이 별을 달기 위해서는 먼저 3군 사관학교를 졸업해야 한다. 그리고 위관장교로 임관을 해서 정상적인 진급과정을 거쳐서 장군심사를 할 때 우선적으로 별을 달게 해주는 픽스트 스타가 베텔게우스이다. 그런데 사관학교를 졸업하지 않은 사람이 별을 달 수 있을까? 그것은 일어날 수 없는 일이다. 그래서 픽스트 스타는 99%가 심리적인 만족으로 발현된다.

네이티비티 네이탈 출생차트는 네 개의 축으로 이루어져 있고 이 네 개의 축이 주축이 되어서 차트를 이끌어 간다.

ASC 어센던트를 보면 픽스트 스타 '알헤카'가 컨정션하고 있다. DSC를 보면 픽스트 스타 '레사트'가 컨정션하고 있고 MC에는 픽스트 스타 '포말하우트'가 컨정션하고 있다. 이 네이티비티 네이탈 출생차트는 앵글에 걸린 세 개의 픽스트 스타가 차트를 이끌고 간다고 보면 된다.

또한 네이티브의 운명을 다스리는 ⊗에 컨정션한 픽스트 스타도 중요하게 보고 룰러를 얻은 ⊿에 컨정션한 픽스트 스타도 중요하게 본다. 왜냐하면 룰러를 얻은 플래닛은 네이티브의 인생에서 반드시 드러나기 때문이다. 피스트 스타를 보기 위해서는 픽스트 스타만 보면 되는 것이 아니라 그에 따른 플래닛을 보아야 한다. 플래닛이 움직일 때 픽스트 스타가 움직이기 때문이다. 그래서 픽스트 스타를 보기 위해서는 플래닛의 전체적인 움직임도 함께 보아야 한다.

네이티브는 어렸을 때부터 다른 사람에게 경쟁에서 지거나 뒤처지는 것을 용납할 수 없었다고 한다. 그래서 너무 괴로웠다고 했다. 지금도 직장생활을 하면서 다른 사람과의 경쟁 때문에 힘들어한다고 했다. 이것은 네이티브를 다스리는 1하우스 커스프에 컨정션한 픽스트 스타 알헤카의 영향 때문이다. 욕심과 탐욕에 대한 별의 영향이 네이티브를 힘들게 하는 것이다. 이것을 극복하는 방법은 ☉을 보는 것이다. ☉은 네이티브가 인생에서 지향하는 삶의 모습을 보여준다. 그렇기 때문에 ☉이 위치한 하우스와 사인은 매우 중요하다.

☉은 죽음과 심령능력과 재물을 다스리는 8하우스에 위치하며 ♑사인의 영향을 받고 있다.

♑은 성공에 대한 야망이나 정치적 야망이 매우 큰 별자리로써 현실적 야망을 이루기 위해 끈질기게 노력하는 목표 지향적 별자리다. 반면에 ♑사인의 꼬리 부문은 물고기 지느러미를 하고 있고 상체부분은 염소의 모습을 하고 있기 때문에 인생을 살아가면서 한 번쯤은 정신적 가치와 세속적 가치 사이에서 하나의 선택을 하는 기로에 놓일 수 있다는 것이다. 이때가 되면 성공에 대한 야망과 욕심을 버리고 정신적 가치를 위해 노력해야 하며 자신의 마음을 잘 다스려야 한다. 왜냐하면 ♑사인은 인간의 타락을 주관하는 별자리이기 때문이다. 그래서 네이티브는

사회에서 성공이라고 하는 것을 추구하는 것이 아니라 정신세계, 영성의 발전을 위한 삶을 추구해야 한다. 이것이 네이티브가 인생에서 가야 할 길이다.

네이티브의 출생차트에서 8하우스에 플래닛이 3개 이상 몰려있다는 것은 8하우스가 네이티브의 인생에서 중요하며 8하우스가 움직인다는 것이다. 그렇다 네이티브는 심리학에 관심이 많다고 했다. 그 분야로 전공을 한 것은 아니지만 심리학이나 오컬트에 관심이 많아서 나름대로 점성술의 기본적인 지식을 익혔다. 그리고 다양한 점성가에게 상담을 받아왔다고 했다.

네이티브의 천직과 사회활동을 하는 모든 영역을 다스리는 10하우스의 커스프에 걸린 픽스트 스타는 로얄스타 '포말하우트'이다. 포말하우트는 마법과 명성 오컬트에 관한 별이다. 10하우스의 룰러 ♃는 6하우스 ♐에서 룰러를 얻었다. 6하우스는 타인의 지배를 받는 자리이며 노동과 봉사의 하우스이다. 6하우스가 룰러를 얻어 강하는 것은 하늘이 네이티브에게 겸손하라고 하는 메시지를 주는 것이다. 그런데 6하우스에서 룰러를 얻게 되면 윗사람과 아랫사람 사이에서 많이 부딪히게 된다. 그것은 겸손함을 원하는 6하우스가 강해지면 자존심 또한 강해지기 때문이다. 그래서 작은 일에도 쉽게 반항심이 생기게 되는 것이다. 타인의 지배를 받는 자리에서 자신을 낮추고 겸손함을 유지한다는 것은 쉬운 일이 아니다.

6하우스에서 룰러를 얻은 ♃는 픽스트 스타 '이에드프리오르'를 컨정션하고 있다. 픽스트 스타 '이에드프리오르'는 점성술과 9번째 하우스에서 다스리는 문제의 성공을 의미한다. 이 네이티비티 네이탈 출생차트를 살펴보면 점성술과 오컬트, 심령능력에 관한 내용들이 강하게 떠오르고 있다. 네이티브가 진정으로 선택해야 하는 삶은 상처 입은 인간의 마음을 보듬어 주고 치유해주는 심리학자로서의 삶이나 점성가로서의 삶을 사는 것이다. 이것은 네이티브가 타고난 삶이다. 그런데 네이티브는 현재 공무원으로서 삶을 살아가고 있다. 그 삶 또한 맞는 것이다. ♃가 룰러를 얻어 강하므로 공무원으로서의 삶도 맞다. 출생차트에서 ♃가 강한 사람은 명예를 얻는 삶을 살아야 한다. 그런데 6하우스는 타인의 지배를 받는 하우스이다. 타인의 지배를 받는 하우스가 강하다는 것은 하늘이 네이티브에게 겸손할 것을 요구하는 것이라고 했는데 반대로 반항심도 강해져서 쉽게 윗사람이나 아랫사람과 트러블이 생길 수 있으므로 매우 조심해야 한다. 네이티브는 자존심이 강해서 윗사람의 지시에 매우 불편해했고 그로 인해 사람들과 자주 부딪혀서 직장을 계속 다녀야 하는지 고민하고 있다고 했다. 이에 대하여 겸손한 것은 자신을 낮추는 것이니 비굴한 것과 다르다고 이야기해주었다. 이 차트는 물질에 대한 야망을 내려놓고 영성을 추구해야 하는 차트이므로 승진에 대한 열망과 욕심을 내려놓으면 보다 편한 마음으로 사람들을 대할 수 있을 것이라고 판단을 내렸다.

앵글 7하우스 커스프에 컨정션한 픽스트 스타는 '레사트'이다. 레사트는 '위험, 절망, 부도덕, 악의, 사고, 파멸, 약물중독의 위험'의 의미를 내포하고 있다. 이것은 네이티비티 네이탈 출생차트에서 이성과 배우자를 다스리는 7하우스에 장애가 있음을 의미한다. 실제로 네이티브는 지금까지 살아오면서 연애를 못해봤다고 했다. 설상가상으로 7하우스에 네이티브 인생에서 장애를 다스리는 ☋이 위치하고 있다. 그리고 네이티브의 잠재의식과 내면의 마음을 다스리는 ☽가 네이티브 자신의 하우스인 1하우스 커스프를 ∞애스펙트로 보고 있다. 이것은 이성과 관련한 문제에 있어서 네이티브 자신이 자신 스스로를 힘들게 하고 있는 것이다. 또한 연애와 사랑, 따뜻한 스킨십을 통한 친밀한 관계를 다스리는 5하우스에 대흉성인 ♄이 들어있으며 ♄은 비아컴버스타에 걸려 그 흉함을 배가하고 있다. 네이티브는 이성과의 스킨십을 싫어하며 이성과의 애정표현에 있어 거부감이 든다고 했다. 이러한 차트구조가 네이티브를 외로움에 지치게 만드는 것이다.

비아컴버스트에 우치한 대흉성 ♄은 죽음과 심령능력을 다스리는 8하우스에 위치한 ☿와 우에 □애스펙트를 보낸다. 이것은 네이티브의 정신에 문제가 있음을 보여주는 것이다. 네이티브에게 우울증과 공황장애, 고소공포증 또는 대인 기피증이 있을 것으로 판단했다. 이에 대하여 네이티브는 오래전부터 우울증이 심해서 병원으로부터 처방을 받아 우울증 약을 복용하고 있다고 했다.

네이티브의 운명을 다스리는 ⊗는 고독과 슬픔의 하우스인 12하우스에 위치하여 픽스트 스타 '히아데스'를 컨정선하고 있다. 픽스트 스타 '히아데스'는 폭력, 스캔들, 불명예, 감금, 투옥의 의미를 가지고 있는 흉한 픽스트 스타이다. 네이티비티 네이탈 출생차트에서 고독과 슬픔을 다스리는 12하우스에 네이티브의 운명을 주관하는 ⊗가 위치하고 있다는 것은 네이티브의 삶이 매우 고독하고 외롭다는 것을 보여준다. 설상가상으로 흉한 픽스트 스타 '히아데스'까지 컨정선을 하고 있으니 네이티브는 우울증 약으로 버틸 수밖에 없는 환경에 놓여있는 것이다. 슬픔과 고통을 불러일으키는 모든 것들을 다스리는 6하우스에서 룰러를 얼어 강력한 ♃가 네이티브의 운명의 ⊗를 ☌애스펙트를 이룸으로써 네이티브는 더욱더 외로움과 고독함 속에 놓이게 되는 것이다. 이러한 차트를 타고난 네이티브는 항상 주위에 사람들이 있어야 하며 항상 사람들과 어울릴 수 있도록 환경을 만들어가야 한다. 사람들과 함께하는 것이 어색하고 어렵다면 주말에 산행을 하거나 카페활동을 통하여 함께 배움에 참여하는 것도 하나의 방법이 될 수 있을 것이다.

  우울증을 극복하는 또 다른 방법은 노동과 봉사의 하우스인 6하우스가 룰러를 얻어 매우 강하므로 노동과 봉사 활동을 통해서 자신의 카르마를 정화하며 삶의 의미를 찾아갈 수 있도록 노력하는 것도 좋을 것이라고 판단을 내렸다.

카르마는 심리적 법칙이고, 원래 심리면에 작용한다. 물리적 환경은 심리적 목적을 달성하기 위한 수단에 불과하다. 따라서 객관적인 물리면은 정확한 것이 아니라 다만 정확에 가까울 뿐이며 심리면이 반작용보다 정확하다.

- 에드가 케이시

태어날 아이가 괜찮을지를 물어온 네이티브

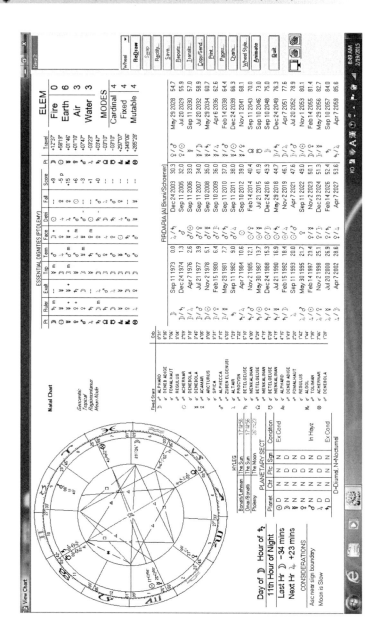

네이티비티 네이탈 출생차트에서 어센던트에 최고의 로얄스타 '레굴루스'가 컨정션하고 있다. 이것은 네이티브가 성공에 대한 야망과 욕망이 매우 크다는 것을 알 수 있다. 또한 1하우스에 ☉이 코로드로 위치하고 있으며 재물의 하우스인 2nd의 시그니피케이터이다. 이는 타고난 리더십과 자신에 대한 강한 자신감을 나타내고 있다. 반면에 ☉은 네이티브가 인생에서 지향하는 삶의 모습을 보여주는데 ☉이 1st에 위치하고 있다는 것은 인생의 삶의 모든 것이 자기 자신을 향하고 있다는 것이다. 이것은 자칫하면 타인에 대한 배려심이 없어 보이는 매우 이기적인 모습으로 비춰질 수 있다.

2nd에서 ☿는 사인 ♍에서 룰러를 얻었다. ☿는 죽은 자들의 혼령을 저승으로 안내했으며 신들의 메시지를 전하는 사자로서의 역할을 하였으므로 예로부터 ☿가 차트에서 강한 네이티브는 점성가가 많았다. 또한 2nd에서 사인 ♍가 강하게 드러나므로 봉사활동을 통하여 사회에 헌신하려고 노력하는 네이티브이다.

이런 네이티브는 사인 ♍에서 ☿강하므로 사주명리 상담이나 타로상담 또는 오컬트와 관련하여 말로 풀어먹고 사는 직업을 가지면 좋을 것이다. 공부를 했다면 심리학을 전공하거나 정신과 의학을 전공하는 것이 적성에 가장 잘 맞을 것이다. 그렇게 해서 상담을 통하여 타인의 마음을 어루만져주는 직업을 가지고 자신의 재능을 사회에 헌신한다면 재물과 명예가 따를 것이다.

그런데 이 네이티비티 네이탈 출생차트는 네이티브의 사회활동과 명예, 직업과 직위를 다스리는 10th 커스프 MC에 픽스트 스타 '알골'이 컨정선하고 있다. 이런 차트구조는 결코 사회적인 명예나 지위를 가질 수 없다. 그래서 픽스트 스타 레굴루스'를 컨정선하고 있는 출생차트를 타고난 네이티브는 차트가 받쳐주지 않으면 높은 이상과 현실 사이에서 오는 괴리감 때문에 정신적으로 많이 괴로워하며 방황하고 매사에 쉽게 포기하는 경향이 있다.

이 차트는 재물의 시그니피케이터인 ☉과 ♀가 재물의 시그티피케이터인 8th의 사인 ♓의 영향을 받으며 7하우스에 위치한 ⊗를 각각 ∞애 스펙트로 보고 있다. 이것은 네이티브가 인생을 살아가면서 재물 운이 없음을 보여주는 것이다. 또한 ⊗는 네이티브의 인생에서 네이티브가 타고난 운명을 다스린다. 네이티브의 운명을 다스리는 ⊗를 건드리는 플래닛이 마이너로 들어올 때 네이티브에게는 감당할 수 없는 시련이 휩쓸고 지나간다. 알 비루니의 피르다리아에서 2006년도 11월 11일을 기하여 ☉이 마이너로 들어온다. 이 시기 네이비브는 전 남편과 이혼을 하게 된다. 2012년도 11월 10일 ☉ 메이저와 마이너로 바뀌는 시점에서 네이티브는 유산을 하게 된다.

네이티브는 2nd와 3rd에서 룰러를 얻어 이들 하우스가 매우 강력하다. 3rd에서는 우가 사인 ♎에서 룰러를 얻었다. 우는 직업을 다스리는 10th의 룰러이기도 하다. 5th에는 ♃가 코로드로 위치해 있다.

따라서 이 네이티브의 직업을 판단해볼 때 정상적인 사회활동을 통하여 명예를 얻는 직업은 불가능하므로 말로 풀어먹고 사는 직업이나 간호조무사나 어르신을 케어하는 직업, 요양보호사나 초등생 이하의 아이들을 돌보는 직업이라든가 과외를 하는 과외교사 정도일 것이라고 판단했다. 이 네이티브의 직업은 중학생을 상대로 하는 과외선생이었다.

네이티브는 우연찮게 2014년도 말에 임신을 하게 되었는데 태어날 아이가 괜찮은지를 물어왔다.

자녀를 다스리는 5th의 룰러는 ♄ 이다. ♄ 이 11th에서 5th를 ☌애스펙트로 본다. 이것은 자녀가 태어나면 장애가 있거나 건장하지 못하거나 단명할 수 있음을 보여주는 것이다. 5th에 포춘인 ♃가 위치하고 있으나 우로부터 □애스펙트를 이루므로 이 또한 길한 징조는 아니다. 자녀를 보는 또 다른 하우스인 11하우스의 룰러 ☽가 5th의 룰러 ♄ 으로부터 △애스펙트를 이루어 괜찮을 거라고 생각할 수도 있으나 ☽는 1st와 10th를 각각 ☌과 □애스펙트로 본다. 이것은 장차 부모와의 관계가 좋지 않을 것임을 나타내며 자녀로 인하여 사회적 명예가 실추될 수 있음을 보여주는 것이다. 중요한 것은 자녀를 볼 때는 자녀의 하우스인 5th가 우선하므로 5th를 중심으로 본다.

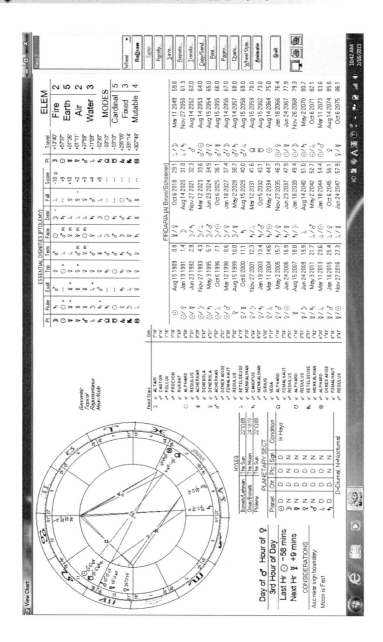

지난해 겨울 2월경으로 생각된다. 네이티비티 네이탈 출생차트의 네이티브는 점성학 상담을 의뢰하는 전화가 한 통 걸려왔다. 당시 하던 공부도 있었고 해서 상담을 하지 않으려고 몇 번 고사한 것 같은데 계속 상담을 의뢰해와서 상담을 한 기억이 있다. 개인적으로 다른 곳에서 상담을 하고 온 사람들은 상담을 하지 않는 것이 원칙이었는데 다른 점성가에게 상담받은 사실을 숨기고 상담을 의뢰해왔다.

이 네이티브는 상담받는 내내 처음부터 끝까지 배우자의 재산에만 관심을 가진 된장녀다. 처음부터 끝까지 배우자의 재산에 대한 질문만 했다. 배우자가 돈이 있느냐? 배우자의 경제적 수준은 어떻게 되느냐? 배우자의 돈은 얼마나 되느냐?

1st ASC가 ♎이며 룰러는 ♀이다. ♀는 사인 ♏의 영향을 받으며 고독과 슬픔의 하우스인 12th에 코로드로 위치하고 있다. 네이티비티 네이탈 출생차트에서 12th에 행성이 많이 몰려있으면 네이티브의 인생은 구속과 속박을 받으며 고독하게 살 수밖에 없다. 더구나 네이티브 자신을 다스리는 1st의 룰러 ♀가 위치하고 있으면 더욱 그러하다. ♀는 사회적 명예를 다스리는 10th에서 코로드로 위치한 ♃와 □애스펙트로 보고 있다. ♃는 픽스트 스타 '프로푸스'를 컨정션하고 있다. 픽스트 스타 '프로푸스'는 뻔뻔하며 폭력적인 기질의 의미를 내포하고 있다. 이는 네이티브가 법을 위반하고 사회적 명예를 가벼이 여김으로써 폭력과 사기를 행함으로 법의 심판을 받는 일이 생길 것임을 말해주고 있다. 이것은 네이티브가 정의롭지 못하며 지조가 없고 사회생활을 함에 있어 명예에 의지하지 않는다는 것을 보여주는 것이다.

ASC에 걸린 사인 ♎ 역시 네이티브를 판단함에 있어 매우 중요하다.

ASC 사인 ♎를 타고난 네이티브는 매우 변덕스럽고 교활하며 자신이 가지고 있는 아주 작은 지식과 재능이라도 자랑하면서 남들이 가진 지식과 재능은 비하하며 업신여기는 성향이 매우 강하다는 것을 말해주고 있는 것이다. 특히 ☿가 12th에서 룰러를 얻었는데 룰러를 얻은 ☿는 인터셉티드한 9th 사인 ♊의 룰러이다. 예로부터 ☿가 룰러를 얻어 강하면 점성가가 많다고 했는데 이와 같은 경우에는 사악한 지성과 정신을 사용하며 해악을 끼치는 적그리스도와 같은 역할을 할 수 있다. 왜냐하면 종교와 정신세계를 다스리는 9th 커스프에 잔인, 학살, 목 베임 등 뱀의 혓바닥을 가진 자의 의미를 내포한 로얄 픽스트 스타 '카풋 알골'을 컨정션하고 있기 때문이다. 차트에서 픽스트 스타 '카풋 알골'을 가지고 있는 네이티브는 그 교활함과 비열함과 간사함이 이루 말을 할 수 없다. 픽스트 스타 '카풋 알골'은 이간질과 거짓말을 통해서 대인관계를 파멸로 몰고 가는 매우 강력한 별이다. 알골이 주위에 있으면 모두가 불행해진다.

나중에 차차 픽스트 스타 알골을 다룬 차트를 보게 될 것이다.

12하우스에 8th의 룰러 ♂가 사인 ♍의 영향을 받으며 위치하고 있다. 재물의 시그니피케이터 ♂는 네이티브의 인생에서 모든 슬픔과 고통이 시작되는 6th의 사인 ♓의 영향을 받고 있는 네이티브의 운명을 다스리는 ⊗를 ∞애스펙트로 본다.

네이티비티 네이탈 출생차트에서 네이티브가 타고난 4원소를 살펴보면 흙의 원소가 매우 강하다. 원소는 네이티브가 인생을 살아가면서 어떻게 경험하는가를 통하여 삶에서 드러나므로 4원소의 특성이 두드러지는 속성에 따라 네이티브의 인격이 형성된다.

흙의 원소가 매우 강하다는 것은 네이티브가 매우 현실적이며 실체에 대한 집착, 즉 물질과 재물에 대한 집착이 매우 강하다는 것을 보여준다. 실제로 네이티브는 현실과 타협을 한다고 했다. 돈이 되는 것만 공부하고 돈이 되지 않으면 포기한다고 했다. 네이티브는 대학을 다니면서 돈을 벌기 위해서 피부미용도 해보고 간호조무사 일도 했다고 했다. 그러나 네이탈 출생차트에서 네이티브의 재물을 다스리는 2nd와 8th가 비아컴버스타에 걸려있으므로 돈을 벌려고 노력하지만 돈은 모이지 않고 계속 나갈 일이 생긴다. 재물의 시그니피케이터인 2nd의 룰러는 케이던트인 12th에 코로드로 위치하여 보편적 재물의 시그니피케이터인 ♃와 □애스펙트를 이루며 8th의 룰러 ♂ 역시 케이던트 하우스인 12th에 위치하여 네이티브의 재물을 다스리는 ⊗를 ∞애스펙트로 본다. 월리엄 릴리에 따르면 이와 같은 차트구조를 타고난 네이티브는 인생을 살아가면서 감당할 수 없는 큰 빚을 지거나 재산상의 큰 손실을 보게 될 것이라고 하였다.

재물을 다스리는 2nd나 8th가 비아컴버스타에 걸려 타들어 가면 재물에 대한 관심이 없다고 생각할 수도 있으나 사실은 반대의 결과가 나타난다. 재물을 만질 수 없기 때문에 재물에 대한 집착은 보통 사람에 비해서 매우 강하다.

3rd의 룰러는 ♂이며 케이턴트인 12th에 빠져서 네이티브의 운명을 다스리는 ⊗를 ∞애스펙트로 본다. 또한 ♐가 3rd에서 인터셉티드 하고 있다. ♐의 룰러인 ♃가 10th에서 네이티브를 다스리는 우와 □애스펙

트를 이루고 있다. 이것은 믿었던 형제들이나 이웃으로부터 배신을 당할 수 있다는 것을 보여주는 것이다. 실제로 네이티브는 형제나 이웃으로부터 신뢰를 받지 못하고 있었다.

알비루니의 피르다리아에서 2013년도 3월 11일 ♃가 마이너로 들어온다. 사인 ♐가 3rd에서 인터셉티드하므로 네이탈 출생차트에서 ♃는 네이티브에게 강하게 작용한다. ♃는 10th에서 4th에 위치한 ♄을 ☍애스펙트로 본다. 이 시기 분명 가정에서 또는 주변 사람들과의 인간관계에 있어서 매우 안 좋은 일이 있었을 것이라고 판단을 했다. ♃는 재물의 시그니피케이터이므로 인간관계를 통하여 돈이 나가는 일이 생기거나 힘든 일이 생겼을 것이라고 판단을 내렸다.

알비루니의 피르다리아에서 2011년도 4월 3일 연애와 인간관계를 다스리는 5th의 룰러 ♄이 4th로 들어온다. ♄은 4h에서 룰러를 얻어 매우 강력하나 ℞하므로 디그니티를 잃었다. 4th에서 룰러를 얻은 ♄은 10th에 위치한 ♃를 ☍애스펙트로 본다. 네이티브는 이 시기에 남자를 사귀게 되었다고 했다. 남자를 사귀고 2달 정도 지나면 남자들은 네이티브보다 다른 여자들을 더 좋아한다고 했다. 네이티브는 사귀는 남자한테 매우 잘해주는데 남자들은 네이티브를 별로 안 좋아하고 멀리한다고 했다. 네이티브는 학교에서 어떤 오빠를 사귀었는데 그 오빠는 네이티브에게 계속 돈을 뜯어갔다고 했다. 그렇게 사귀다가 헤어졌는데도 계속 얼굴을 보아야 했고 네이티브 자신에게 안 좋은 소문이 돌기 시작해서 매우 힘들었다고 했다. 이것은 비단 이성과의 문제뿐만 아니라 네이탈 출생차트의 구조상 3rd의 룰러 ♂가 고독과 슬픔의 하우스인 12th 케이던트에 빠져서 모든 고통과 슬픔이 시작되는 6th에 위치한 네이티브의 운명을 다스리는 ⊗에 ∾애스펙트를 이루기 때문에 네이티브의 인생에서는 끊임없이 좋지 않은 소문이 돌고 신뢰를 잃은 인간관계에 의한 불행이 계속된다. 이것은 상대방을 하나의 인간으로서 인격체로 보지 아니하고 물질로 보는 네이티브의 마음을 바꾸지 않는 한 네이티브의 모든 인간관계에 있어서 그러하다. 이 네이티브와 조금 이야기를 해보고 왜 그런지 알 수 있을 것만 같았다.

네이티비티 네이탈 출생차트에서 네이티브의 인생의 목적을 다스리는 ⊗는 유흥과 유희, 연애, 인간관계를 다스리는 5th에 위치하여 모든 고통과 슬픔이 시작되는 6th의 사인 ♓의 영향을 받고 있다. 이것은 하늘이 네이티브에게 겸손할 것을 요구하고 있는 것이다. ⊗는 물의 기운이 가장 강한 사인 ♓에 위치하므로 정신수양을 통해서 영적인 성숙을 이루어 가라는 메시지를 주는 것이다.

만일 하늘의 뜻을 거부하면 어떤 결과를 초래하게 될까? 네이티브는 상담을 하는 동안 줄곧 배우자의 재산에 관하여 끊임없이 질문을 했다. 그러면서 부모님이 어디 가서 사주를 보았는데 참 좋은 사주라고 하면서 2015년도에 좋은 운이 들어와서 2015년도에 네이티브를 결혼시키겠다고 했다고 한다. 네이티브도 2015년도에 결혼할 것이라는 확고한 신념을 가지고 있었다. 2015년도에 네이티브를 결혼시키고자 하는 부모의 마음이 읽혀졌다. 부모는 네이티브를 빨리 결혼시켜서 치워버리고 싶었던 것이다. 이 네이티브의 출생차트를 보라 이 네이탈 출생차트에서 배우자의 재산이 있는가? 네이티브 자신의 재산이 있는가? 차트에 나와 있는 대로 행성의 배치를 읽어 네이티브의 배우자에게는 재산이 없다고 했다. 그러자 네이티브는 어떻게 배우자의 재산이 없다고 말을 할 수 있냐고 소리소리 질러대기 시작했다. 네이티브는 타워팰리스 옆에 살고 있다고 하면서 돈으로 위세를 떨려고 했다. 하도 어이가 없어서 조용히 들어주었다. 더 이상 하늘의 비밀을 얘기해줄 수 없었다. 상담은 여기서 끝났다.

네이티브가 하늘이 주는 메시지를 무시할 경우 어떤 결과를 초래하게 될까?

네이티브의 운명을 다스리는 ⊗를 ∞애스펙트로 보는 별이 무슨 별인지 살펴보라. ⊗를 ∞애스펙트로 보는 별은 배우자를 다스리는 7th 사인 ♈의 룰러이면서 죽음을 다스리는 8tn의 룰러 ♂이다. ♂는 바빌로니아의 전쟁과 질병의 신이 네르갈이다. 네르갈의 이름에는 '시체들이 지긋지긋한'이라는 의미가 내포되어 있다. 이것은 죽음을 의미하는 것이다.

알비루니의 피르다리아에서 2015년 1월 18일을 기하여 ♂가 고통과 슬픔의 하우스인 12th에 마이너로 들어온다. 고통과 슬픔의 하우스인 12th로 들어온 7th의 룰러이면서 죽음의 하우스인 8th의 룰러 ♂는 네이티브에게 있어서 모든 고통과 슬픔이 시작되는 6th의 사인 ♓의 영향을 받는 ⊗를 ∞애스펙트로 본다. 이 시기에 이성을 만나거나 결혼을 하면 네이티브는 인생을 살아가면서 이성이나 배우자에 의하여 금전적으로 매우 궁핍한 삶을 살게 될 것이며 재물에 대한 집착과 탐욕은 배우자에 의하여 죽임을 당할 수 있는 차트 구조이다.

삶은 매 순간순간 선택이다. 이것 또한 선택이다. 자신이 어떤 선택을 하느냐에 따라서 인생이 달라질 수 있다. 네이티브가 조금만 겸손했다면 인생을 살아가면서 가장 힘든 시기가 주어졌을 때 비켜갈 수 있는 기회를 얻을 수도 있었는데 자신의 교만함과 오만함이 하늘이 주는 메시지를 걷어찼다.

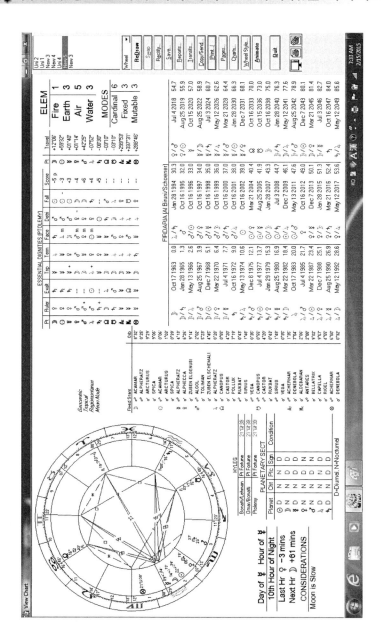

네이티비티 네이탈 출생차트의 네이티브는 미국에 있는 점성가와 상담을 하고 점성학을 배우기 위해서 점성가가 살고 있는 미국 조지아 주로 가려고 계획을 세웠다. 그러다 우연히 서점에서 저자의 정통점성학책을 보고 상담을 의뢰해왔다. 상담을 받고 난 후 네이티브는 점성학을 배우기 위하여 미국 조지아 주로 가려던 계획을 접고 직접 저자를 찾아왔다. 그리고 찜질방에서 먹고 자며 점성학을 배웠다.

네이티브는 약 30년간 해외 오지로 떠돌아다니며 살았다. 네이티브는 해외에서 사선을 넘나드는 많은 환경 속에 놓여있었다고 했다. 전쟁터의 한가운데에도 있어보았고, 폭동의 소용돌이 한가운데에도 있어보았다고 했다. 그렇듯 사연도 많고, 어쩌면 기구한 운명을 타고났다는 표현이 잘 어울릴 지도 모른다. 현재는 베트남에서 생활하고 있다.

이 네이탈 출생차트의 주인공 네이티브는 자신이 왜 오컬트에 관심이 많은지 궁금하다고 했다. 네이티브는 정신세계에 관심이 많아서 인도와 네팔을 많이 여행했다고 했다. 특히 네팔의 안나프루나(히말라야)와 카투만두(에베레스트)지역을 여행할 때 영혼이 굉장히 맑아지는 느낌이 들었다고 했다. 이곳은 지구에서 가장 높고 하늘이 맑아서 별이 콩알만 하게 보인다고 했다. 인도를 여행하면서는 정신적으로 많이 성장할 줄 알았는데 인도에 가서 3개월만 지나면 가슴을 짓누르는 듯한 통증을 느낀다고 했다. 무언가에 짓눌리고 억눌린 듯한 억압된 느낌이 들어서 매우 힘들었다고 했다. 인도에서는 공기에서도 카레냄새가 나고 하늘과 땅, 물에서도 카레냄새가 나서 매우 힘들다고 했다. 생각했던 것만큼 인도에서 영적인 성장을 이루지 못했다고 했다.

네이티브는 세계를 여행하면서 타로카드를 스스로 배웠고 풍수와 관런해서는 특허까지 가지고 있다고 했다. 세계를 여행하면서 식당에서 테이블에 앉아 종이에 타로상담이라고 써 놓으면 여행객들이 상담을 의뢰한다고 했다. 그러면 예약을 하고 약속된 시간에 숙소에서 만나서 상담을 해주고 여행 경비를 마련하곤 했다고 했다. 한국 밖에서의 타로는 셔플당 100달러씩 받고 상담을 했으며 타로리더를 매우 존중하는 대우를 받았다고 했다. 한국에 들어와서는 타로카드와 타로리더에 대한 인식이 너무 좋지 않고 싸구려 점을 보는 점쟁이 정도로 인식이 되어서 충격을 받았다고 했다.

네이탈 출생차트에서 네이티브가 태어날 때 동쪽에 떠오른 ASC 사인은 ♍이며 1st에 네이티브의 운명을 지배하는 ⊗가 코로드로 위치하고 있다. 사인 ♍의 룰러는 ☿이며, 네이티브의 운명을 다스리는 ⊗의 디스포지터 역시 ☿이므로 네이티브는 네이탈 출생차트에서 ☿의 의미가 강하게 드러나고 있다. ☿는 네이티브의 재물을 다스리는 2nd의 사인 ♎의 영향을 받으며 2nd에 코로드로 위치해 있다. 그리고 정신세계와 이도학문을 다스리는 3rd는 사인 ♏에서 ♂가 룰러를 얻어 매우 강하며 정신세계가 매우 발달해 있다. 사인 ♏는 날카로운 분석력과 뛰어난 지각력 그리고 비판적인 사고를 통하여 일반 사람들이 인식하지 못하는 내면의 깊은 곳을 꿰뚫어 볼 수 있는 능력이 있다. 그래서 네이티브는 정신세계에 관심을 가지게 되고 영적인 성장을 위해서 끊임없이 배우고 노력하고 있는 것이다. 네이티브를 다스리는 1st의 룰러 ☿가 2nd에 코로드로 위치하고 있다는 것은 네이티브가 정신세계와 관련된 일이나 오컬트 상담을 통하여 경제활동을 하며 먹고사는 것이 가장 적합하다는 것을 말해주고 있는 것이다.

이 네이탈 출생차트에서 2nd에 플래닛이 3개나 몰려있다. 이것은 네이티브가 인생을 살아가면서 인생 전반에 걸쳐서 재물과 관련된 문제가 매우 크게 부각될 것임을 말해주고 있는 것이다. 네이탈 출생차트에서 2nd에 플래닛이 많이 몰려있으면 네이티브의 삶은 은연중에 돈에 집중하게 되고 재물에 집착하게 된다. 그런데 2nd에 네이티브가 인생에서 지향하는 삶의 모습을 보여주는 ⊙이 코로드로 위치하고 있으므로 더욱더 그러하다. 실제로 네이티브는 대학교에 합격하고 1학년 때부터 일본을 오가며 보따리 장사를 해서 돈을 많이 벌었다. 그리고 태국에서 20년을 살면서 마사지 숍을 4개나 운영했을 정도로 사업수완도 뛰어났다. 결국에는 배우자가 다 날려먹었지만….

네이티비티 네이탈 출생차트에서 네이티브의 재물을 다스리는 2nd 사인 ♎의 룰러 ♀는 3rd에서 비아컴버스트에 걸려있다. 3rd에서 룰러를 얻은 ♂는 배우자의 재산을 다스리는 8th 사인 ♈의 룰러이다. 이것은 네이티브가 잦은 이동이나 잦은 해외여행을 통하여 경제활동을 하게 될 것임을 보여주지만 네이티브가 일을 해서 돈을 벌면 모이지 않고 다 나가서 없어진다는 것을 의미한다. 또한 배우자의 재산도 없다는 것을 의미한다. 배우자를 다스리는 7th의 룰러 ♃는 8th에서 ℞하고 있으며 2nd의 재물의 시그니피케이터 ☿와 ☽는 각각 ☍애스펙트로 보고 있다. 이것은 네이티브가 인생을 살아가면서 배우자로 인해서 극복해야 하는 어려움을 보여주고 있는 것이다. ℞하고 있는 ♃는 디그니티를 잃어서 매우 약하다. 그것은 배우자가 가지고 있는 매우 가부장적이고 강압적이며 고집이 세고 위선적인 행동과 폭력적인 성향을 견뎌내야 한다는 것을 보여주는 것이다. ♃는 네이탈 출생차트에서 보편적 재물의 시그니피케이터이면서 8th의 룰러이므로 배우자는 재물을 탕진하며 네이티브가 축적한 재산을 다 날려먹는다는 것을 보여주는 것이다. 실제로 그러하다. 네이티브가 재산을 어느 정도 축적해 놓으면 홀라당 날려먹고, 또 돈을 모아놓으면 홀라당 날려먹고 네이티브는 미치고 환장할 지경을 넘어서 화병이 생길 정도라고 했다.

형제와 이웃과의 관계를 다스리는 3rd의 커스프는 사인 ♏ 1° 27′에서 비아컴버스타에 걸려있다. 9th의 룰러인 우 역시 사인 ♏ 5° 18′에서 비아컴버스타에 걸려있다. 이것은 네이티브가 형제관계와 이웃과의 사이가 좋지 않음을 말해주고 있는 것이다. 9th의 룰러 우가 3rd에 코로드로 위치하고 있다는 것은 네이티브가 자주 외국으로 나간다는 것을 보여주는 것이다. 그런데 3rd가 비아컴버스타에 걸려있으므로 네이티브는 경제적으로 또는 교통으로 잘 발달된 지역이나 나라가 아닌 후진국이나 산악지역 또는 오지를 여행하게 되리라는 것을 의미한다. 실제로 네이티브는 선진국보다는 후진국의 오지를 주로 여행하였으며 후진국인 태국에서 약 20년간 거주하였다.

5th는 사인 ♑이 걸려있다. 이것은 네이티브가 성욕이 매우 강하다는 것을 보여준다. 그런데 5th에 ☋이 위치하므로 5th에 장애가 있는 것이다. 이것은 매우 강한 성욕을 발산하지 못하므로 약물중독이나 마약에 의지할 수 있음을 보여주는 것이다. 실제로 네이티브는 외국에서 생활하는 동안 잇몸이 녹아내릴 정도로 약물에 취해 있었다고 했다.

네이티비티 네이탈 출생차트에서 12개의 하우스 중에 5th가 가장 중요하다. 왜냐하면 5th는 창조적 자기표현을 통하여 자아실현의 기쁨과 행복을 찾아가는 하우스이기 때문이다. 모든 창조의 근원은 성 에너지에서 나온다. 에로틱한 성적인 에너지는 도덕심과 남을 돕는 마음, 자비의 마음을 길러준다. 두 사람 사이를 끌어 붙이는 초보적인 성 에너지인 에로티시즘은 사람들이 좋아하든 싫어하든 밀접하게 연결시켜주며 그로 인하여 네이티브가 영적인 성장을 시작하도록 하는 계기를 만들어주고 돕는 역할을 한다. 그런데 5th에 장애의 시그티피케이터인 ☊이나 흉성인 ♄이나 ♂가 위치하게 되면 네이티브는 변태 성욕자가 된다든지, 아니면 약물에 의존하거나 현실도피 성향을 가진 존재가 된다.

6th 사인 ♒에서 ♄이 룰러를 얻었으나 ℞하여 디그니티를 잃었다. 타인의 지배를 받는 자리인 6th가 강하다는 것은 네이티브가 인생을 통하여 겸손한자세로 모든 일을 수용하면서 살아가야 한다는 것을 보여준다. 모든 슬픔과 고통이 시작되는 6th에서 ♄이 룰러를 얻었으나 ℞하는 것은 네이티브가 경제적으로 매우 궁핍한 곳에서 노동과 봉사의 삶을 살게 되리라는 것을 보여준다. ♄이 2nd에 위치한 플래닛 ☿, ☽, ☉과 각각 △ 애스펙트를 이루는 것은 네이티브가 노동과 서비스업을 통하여 경제 경제활동을 할 것임을 보여주는 것이다. 실제로 네이티브는 태국에서 20여 년간 살면서 마사지숍을 4곳이나 운영했다.

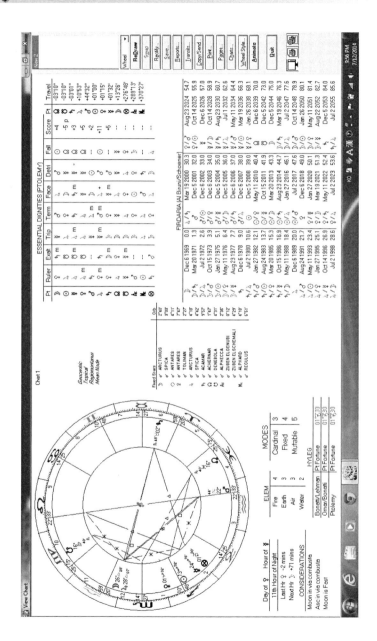

2012년도 10월경으로 기억된다. 네이티비티 네이탈 출생차트의 네이티비는 영등포 역학아카데미에서 강의를 할 때 찾아온 사주명리 상담을 하면서 점성학을 배우려고 하던 네이티브다.

네이티브는 사주명리 상담을 하기 전 매우 큰돈을 굴리는 큰 손이었다고 했다. 위 네이티비티 네이탈 출생차트를 보면 무엇이 가장 먼저 눈에 들어오는가?

네이티비티 네이탈 출생차트에서 ⊗는 네이티브의 운명을 주관한다. 네이티브의 운명을 주관하는 ⊗는 네이티브의 재물을 다스리는 2nd에서 사인 ♑의 영향을 받으며 재물의 시그니피케이터로서 위치하고 있다. 사인 ♑은 네이티브가 성공에 대한 야망이나 정치적 야망이 매우 큰 사인이며 현실적 야망을 이루기 위해서 특유의 인내력과 지구력으로 끈질기게 노력하는 목표 지향적 별자리 이므로 네이티브의 운명을 주관하는 ⊗가 사인 ♑의 영향 아래에 놓여 네이티브의 재물을 다스리는 2nd의 코로드로 위치하고 있다는 것은 네이티브가 인생을 살아가면서 물질적 성공을 위해 노력할 것임을 보여주는 것이다. 또한 네이티브의 인생에서 네이티브가 지향하는 삶의 모습을 보여주는 ⊙이 네이티브의 재물을 다스리는 2nd에 코로드로 위치하므로 더욱 그러할 것이다. 이것이 지나쳐서 물질에 대한 집착이나 탐욕으로 나타나게 되면 네이티브에게는 어떤 일이 벌어지겠는가?

사인 ♑은 하체부분이 물고기의 꼬리지느러미를 하고 있으며 상체는 염소의 모습을 하고 있다. 사인 ♑이 네이티비티 네이탈 출생차트에서 중요한 시그니피케이터로써의 역할을 하게 되면 네이티브는 인생에서 한 번쯤은 정신적인 가치와 세속적인 가치 사이에서 하나의 선택을 하는 기로에 서게 된다. 이때가 되면 네이티브는 성공이나 명예, 권력, 지위에 대한 욕심, 물질에 대한 집착이나 탐욕을 자제해야 하며 영적인 성장을 통해서 내면의 마음을 잘 다스려야 한다. 사인 ♑는 인간에 대한 타락을 주관하는 별자리이기 때문에 정신적 가치를 추구하여 영적인 성장을 이루어내지 못하면 그래서 내면의 마음을 잘 다스리지 못하면 네이티브는 그동안 쌓아온 명성과 성공을 한순간에 모두 잃을 수 있다는 것을 보여주는 사인이다.

그러므로 네이티브의 운명을 주관하는 ⊗가 사인 ♑의 영향 아래에서 재물을 다스리는 2nd에 코로드로 위치하고 있다는 것은 네이티브가 물질에 대한 집착을 버리고 영적인 성장을 이루라고 하는 하늘의 메시지인 것이다. 생각해보라 주어진 대로 아무런 장애 없이 삶이 이루어진다면 네이티브가 인생을 살아가면서 얻는 게 무엇이겠는가? 하늘은 항상 이루어야 할 목표와 장애를 동시에 준다. 인생의 목표를 이루기 위해 장애를 극복하는 과정을 통해서 네이티브는 많은 것들이 변하게 되는 것이다. 지구력과 참을성, 인내력, 세상을 보는 더 넓은 시야, 이러한 노력으로 상대방을 배려하고 이해하는 마음이 생겨나게 되고 더욱더 넓은 포용력이 길러지게 되는 것이다. 이것이 네이티비티 네이탈 출생차트를 이해하는 올바른 관점이다.

위 네이티비티 네이탈 출생차트를 보면 네이티브의 재물을 다스리는 2nd의 룰러 ♃가 고독과 슬픔의 하우스인 12th에 코로드로 위치하고 있다. 네이티브의 잠재의시과 무의식 그리고 욕망을 다스리는 ☽도 역시 12하우스에 코로드로 위치하여 1하우스의 룰러인 ♂와 △애스펙트를 이루고 있다. 이것은 네이티브가 사채를 사용하여 매우 큰돈을 움직일 수 있음을 보여주는 것이다. 네이티브가 하고자 하는 욕망의 별 ☾가 위치하여 재물의 시그니피케이터인 ♃와 ♂을 하므로 반드시 그러할 것이다.

이 네이티브는 사채를 이용하여 매우 큰돈을 움직이게 되고 공장을 인수하여 직접 공장을 운영하게 되었다. 네이티브는 물질과 정신적 가치 사이에서 물질을 선택하게 되고 결국은 모든 것을 한순간에 잃게 된다. 그래서 지금은 본연의 모습을 찾아가고자 조용히 생활하며 역학을 배우고 상담을 통하여 자신의 카르마를 정화하며 살고 있다.

그러나 12th에서 ☾와 ♂하고 있는 ♃는 비아컴버스타에 위치하여 디그니티를 잃었으며 네이티브의 모든 고통과 슬픔이 시작되는 6th에서 대흉성 ♄으로부터 ∞애스펙트를 받고 있다. 이것은 네이티브가 인생을 살아가면서 감당할 수 없는 매우 큰 빚을 지게 되리라는 것을 보여준다. 실제로 그러하다. 비아컴버스타에 관한 설명은 이 네이티비티 네이탈 출생차트를 예를 들어 앞에서 설명하였으므로 여기서는 생략하겠다.

돈에 눈이 멀어 자신의 아버지와 어머니를 이혼시킨 패륜녀

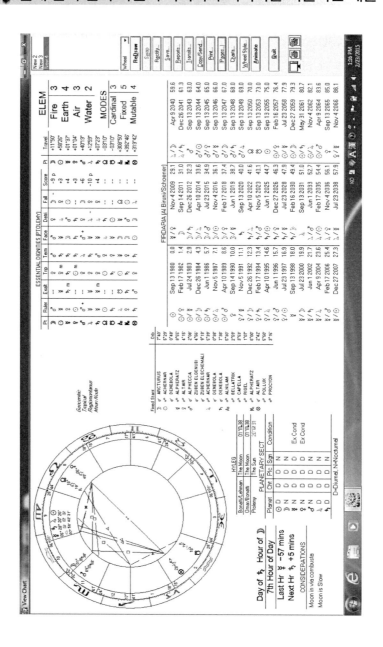

네이티브의 딸은 9th에 최고의 로얄스타 '레굴루스'가 떴다. 네이티브의 딸은 4수 끝에 서울시립대 미대에 미달로 합격했다고 한다. 알비루니의 피르다리아에서 2002년 사인 ♍에 영향을 받는 ♄이 9th에서 마이너로 들어올 때 사인 ♍의 영향을 받는 플래닛 ♃와 카지미한 ☉도 함께 움직여 9th의 사인 ♌를 활성화시킨다.

위 네이티비티 네이탈 출생차트의 네이티브의 딸의 차트를 잘 보라! 이 네이탈 출생차트는 9th에 플래닛이 4개나 몰려있다. 네이티브의 딸의 운명을 다스리는 ⊗ 2nd에서 사인 ♑의 영향을 받으며 코로드로 위치하고 있다. 네이티브의 딸에게 있어 모든 고통과 슬픔이 시작되는 하우스인 6th 커스프는 픽스트 스타 '카풋 알골'을 ♂하며 반대편 하우스인 고독과 슬픔의 하우스를 다스리는 12th커스프는 픽스트 스타 '우눅 알하이'를 ♂하고 있다. 종교와 정신세계, 교육, 철학을 다스리는 9th커스프는 강력한 최고의 로얄스타 '레굴루스'를 ♂하고 있다. ♃는 인터셉티드한 3rd의 룰러이나 9th의 룰러인 ☉과 17′이내에서 카지미를 이루며 매우 강력한 디그니티를 얻고 정신질환을 의미하는 픽스트 스타 '데네볼라'와 ♂한다. 10th에 위치하여 11th의 사인 ♏의 영향을 받고 있는 ☽는 비아컴버스타에 위치하여 디그니티를 잃었다. 사인 ♏에서 디그니티를 잃은 ☽가 비아컴버스타에 위치하게 되면 네이티브의 딸은 자폐성향이 매우 심하며 정신적으로 문제 있는 행동을 하게 된다. 실제로 네이티브의 딸은 자격지심과 자괴감이 매우 강하여 수도 없이 자살을 생각하고 자기 자신을 비하하며 학대를 했다고 한다. 11th에서 문제가 생겼으므로 대인관계도 원만하지 못하며 함께 어울릴 수 있는 친구도 없다. 사회생활을 하더라도 직장 내에서 인간관계가 원활하지 못해 다툼과 불화가 이어져 직장생활도 오래유지하지 못하고 이곳저곳을 옮겨 다니다가 결국은 직장생활을 하지 못하고 엄마 집에 얹혀살고 있다고 했다.

이 네이티비티 네이탈 출생차트에서 네이티브의 딸은 어떤 성향을 타고났는가?

네이티비티 네이탈 출생차트에서 ASC 어센던트 사인은 매우 중요하다. 네이티브의 딸이 출생할 때 동쪽 지평선에 떠오른 사인은 사인 ♐이다. ASC커스프는 사인 ♐17°41′에 걸려있다. ASC는 "비도덕적, 악한 활동을 통한 성공"을 의미하는 인포춘 픽스트 스타 '사비크'를 ♂하고 있다. 1st의 룰러 ♃는 "정신질환"을 의미하는 픽스트 스타 '데네볼라'를 ♂하며 ASC를 □로 본다. 4원소는 흙이 제일 강하여 매우 현실적이며 물질에 대한 집착이 강할 것임을 나타내고 있다. 모드에서는 픽스트 사인이 제일 강하여 고집이 매우 세고 융통성이 없다는 것을 보여준다.

네이티브의 딸은 주위 사람들을 속이며 위선적인 행동을 서슴지 않는다. 고집이 세고 사람들을 무시하며 위아래도 없이 안하무인격으로 말과 행동이 천하다. 재물을 다스리는 2nd에 네이티브의 운명을 주관하는 ⊗가 사인 ♑의 영향 아래에서 코로드로 위치하므로 네이티브의 딸은 재물에 대한 집착이 매우 강하며 흙의 원소가 4원소 중에 가장 많아 매우 현실적이고 물질적이다. 네이티브는 모든 관계를 돈으로 생각한다. 돈이 안 되는 관계는 유지하지 않으며 아무리 작은 돈이라도 돈을 쫓아간다고 했다. 네이티브의 딸은 자신을 나아주고 30년을 넘게 길러준 아버지에게조차도 밥상 앞에 마주앉아서 밥을 먹으면서 아비에게 "이 개새끼가 돈도 못 버는 주제에 비굴하게 붙어먹지 말고 나가!"라고 소리소리 질러댄다고 했다.

네이티브의 딸의 재물 운을 보면 2nd의 룰러 ♄이 9th에서 ☉으로부터 컴버스트를 당하고 있다. 8th의 룰러 ☽와 11th의 룰러 ♂는 비아컴버스타에 위치하여 디그니티를 잃었으며 재물의 시그니피케이터인 8th의 코로드 우를 □로 본다. 또한 네이티브의 딸의 재물을 주관하는 ⊗는 사인 ♑의 영향을 받으며 2nd에 코로드로 위치하고 있다. 네이티비티 네이탈 출생차트에서 장애를 다스리는 ☊ 역시 2nd에 코로드로 위치하고 있다. 포준인 우가 8th에 있어서 유산을 받을 수 있으나 2nd에 위치한 재물의 시그니피케이터 ⊗와 ∽애스펙트를 이룸으로써 물려받은 유산을 보존하지 못하고 다 날려 먹게 될 것이다. 이러한 네이탈 출생차트 구조는 윌리엄 릴리에 따르면 네이티브의 딸은 인생을 살아가면서 감당할 수 없는 빚을 지거나 매우 큰 재산상의 손실을 보게 될 것이라고 했다. 이 네이탈 출생차트를 보면 네이티브의 딸은 물질에 대한 집착이 보통 사람들보다 매우 강하다는 것을 알 수 있다. 그러나 물질에 대한 강한 집착 때문에 결국 모든 것을 잃게 될 것이다.

하늘은 네이티브에게 항상 하나만 주지 않는다. 반드시 반대의 것을 같이 준다. 한 번 생각해보라! 네이티브가 아무런 노력 없이 인생이 살아진다면 이 생애를 통해서 네이티브가 얻는 것이 무엇이겠는가? 네이티비티 네이탈 출생차트는 네이티브가 이 번 생애에서 어떻게 살아가야 할지 하늘이 네이티브에게 주는 메시지다. 어떤 네이티브에게는 성욕을, 어떤 네이티브에게는 도벽을, 어떤 네이티브에게는 알코올 중독을, 어떤 네이티브에게는 약물중독을, 어떤 네이티브에게는 살인의 추억을, 어떤 네이티브에게는 경제사범을, 어떤 네이티브에게는 물질에 대한 탐욕을, 어떤 네이티브에게는 마약중독을, 어떤 네이티브에게는 자살의 충동을, 어떤 네이티브에게는 식탐을, 어떤 네이티브에게는 권력에 대한 욕심과 야망을, 어떤 네이티브에게는 명예에 대한 욕심을, 어떤 네이티브에게는 정신질환을, 어떤 네이티브에게는 육체적 장애를, 어떤 네이티브에게는 정신지체를, 어떤 네이티브에게는 낮은 지능을, 어떤 네이티브에게는 높은 지능을, 어떤 네이티브에게는 아집을, 어떤 네이티브에게는 융통성 없음을, 어떤 네이티브에게는 교만함을, 어떤 네이티브에게는 오만 무례함을, 어떤 네이티브에게는 폭력 등… 각자 네이티브 삶에서 가장 적합하다고 여겨지는 것들을 하늘은 네이티브가 태어날 때 플래닛의 기운을 통하여 네이티브의 의식 안으로 주입시킨다. 이것을 아는 것이 네이티브 인생의 목적을 찾아가고 이루어 나가는 하나의 열쇠다.

네이티브가 물질에 대한 탐욕을 억제하고자 노력할 때, 네이티브가 약물중독에 대한 유혹을 극복해나가고자 노력하는 과정을 통해서 네이티브의 삶은 많은 것들이 변하게 되고 정신과 영혼이 성장해 나가는 것이다. 극복하고자 하는 노력을 통해서 사회성과 상호 간의 신뢰와 믿음, 겸손함, 참을성, 인내력, 지구력, 정의감, 용기, 충성심, 성실함, 근면함 검소함 등을 경험하게 되고 서로를 존중하고 배려하는 법을 배울 수 있는 것이다. 이것이 하늘이 각자의 네이티브에게 요구하는 것이다. 각자의 네이티브에게 주어진 달란트는 달라도 하늘이 요구하는 결과는 같은 것이다. 우리의 인생도 마찬가지다. 보면 각자의 네이티브의 삶이 다 다른 것처럼 보여도 결국 하나의 목적을 향해서 가고 있는 것이다. 적어도 점성학을 공부하는 사람이라면 네이티브에게 하늘이 주는 메시지 정도는 볼 줄 아는 지혜가 있어야 한다.

이 네이티비티 네이탈 출생차트에서 하늘은 네이티브의 딸에게 무엇을 요구하고 있는가? 하늘은 네이티브의 딸에게 물질에 대한 집착과 탐욕을 주고서 정신세계를 추구하라고 하는 이율배반적인 요구를 하고 있다. 그렇다 이 네이티브의 딸은 물질에 대한 집착을 극복하는 것이 이번 생애에서 하나의 과제가 될 것이다. 물질에 대한 집착과 탐욕을 극복하지 못할 때 네이티브의 딸에게는 어떤 삶이 기다리고 있을까 네이탈 출생차트를 보고 생각보라.

네이티비티 네이탈 출생차트에서 네이티브의 딸에게 모든 고통과 슬픔이 시작되는 하우스인 6th 커스프에 흉한 픽스트 스타 '카풋 알골'이 ♂하고 있다. 6th의 사인은 ♉이며 룰러는 8th에서 재물의 시그니피케이터로써 코로드로 위치한 ♀이다. 이것은 네이티브의 딸에게 일어나는 모든 고통과 슬픔이 재물과 관련이 있음을 보여주는 것이다. 교살과 목베임, 뱀의 혓바닥을 가진 자의 의미를 뜻하는 흉한 픽스트 스타 '카풋 알골'은 아주 교활하고 간사한 말로 사람들을 이간질 하고 해코지할 것임을 말해주고 있다. **알골은 말 그대로 메두사의 머리다. 뱀의 혓바닥을 가진 자다.** 하지도 않은 말을 했다고 이간질하며 사람들 앞에서는 간 쓸개까지 다 빼줄 것처럼 하다가도 뒤돌아서면 험담을 하고 거짓말을 늘어놓는다. 아주 쉽게 거짓말을 하고 그 거짓말을 감추기 위해 또다시 거짓말을 한다. 하지도 않은 말을 했다고 억지를 부리며 은혜를 입고도 감사할 줄 모르는 별이 알골이다. **알골을 가진 사람이 주변에 있으면 모두가 불행해진다.**

실제로 네이티브의 딸은 자신을 낳아주고 30년 넘게 길러준 아비를 나이가 들어 늙고 돈을 못 번다는 이유로 아비가 몰래 바람피워서 아이를 낳아 키우고 있다고 어미에게 이간질하고 어미와 공모하여 부업 식칼 4개를 가져다가 마루바닥에 던져놓고 자신들을 죽이려 했다고 경찰에 신고하여 전과자로 만들어 내쫓았다. 네이티브의 딸이 이와 같은 행동을 한 이유는 재물과 돈에 눈이 멀어 어미와 아비를 이혼시킬 때 이혼에 대한 귀책사유가 아비에게 있도록 해서 이혼소송에서 재산분할을 최소화하려고 한 계획적인 행동이었다고 했다. 돈에 대한 탐욕을 그칠 줄 몰라 가깝게 알고 지내던 이웃에게 집을 팔고 자신들의 집으로 1억 5천에 전세를 들어오라고 했다고 한다. 그 지인의 배우자가 반대하자 네이티브의 딸은 그 어미와 함께 지인의 배우자가 사람들한테 서로 욕을 하고 다닌다고 거짓말을 하고 서로를 이용해먹고 있다고 이간질하고, 그 어미는 그런 말을 한 적이 없다고 거짓말을 하고 그렇게 분란을 만들어서 결국 그 지인의 가족을 이혼시키고 집을 판돈 1억 5천만 원을 차용형식으로 가져갔다고 했다. 이것이 알골의 위력이다. 알골이 재물의 시그니피케이터와 관계를 맺게 될 때 더욱 그러하다.

정신세계와 오컬트, 커뮤니케이션과 멀티미디어를 다스리는 3rd 사인 ♒의 룰러 ♄은 역시 정신계와 종교를 다스리는 9th에서 코로드로 위치하며 ☉로부터 컴버스트를 당하고 있다. 이것은 네이티브의 딸의 정신세계관이 매우 강하다는 것을 보여준다. 그러나 흉성의 ♄이 디그니티를 잃었으므로 사악한 정신세계로 흐를 수 있다. 또한 물의 기운이 가장 강한 사인 ♓가 3rd에서 인터셉티드하여 그 강함을 더욱 강하게 하고 있다. 사인 ♓의 룰러 ♃는 9th에서 디트리먼트 하지만 칼데안 오더에 의해 매우 강하며 ☉과 카지미 하여 매우 강력한 디그니티를 얻는다.

♓는 어떤 사인인가? ♓를 다스리는 룰러가 강할 때 네이티브는 신비주의 적인 경향으로 흐르기 쉬우며 심령가나 영매로서의 능력을 갖는

경우가 많다. 사인 ♓가 3rd나 9th에 위치하거나 인터셉티드할 때 더욱 그러하다.

3rd에서 인터셉티드한 사인 ♓의 룰러 ♃는 9th에서 카지미한 ☉과 함께 사인 ♍에서 정신질환을 의미하는 픽스트 스타 '데네볼라'를 ♂한 다. 마이너로 ☉이 9th로 들어오면 카지미한 ♃가 매우 강해지는데 차트구조가 받쳐주지 않는다. 3rd의 룰러 ♄도 9th에서 ☉으로부터 컴버스트 당하며, 3rd에서 인터셉티드한 사인 ♓의 룰러 ♃도 디트리먼트 한다. 이러한 구조에서 강하게 되면 오히려 네이티브의 딸을 치게 되는 것이다. 알비루니의 피르다리아에서 2007년 12월 27일~2009년 11월 3일까지 메이저 ☿ 마이너 ☉이 9th로 들어온다. 이 시기 네이티브의 딸에게는 어떤 일이 일어나게 되었을까? 2008년 6월 중순경 네이티브의 딸은 능력을 갖기 위해 악마에게 자신의 영혼을 판 악령과 접신을 하게 된다. 네이티브의 딸은 네이탈 출생차트에서 정신세계가 매우 발달하였으나 구조적으로 차트를 받쳐주지 못하고 정신질환의 의미를 가진 흉한 픽스트 스타 '데네몰라'를 ♂함으로써 악령과 접신을 하게 되고 악령의 몸종으로서 살고 있는 것이다. 진정 고차원적인 영혼은 인간 세상에 개입하지 않는다. 그것은 창조의 법칙으로 금지되어 있기 때문이다. 그런데 인간의 육체를 숙주삼아 기생충처럼 들러붙어 자신의 영혼의 기운을 유지하며 온갖 해악을 끼치는 쓰레기 악령들이 있다.

인간의 얼굴을 잘 살펴보라. 관상을 보란 말이 아니다. 한 인격체의 성격은 얼굴을 통해서 나타난다. 어떤 생각을 하며 어떤 마인드로 어떤 행동을 하고 살았는지 얼굴에 나타난다. 즉 사람의 얼굴이 성격과 마음을 반영한다. 쓰레기 악령들이 숙주로 삼기에 좋은 얼굴은 절어 있거나 자신의 영혼을 다듬지 않고 막 살아온 인생의 얼굴이다. 어느 한쪽으로 편향된 생각을 가지고 있거나 비뚤어진 생각을 가지고 있거나 영혼과 정신세계에 대해서 아무런 관심도 없는 사람들 그런 사람들이 방심한 틈을 타서 쓰레기 악령들은 들어온다.

이 네이티브의 경우 네이티브의 딸이 2008년 6월 접신을 하고부터 자신을 괴롭히는 일이 매우 잦아졌다고 했다. 그것은 네이티브가 접신한 딸의 행동을 이상하게 생각하고 이해하지 못했기 때문에 네이티브의 딸에게 접신한 악령은 위기를 느낀 것이다. 네이티브 딸에게 접신한 악령은 몸이 없기 때문에 무엇보다도 자기의 뜻대로 움직여줄 수 있는 몸종이 필요했던 것이다. 주변을 한 번 살펴보라. 접신한 사람들 중에서 가정을 이루고 사는 사람들이 얼마나 되는가? 거의 없을 것이다. 그것은 접신한 악령이나 영혼이 몸종을 자신의 뜻대로 지배하고 사용해야 하는데 옆에 배우자가 있으면 걸림돌이 되기 때문이다. 그래서 걸림돌이 되는 배우자나 주변 인물은 수단과 방법을 가리지 않고 떼어내려 한다. 타인에 해악을 끼치는 삶은 오랜 생애에 걸쳐서 형성된 것이다.

🔖 요정의 여왕 갈라드리엘

출처: 네이버 영화

　고차원적인 영혼은 인간사에 개입하지 않는다. 영혼은 인간사에 개입하는 것이 창조의 법칙으로 금지되어 있기 때문이다. 인간사에 개입하는 것은 저급한 영혼들이나 하는 짓이다. 육체가 없는 저급한 영혼은 스스로 에너지를 구할 수 없기 때문에 인간에게 접촉하여 필요한 에너지와 기를 빨아먹는다. 이런 영혼에게 '호빗 다섯 군대 전투'에서 요정여왕 '갈라드리엘'이 악의 축인 '사우론'을 날려버린 멋진 말이 있다.

　"네 힘은 이곳에서 통하지 않는다. 어둠과 암흑과 악마의 종아! 네놈은 이름도 없고 얼굴도 없으며 형태도 존재하지 않는다. 네놈이 왔던 공허로 돌아가라!"

접신한 딸의 어미

네이티비티 네이탈 출생차트는 네이티브의 접신한 딸의 어미의 출생차트이다.

ASC 커스프가 사인 ♎ 19° 27′ 비아컴버스타에 걸려있다. 1st의 룰러역시 1st에서 사인 ♏의 영향을 받으며 비아컴버스타에 위치하고 있다. ASC의 룰러인 우가 룰러를 얻지 못한 채 1st에 코로드로 위치하고 있다는 것은 네이탈 차트의 주인공은 자아가 매우 강하고, 자존심이 강하며, 자격지심과 피해의식에 절어 있다는 것을 보여준다. 이 네이탈 차트의 주인공은 인생을 살아가면서 타인에 대한 배려와 이타심이라는 것은 눈곱만큼도 없으며 자기 자신과 자기 가족들밖에 모른다. 또한 ASC의 사인 ♎가 비아컴버스타에서 타버렸으므로 윌리엄 릴리에 따르면 이런 네이티브는 '변덕스럽고 교활하며 자신이 가진 지식과 재능은 자랑하면서도 남들이 가진 지식과 재능은 비하하기를 좋아하는 자일 것이다.'라고 했다. 실재로 자신의 어설프고 알량한 지식은 최고인 양 매우 자랑하면서도 타인이 가지고 있는 지식은 비웃으며 멸시하는 태도를 보인다.

이 네이탈 차트의 주인공은 매우 사소한 것에 대해서도 거짓말을 밥먹듯이 한다. 이는 자신이 모르거나 다른 사람들 앞에서 다른 사람들 보다 아래로 보이거나 낮아 보이는 것은 결코 용납을 못하기 때문이다. 그래서 아주 사소한 것도 거짓말을 한다. 오죽했으며 사람들이 치매예방주사를 맞으라고 수도 없이 권유했다고 할 정도였다. 무엇 때문에 이토록 거짓말을 잘 할까? 우리가 사는 주변을 한 번 돌아보라. 우리 주변에도 거짓말을 밥 먹듯이 하는 사람들이 넘쳐나는 것을 볼 수 있다. 그런데 이 네이탈 차트의 주인공은 거짓말을 하지 않아도 될 아주 사소한 것까지도 거짓말을 한다. 자신의 자아가 너무 강하기 때문에 인정을 하지 못하는 것이다. 아주 사소한 것도 자신이 남들에게 흠 잡히는 것은 인정을 못하는 것이다. 항상 변명과 거짓말로 일관한다. 그것은 바로 1st에서 ♄이 '거짓말을 하는 경향'의 픽스트 스타 '프린켑스'를 ♂하고 있기 때문이다. 픽스트 스타 '프린켑스' 1st에서 플래닛이나 ASC커스프에 ♂하고 있으면 네이티브는 아주 사소한 것에도 거짓말을 하고 자신을 속인다.

　1st에 위치한 ☿는 재물을 다스리는 2nd의 사인 ♏15° 1′에 위치하여 ℞하며 디그니티를 잃었다. 그리고 ☿는 극악한 로얄 픽스트 스타 '상실 도적 배반'의 의미를 갖는 '사우스 스케일'을 ♂하고 있다. ☿는 학문을 다스리는 9th의 룰러이며, 고독과 슬픔의 하우스인 12th의 룰러이다. 이것은 네이탈 차트의 주인공이 사악한 지성을 소유한 자이며 자신이 배운 지식을 타인에 대한 봉사와 도움을 주기 위해 사용하는 것이 아니라 단지 돈을 벌기 위한 수단으로써 사용할 것임을 보여주는 것이다.

　재물을 다스리는 2nd의 커스프는 사인 ♏ 15° 17′에 걸려서 극악한 로얄 픽스트 스타 '사우스 스케일'을 ♂한다. 이것은 픽스트 스타 사우스 스케일 '상실, 도적, 배반'의 의미에서 알 수 있듯이 네이티브는 돈을 벌면 다 잃을 것임을 보여준다. 그러나 재물의 하우스 8th에서 ☽가 로얄 픽스트 스타 '알데바란'을 ♂한다. 이것은 네이티브는 타인의 재산과 금융권에서의 대출 등 쉽게 돈을 끌어올 것임을 보여주는 것이다. 실제로 네이탈 차트의 주인공은 금융기관에서 돈을 끌어다가 많은 부동산을 매입했으나 2nd에서 상실, 도적, 배반의 의미를 갖는 로얄 픽스트 스타 '사우스 스케일'과 8th의 룰러 ♀가 2nd에서 디트리먼트 하고 ☿와 ♂한 사우스스케이이 8th의 커스프를 □함으로써 결국 모든 재산을 잃게 되는 차트구조이다.

알비루니의 피르다리아에서 2010년 11월 21일 메이저로 운이 바뀌면서 ☿가 들어온다. 재물의 시그니피케이터인 ☿가 피르다리아에서 들어올 때 사인 ♏가 움직이고 사인 ♏ 15° 17′에 ♂한 극악한 로얄 픽스트 스타 '사우스 스케일'이 움직인다. ☿의 디스포지터는 ♂이며 고독과 슬픔의 하우스인 12th에서 네이티브의 모든 고통과 슬픔이 시작되는 6th에 위치한 ⊗를 ∽으로 본다. ☿는 문서이고 재물이다. 이 시기에 네이티브에게 무슨 일이 일어났을까? 이 네이탈 차트의 주인공은 이혼소송을 당하게 된다. 네이티브의 접신한 딸과 어미가 공모하여 네이티브에게 이혼소송을 부추겼다. 혼인파탄의 책임을 네이티브에게 전가시키기 위해서 딸과 공모하여 네이티브를 전과자로 만들어 내쫓았다.

2nd에 ☉이 사인 ♏에 위치하여 '오컬트'의 의미를 지닌 픽스트 스타 '분굴라'와 ♂한다. 네이탈 차트의 주인공은 오컬트와 역학으로 돈을 많이 벌었다. 그러나 이혼소송을 하면서 재산분할을 통하여 재산의 절반을 네이티브에게 내어주게 되었다. 모든 것을 가지려다 모든 것을 잃게 되는 차트구조이다. 접신한 딸과 함께 **뱀의 혓바닥을 가진 자 '알골'**을 사랑하여 그 교활함과 간악함이 악에 이르러 30년을 함께 산 남편을, 아비를 전과자로 만들어 내쫓았으며 끊임없는 거짓말과 이간질로 남의 가정까지 파괴하고 재산을 가로챈 것이다. 그러므로 **알골이 주위에 있으면 모두가 불행해진다.**

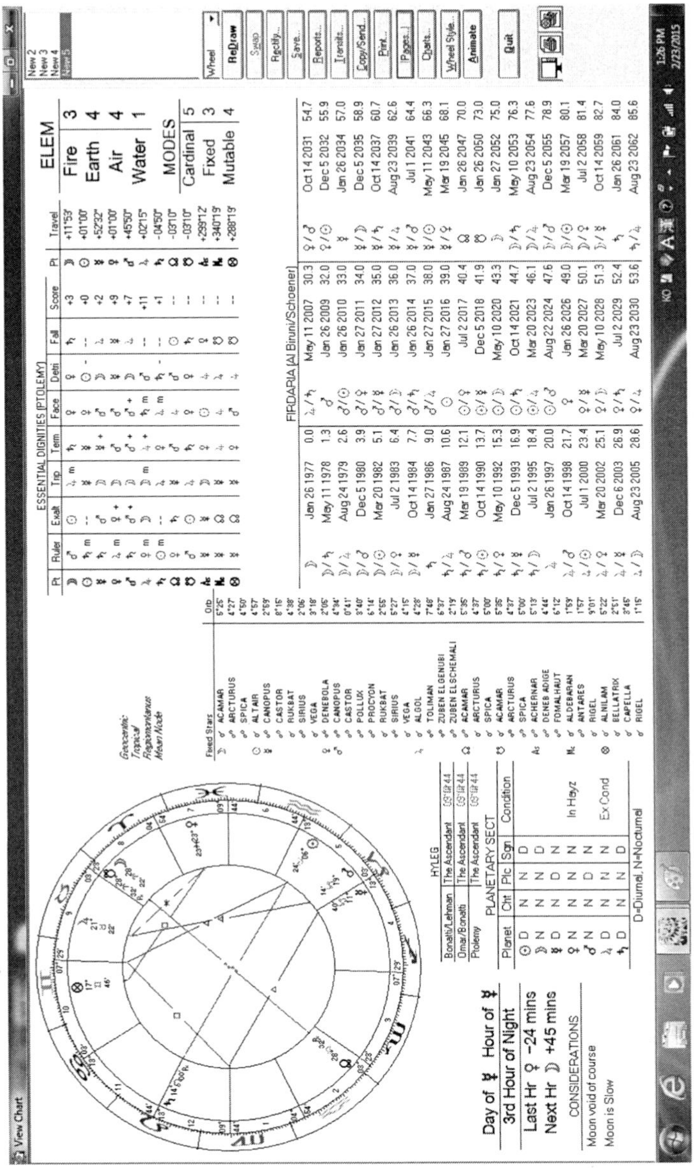
View Chart
ESSENTIAL DIGNITIES (PTOLEMY)
FIRDARIA (Al Biruni/Schoener)
ELEM
Fire 3
Earth 4
Air 4
Water 1
MODES
Cardinal 5
Fixed 3
Mutable 4
Day of ☿ Hour of ☿
3rd Hour of Night
Last Hr ♀ -24 mins
Next Hr ☽ +45 mins
CONSIDERATIONS
Moon void of course
Moon is Slow
HYLEG
PLANETARY SECT
D=Diurnal, N=Nocturnal

네이티비티 네이탈 출생차트에서 네이티브는 2014년 3월 1일 상담을 의뢰해왔다. 갑자기 매출이 확 떨어져서 가게운영에 심각한 타격을 입고 있다고 했다.

네이티비티 네이탈 출생차트를 보니 2013년도에 피르다리아에서 마이너 ☽가 재물의 하우스인 8th로 들어온다. 방랑의 플래닛인 ☽가 움직였다는 것은 네이탈 출생차트를 떠나서 플래닛 자체의 의미인 '이동수'가 발생했다는 것이다. 이 시기 네이티브에게는 이동해야 할 상황이 생길 수 있다. 그런데 네이티브가 이 시기에 움직이면 경제적인 매우 큰 손실을 보게 될 것이다.

마이너 ☽는 재물의 시그니피케이터로써 재물의 하우스인 8th로 들어와서 ☋과 ♂을 이루며 재물을 다스리는 2nd의 ♌과 ∞애스펙트로 본다. 8th는 남의 돈, 대출받는 돈이다. 그 재물의 시그니피케이터가 2nd를 건드리고 있으므로 이 시기에 네이티브는 큰 빚을 지게 되는 것이다. 무엇 때문에 빚을 지게 되는가? ☽의 디스포지터는 ♂이다. ♂가 5th에서 사인 ♑에 위치하므로 사인 ♑에 위치한 직업을 다스리는 10th의 룰러 ☿도 움직인다. 5th에 위치한 ♂는 9th에 위치한 ♃를 △으로 본다. ♃는 4th의 룰러이기도 하다.

네이티브는 직업과 관련하여 건물을 확장해서 이동하였을 것이고, 그로 인하여 큰 빚을 지게 되었을 것이라고 판단을 내렸다.

네이티비티 네이탈 출생차트에서 네이티브는 ♂이 사인 ♑에서 익절테이션을 얻어 디그니티가 매우 강하다. 그리고 직업을 다스리는 10th

의 룰러 ☿는 4th에 위치하여 5th를 다스리는 사인 ♑에 위치하고 있다. 이것은 네이티브가 기술을 활용한 화려한 직업을 가지고 있을 것이라고 판단을 내렸다.

네이티브는 의상디자인을 전공했으며 현재 액세서리와 여성의류를 취급하는 가게를 운영하고 있다고 했다. 그리고 2013년 8월경 가게를 운영하던 건물이 경매로 넘어가서 가게를 이전할 수밖에 없었다고 했다.

네이티브는 가게를 이전하면서 대출을 받아 기존의 가게보다 규모를 더 크게 해서 확장이전을 했다고 했다. 이전을 하고나서 2013년 11월부터 2014년 1월 중순까지 매출이 괜찮았다고 했다. 그런데 2014년 1월 중순부터 매출이 확 떨어져서 가게 월세와 이자도 내기 어려운 상태가 되었다고 하면서 왜 그런지 상담을 의뢰해왔다. 네이티브는 7~8년 정도 가게를 운영해왔는데 이렇게 손님이 딱 떨어진 적은 지금까지 한 번도 없었다고 했다.

알비루니의 피르타리아를 살펴보니 2014년도 1월 26일을 기하여 대흉성 ♄이 고독과 슬픔의 하우스인 12th로 들어와서 ℞한다. 더욱 상황을 안 좋게 만드는 것은 ♄의 디스포지터인 ☉을 ☍애스펙트로 보는 것이다. ☉역시 네이티브의 직업을 움직이는 5th에 위치하여 네이티브의 모든 고통과 슬픔이 시작되는 하우스인 6th의 사인 ♒의 영향을 받고 있다.

대흉성 ♄이 네이티브의 인생에서 움직이기 시작하면 네이티브의 삶에서 고통이 시작된다. ♄이 어떤 하우스에서 어떤 애스펙트로 관계를 맺느냐에 따라 어떤 고통으로 다가올지를 알 수 있다.

네이티브는 언제 이 어려움에서 벗어날 수 있는지 물어왔다. 알비루니의 피르다리아를 보니 2015년 1월 27일을 기하여 9th로 재물의 시그니피케이터 ♃가 들어온다. ♃이 디스포지터는 우이며 우는 배우자와 이성을 다스리는 7th로 들어온다. 이 시기가 되면 네이티브는 금전적인 어려움에서 벗어날 수 있을 것이며 금전적으로 도와주는 사람이 생길 것이라고 판단했다.

심리점성술이 안 맞는 것 같아요

네이티비티 네이탈 출생차트의 주인공 네이티브는 오래전 상담을 의뢰해왔다. 네이티브가 자신에 대하여 정보를 이야기하려 하자 점성가는 네이티브의 말을 막으면서 직업을 맞춰보겠다고 했다. 점성가는 네이티브에 대한 아무런 정보도 없이 직업을 맞추면 점성학에 대하여 어느 정도 완성을 이루었다고 생각했다. 틀리면 한 마디로 말해서 점성가는 네이티브 앞에서 새가 되는 것이다.

이 네이티비티 네이탈 출생차트를 보고 점성가는 "금융기관에서 일하시지요?" 했다. 그러자 네이티브는 "예."라고 답변을 했다. 점성가는 금융기관 중에서 "증권회사에서 일하시네요."라고 말했다. 그러자 네이티브는 "예. 증권회사에서 일합니다."라고 답변하였다. 이 답변을 통해서 점성가는 점성학에 대한 완성을 이루었다고 생각했다.

네이티브는 10년간 증권회사에서 근무하고 있는데 같이 일하고 있는 팀장이 20년간 심리점성술을 연구하고 있다는 것이다. 그러면서 팀장이 네이티브에게 별자리가 사인 ♈라고 하면서 ♈에 대한 성향을 자꾸만 얘기한다는 것이다. 네이티브가 생각할 때는 네이티브 자신은 사인 ♈ 성향이 전혀 안 맞는데 팀장은 계속 ♈성향이라고 하고 그래서 궁금해서 상담을 의뢰했다고 했다.

네이티브가 출생할 때 동쪽 호라이즌에 걸린 사인은 ♍다. 그래서 네이티브는 사인 ♍와 룰러 ☿가 네이티브 인생에서 강하게 드러나게 된다. ASC의 사인이 ♍이며 ♍의 룰러 ☿가 8하우스에서 코로드로 위치하므로 네이티브는 심령능력이 매우 강할 것이며 정신세계나 심리학에 관심이 많을 것이라고 판단을 내렸다. 실제로 네이티브는 심리학이나 오컬트에 관심이 많았다. 오컬트를 통해서 미래를 준비할 수 있는지도 질문을 해왔다. 네이탈 출생차트에서 3rd에 네이티브의 운명을 주관하는 ⊗가 위치하고 있다. ⊗가 3rd에 위치하고 있다는 것은 네이티브가 정신세계에 매우 깊은 관심이 있다는 것이며 ⊗의 디스포지터인 ♂가 8th 사인 ♈에서 룰러를 얻어 매우 강력하다. 이것은 네이티브가 정신세계뿐만 아니라 심령세계에도 매우 깊은 관심을 가지고 있다는 것을 보여준다.

ASC커스프에 최고의 로얄 픽스트 스타 '레굴루스'가 ♂하고 있다. 이것은 네이티브가 이상과 야망이 매우 높다는 것을 보여준다. 그런데 차트가 받쳐주지 않는다. 이럴 경우 네이티브는 이상과 현실 사이에서 오는 괴리감으로 인하여 매우 힘든 인생을 살게 된다. 아니면 무엇을 하든지 쉽게 체념하며 포기하는 일이 생길 수 있는 것이다.

여기까지 얘기하자 네이티브는 지금까지 아무에게도 하지 않은 이야기라고 하면서 자신에 대해서 말을 한다. 네이티브가 고등학교를 다닐 때까지 네이티브는 이 나라의 대통령이 되어서 사회의 모순된 구조나 부조리한 일들을 모조리 뜯어 고치고 싶다는 이상과 야망을 가졌었다고 했다. 그런데 차트를 보고 자신의 그런 생각을 맞출 수 있다는 것에 대해서 매우 신기해했다. 심리점성학으로는 결코 알 수 없는 것들을 이야기하니 네이티브는 진실로 놀라워했다.

많은 우주가 존재합니다. 태양계만 하더라도 현재 우리가 살고 있는 이곳 보다 훨씬 더 큰 태양계가 있습니다. 이곳 지구에서의 경험은 우리 태양계 내에서 이루어지는 경험과 비교하면 극히 작은 조각에 불과합니다. 인간의 영혼은 우리 태양계와 다른 태양계에서도 '모든 경험'을 완수하게 됩니다.

- 에드가 케이시

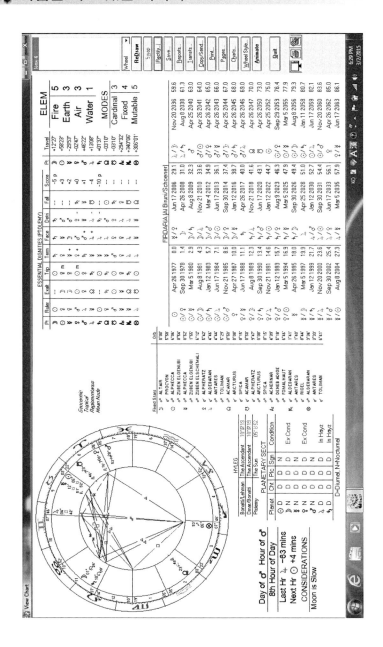

지금은 사라지고 없는 점성가로부터 몇 년 전 점성술 상담을 받았는데 잘 맞아서 다시 상담을 받고 싶다고 했다. 전에 상담을 받았던 점성가를 찾았지만 찾을 수 없어서 대한점성학협회에 연락을 했다고 했다.

네이티브는 점성술 상담을 받을 때 2013년과 2014년도가 매우 힘들 것이라고 했는데 실제로 매우 힘들었다고 하면서 앞으로의 운과 이성 관계를 알고 싶다고 했다.

네이티브는 무역사업을 한다고 했다. 그런데 이 네이티비티 네이탈 출생차트를 잘 살펴보라. 이 차트가 사업을 할 수 있는 차트인가? 룰러를 얻은 것은 하나도 없고 1st로드는 9th에서 ⊙으로부터 컴버스트를 당하고 있으면서 ℞하고 있다. 이것은 네이티브가 이성적인 판단을 내려야 할 때 정상적인 판단을 하지 못하고 있다는 것이다. 이 차트는 사업을 할 수 있는 차트구조가 아니라고 하자 네이티브는 그럼 자신에게 딸이 있냐고 물어보았다. 딸이 있는 것이 차트에서 나오냐고 질문을 했다. 5th의 룰러 ♄이 네이티브의 초년의 운을 다스리는 1쿼터에 위치하므로 10대 후반이나 20대 초반에 자식을 둘 수 있다고 얘기했다.

이 네이탈 차트는 9th에 플래닛이 3개나 몰려있다. 1st의 룰러 ☿도 9th에 위치하고 있으므로 네이티브는 외국이나 해외여행에 관심이 많고 외국과 인연이 많을 것이라고 판단을 내렸다. 그래서 무역업을 할 수 있었을 것이다. 그러나 이 차트구조는 절대로 사업을 하면 안 되는 차트구조다. 사업을 하기 위해서는 차트가 강해야 한다. 그리고 재물 운이 있어야 한다. 그런데 이 네이티브는 무엇 때문에 사업을 하는 것일까? 10th 커스프에 로얄 픽스트 스타 '알데바란'이 떴다. 사회적인 명예욕과 권력에 대한 욕망을 다스리는 하늘의 제왕 ♃가 10하우스 ♊의 영향을 받고 있다. 이러한 구조가 네이티브를 사업이라고 하는 활동영역으로 몰고 가는 것이다. 그런데 ♃가 네이티브의 운명을 다스리는 ⊗를 ☌ 애스펙트로 보며, ⊗는 갑작스러운 상실을 의미하는 로열 픽스트 스타 '안타레스'를 ♂하고 있다. 이러한 차트구조에서 픽스트 스타가 떴다고 하더라도 플래닛이 구조적으로 받쳐주지 않으면 사업가로서 성공하기 어렵다.

메이저 ☽, 마이너 ☉이 피르다리아에서 들어오는 2013년과 2014년 시기 네이티브는 죽고 싶을 만큼 경제적으로 매우 힘들었다고 했다. 이 시기 피르다리아에서 ☉이 들어옴으로써 인간관계를 다스리는 11th 코로드 ♄과 ☽를 □ 애스펙트 한다. ☉의 디스포지터 ♀는 8th에서 ℞한다. ♀는 재물의 시그니피케이터로써 2nd의 룰러이면서 재물의 하우스인 8th에서 디트리먼트하며 ℞한다. 윌리엄 릴리에 따르면 이러한 차트구조는 인생을 살아가면서 반드시 감당할 수 없는 빚을 지거나 재산상의 큰 손실을 보게 된다고 했다. 실제로 그러하다. 네이티브는 이 시기 네이티브는 돈에 대한 과욕이 생겨 친지와 지인들에게 돈을 끌어다가 사업을 확장했는데 여기서 문제가 생긴 것이다. 사업이 잘 되지 않고 빚에 대한 이자는 늘어 가는데 돌파구가 보이지 않는 것이다. 그래서 이 시기 엄청난 고통을 받고 있는 것이다. ☉이 ☽를 건드리는 구조는 네이탈 차트 전체가 약해진다. 이러한 차트는 마음에서 일고 있는 욕심을 잘 다스려야 한다.

2009년 사업초기 그래도 자신을 도와주는 사람이 있었다고 했다. 11th에서 ♄과 ☽가 10th커스프와 ♃를 ✳ 애스펙트를 이루므로 나이든 사람들의 도움을 받았을 것이다. 라고 판단했다. 네이티브는 나이 많은 사람들이 자신을 예뻐하고 많이 도와주었다고 했다.

2014년 9월 30일~2016년 1월 15일까지 피르다리아에서 우가 재물을 다스리는 8th에 마이너로 들어와서 R한다. 이 시기 네이티브의 재물운은 어떻게 되겠는가? 네이티비티 네이탈 출생차트에서 재물을 다스리는 플래닛이 피르다리아에서 들어왔으므로 반드시 재물과 관련한 일들이 생기게 될 것이다. 그런데 재물의 시그니피케이터인 우가 R하므로 돈이 들어올 곳이 있어도 뒤로 미루어지며 사업과 관련한 제품이 현금화될 듯하면서도 현금화되지 않는다. 문제는 이러한 상황이 네이티브를 힘들게 하는 것이다.

이 네이티비티 네이탈 출생차트에서 네이티브를 평생 동안 따라다니면서 괴롭히는 문제는 무엇일까? 아니 지금 당장 네이티브 인생에서 가장 심각한 문제는 무엇일까? 그것은 바로 돈 문제가 네이티브 인생에서 제일 심각하다. 돈과 관련한 문제는 네이티브가 아마도 삶을 마감할 때까지 떠나지 않을 것이다.

2016년 1월 16일 피르다리아에서 ☿가 마이너로 들어온다. 이 시기 네이티브는 외국과 관련하여 문제가 발생하는데 문서를 놓치거나 그로 인하여 재산상의 손실을 보게 될 것이다. 매우 큰돈을 손해 볼 수 있다. 이 시기 매우 조심해야 한다. ☉은 12th룰러인데 사기를 당할 가능성이 매우 크다. 네이티브에게 중국은 조심하라고 일러주었다. 그러자 네이티브는 중국에서 사업을 해보려고 약 6개월 정도 살았는데 무서워서 다시 한국으로 나왔다고 했다.

네이티브는 이성 관계에서 네이티브 자신보다 사회적으로 더 나은 사람을 만날 수 있는지 물어왔다. 네이티브가 만날 수 있는 사람은 7th의 코로드 ♂의 사람이며 ♂의 디스포지터가 ♃이므로 자신보다 나이가 어리거나 동갑인 사람이며 자신보다 사회적인 지위가 높은 사람을 만나게 될 것이다. 그러나 배우자의 시그니피케이터인 ♃가 네이티브의 운명을 다스리는 ⊗를 ∞애스펙트 함으로써 네이티브의 인생에 매우 큰 상처를 남기게 될 것이다. 그리고 그 결혼은 오래 이어지지 못할 것이라는 판단을 내렸다. 그러나 네이티브는 결혼을 하지 않고 그냥 남자를 사귀면서 살면 안 되겠냐고 물어왔다. 당연히 이러한 차트구조는 결혼생활이 오래도록 유지하기 어려운 구조이므로 인생을 즐기면서 사는 것이 더 도움이 될 수 있다고 판단을 내렸다.

점성학은 인생의 지도와 같고 인생의 등불과 같다. 그 빛은 어둠속에서 우리가 헤맬 때 가야 하는 길을 알려준다. 점성학을 통하여 우리는 많은 것을 알 수 있고 이해할 수 있으며 때로는 어려운 시기를 피해 갈 수도 있다.

미국의 세계적인 예언가이자 심령가인 에드가 케이시는 "우리가 머무는 별 지구가 움직인다. 그것은 다른 플래닛의 위치에도 영향을 미쳐 모든 창조물의 운명을 지배하도록 한다."고 그의 자서전 『나는 잠자는 예언자』에 기록하고 있다.

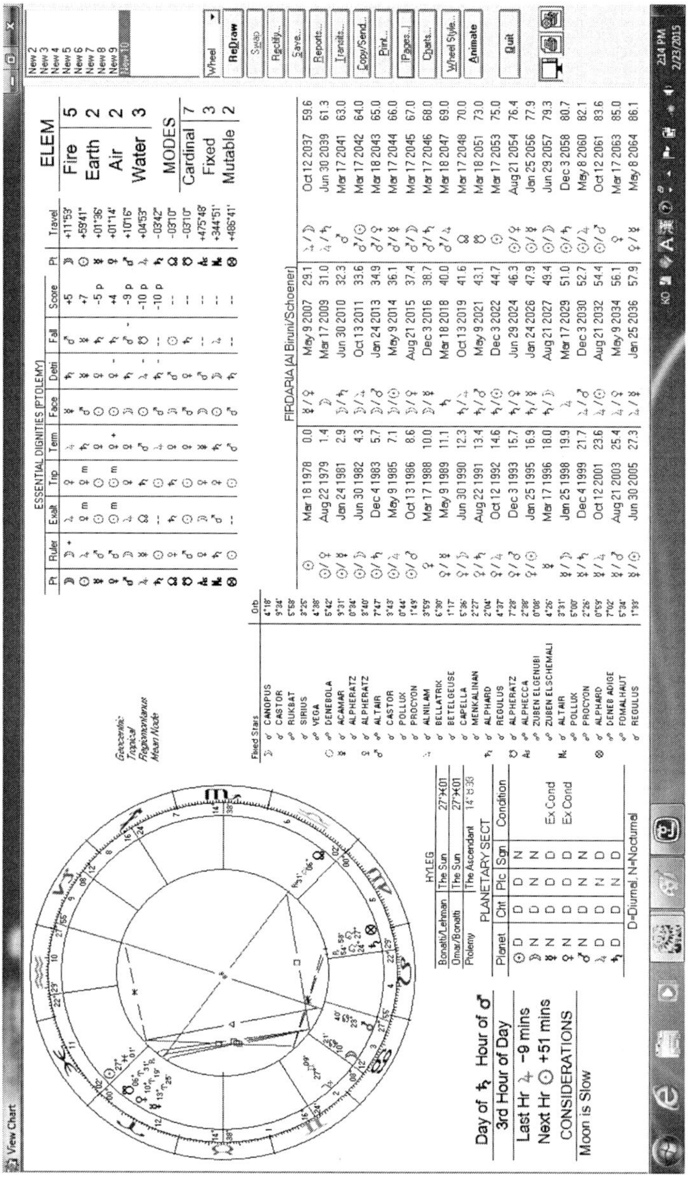
View Chart
ESSENTIAL DIGNITIES (PTOLEMY)
FIRDARIA (Al Biruni/Schoener)
ELEM
Fire 5
Earth 2
Air 2
Water 3
MODES
Cardinal 7
Fixed 3
Mutable 2
HYLEG
PLANETARY SECT
D=Diurnal, N=Nocturnal
Day of ♄ Hour of ♂
3rd Hour of Day
Last Hr ♃ -9 mins
Next Hr ☉ +51 mins
CONSIDERATIONS
Moon is Slow

네이탈 출생차트에서 전생의 인연이 궁금해하는 여인이 상담을 의뢰해왔다. 먼저 알비루니의 피르다리아를 보니 2013년 1월 24일을 기하여 메이저 ☽, 마이너 ♂가 들어온다. ♂는 3rd에서 코로드로 위치하여 직업과 사회적 명예를 다스리는 10th커스프를 ∽으로 보고 있다. 이 시기 네이티브에게는 직장을 잃는 일이 생기거나 직장을 옮기는 일이 생길 수 있으며, 3rd가 움직이므로 이동 중에 사고가 발생할 수 있으니 매우 조심하라고 당부하였다. 3rd에 코로드로 위치한 ♂는 파멸적인, 파멸, 죽음, 재난 고통, 점성술을 의미하는 픽스트 스타 '폴룩수'가 ♂하고 있기 때문이다.

3개월 뒤 네이티브는 직장을 그만두었다고 연락이 왔다. 당시 네이티브는 간호사로서 병원에서 근무하고 있었는데 적성에 맞지 않는다고 하면서 간호사 직업을 그만두었다고 했다. 그해 8월경 서울에 가기 위하여 KTX를 탔는데 대구역에서 무궁화호 열차와 KTX 열차가 부딪히는 3중 추돌사고가 발생했으나 다행히 다친 곳은 없었다고 했다. 다만 시간이 지체되고 불안한 시간을 보냈다고 했다. 이 네이티브는 ♂가 3rd에 위치하여 이동 중에 열차사고가 발생해서 큰 피해로 이어질 수 있었으나 다행히 11th에 위치한 ☉으로부터 조력을 받아서 신체적인 사고는 발생하지 않았다.

알비루니의 피르다리아에서 2011년 10월 13일 메이저 ☽, 마이너 ♃가 들어온다. 재물의 시그니피케이터 ♃는 2nd에 코로드로 위치하여 11th에 위치한 ☉과 □애스펙트를 이룬다. 또한 ♃의 디스포지터는 12th에 위치하여 3rd에 위치한 ☽를 □로 보고 있는 ☿이다. 이 시기에 네이티브에게는 무슨 일이 발생했을까?

이 시기 네이티브는 보이스 피싱 사기를 당해서 경찰서에 신고하고, 개명하기 위하여 범죄경력을 조회하고 서류를 뽑기 위하여 경찰서를 들락거리게 되었다고 했다. 2가 피르다리아에서 마이너로 들어오는 시기 네이티브에게는 골치 아픈 법적인 일이 발생한 것이다.

같은 해 네이티브는 전생의 인연이 궁금하다고 하면서 상담을 의뢰해 왔다.

1. 네이티브 자신보다 나이가 연상인 분인데 이분과의 관계에서 끊으려야 끊을 수 없는 어떤 보이지 않는 힘이 작용하는 것 같다는 것이다. 네이티브는 이 사람과의 관계에서 삶이 너무 힘들다고 했다. 그래서 이분에게서 벗어나고자 노력했지만 그러면 그럴수록 더욱더 벗어날 수 없음을 깨닫게 된다고 했다. 이분은 네이티브의 삶 전반에 걸쳐서 학문적인 부분, 경제적인 부분, 사회적인 부분 거의 모든 부분에 걸쳐서 연결되어 있었다.

2. 네이티브는 어려서부터 자신은 첩이 되어야겠다는 생각을 해왔다고 했다. 왜 그런 생각을 하게 되었는지 잘 모르겠지만 첩이 되면 본처보다 더 사랑받을 것이라는 생각이 들었다고 했다.

3. 밸리댄스를 몇 년 동안 하고 있는데 아무리 경제적으로 어려워도 밸리댄스만큼은 중단하지 않고 많은 돈을 의상과 교습비용에 투자했다고 했다. 밸리댄스 강사를 직업으로 삼을 것도 아니면서 무엇 때문에 밸리댄스에 이끌리는지 궁금해했다.

먼저 두 사람의 차트를 놓고 비교해보았다

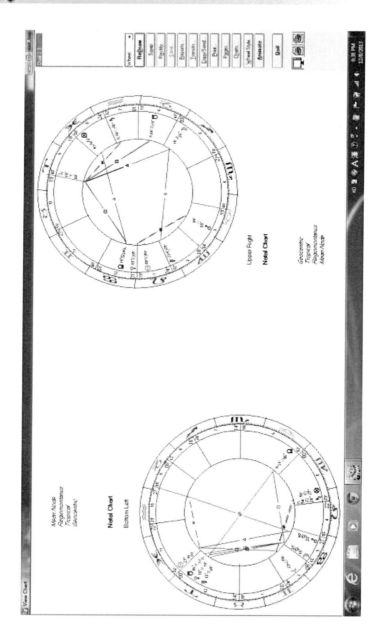

의뢰인의 네이탈 차트에서 ☽는 3rd에서 룰러를 얻어 매우 강하며 네이티브의 운명을 지배하는 ⊗는 공기의 사인Ⅱ에서 트리플리시티를 얻은 강력한 포춘인 ♃로부터 ✳ 애스펙트를 이루어 강하게 조력을 받고 있다.

오른쪽 인연의 네이탈 차트는 ☽가 양육의 하우스 5th에 위치하며 밤의 차트에서 트리플리시티를 얻어 강력한 포춘인 ♃로부터 △ 애스펙트를 이루어 강하게 조력을 받고 있으며 운명을 지배하는 ⊗는 영의 기운을 가장 강하게 받는 8th에 위치하며, 물의 기운이 가장 강한 사인 ♓의 영향을 받고 있다.

두 사람의 인연의 네이탈 출생차트를 겹쳐놓고 분석을 해보았다.

다음의 차트에서 강력하게 조력을 받고 있는 두 ☽는 서로의 운명을 지배하는 △를 트라인 애스펙트로 강하게 연결되어 있다.

두 개의 네이티비티 네이탈 출생차트를 분석한 결과를 종합하여 판단하면 정신적인 부분에서 서로에게 운명적으로 연결되어있다. 서로에게 도움을 주고받으면서 그리고 네이티브는 보호를 받으면서 그렇게 삶은 이어져 가고 있다. 두 사람의 인연은 정신적으로 영적으로 엮여 있기에 인위적으로 갈라서거나 헤어질 수 없는 관계임을 알 수 있다. 서로가 서로를 보듬어 주면서 그렇게 발전적인 관계로 영혼의 성장을 위해서 앞으로 나갈 것이라고 판단했다.

네이탈 출생차트를 겹쳐놓고 분석하다

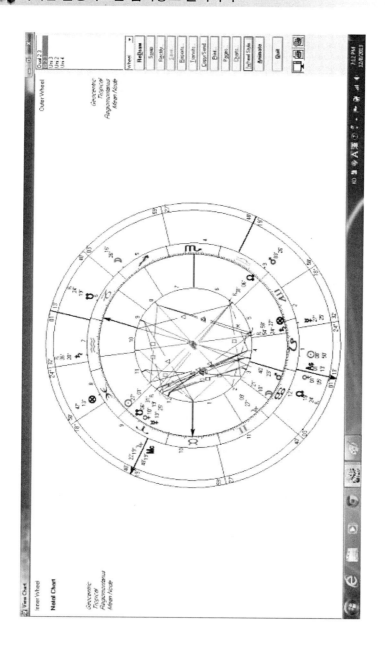

최면을 통한 전생의 기억

네이티비티 네이탈 출생차트로 두 네이티브의 인연을 판단함에 있어 부족할 수 있으므로 최면을 통하여 네이티브의 전생의 인연을 살펴보았다.

첫 번째 최면을 통한 과거 삶의 기억에서 네이티브는 조선시대에서의 삶을 기억해 냈다. 이 삶에서 네이티브는 고운 한복을 차려입은 20대 여인으로 기억하였다. 당시 권력이 높은 사람의 집에서 보호를 받으며 지내고 있었다. 당시 네이티브를 보호해주던 사람이 현생에서의 인연으로 만난 것이다.

두 번째 최면을 통한 기억에서는 옛날 남사당패와 같은 거리를 떠돌면서 춤추고 노래하는 패거리를 따라다니면서 춤을 추는 어린 여자아이의 삶을 기억해 냈다. 이번 삶에서 네이티브는 고아다. 좀 더 시간이 흐른 뒤의 삶을 유도해보았다. 패거리를 떠나서 홀로 초가집에서 살고 있다. 결혼은 하지 않은 채 그렇게 늙어 삶을 마감했다.

세 번째 최면을 통한 기억에서는 기생처럼 한복을 곱게 차려입은 여인의 모습이다. 하얀 수염이 길게 난 노인의 집에서 지내고 있다. 규모가 큰 기와집이고 고위 벼슬을 지내고 고향에 내려와서 노년을 보내고 있는 사람의 집 별채에서 지내고 있다. 이 생애에서의 삶의 목적을 물어보았으나 이에 대한 대답은 하지 못하였고 나이 많은 사람으로부터 항상 보호받으며 살고 있다고 했다. 그 사람의 눈을 보라고 유도하자 현생의 인연과 연결되었다.

현재의 삶은 과거 생애에서의 삶과 밀접한 관련이 있다. 과거 생애의 인연이 현생의 인연으로 이어진 것이다. 네이티브는 현생의 인연에 대하여 자신이 보호받고 있다는 생각이 든다고 하였고 현생의 인연에서 벗어나고자 하는 순간 세상의 삶에 대한 두려움이 밀려온다고 했다. 그것은 항상 보호 받으며 살았던 과거 삶의 기억과 현생의 삶이 비슷하게 흘러가고 있기 때문이 아닐까 하는 생각이 든다. 그리고 어려서부터 첩이 되어야겠다는 생각이 바로 과거 생애의 삶에서 비롯된 것이 아닐까 하는 생각이 든다. 네이티브도 과거 생애의 기억을 통해서 현생애서의 자신의 생각을 이해하는 데 도움이 되었다고 했다.

위 네이탈 출생차트에서 강한 $☽$가 서로의 운명을 지배하는 $⊗$를 트라인 애스펙트로 강력하게 이어져 있는 것은 그만큼 두 사람의 인연이 운명적인 만남으로 강하게 이어져 있다는 것을 보여준다.

네 번째 최면을 통한 기억에서는 인도에서의 삶을 기억해 냈다. 밸리댄스와 비슷한 춤을 추고 있는 무희의 삶이다. 춤을 출 때면 행복하다고 했다. 무희의 삶을 기억함으로써 자신이 왜 밸리댄스에 집착을 하는지 이해할 수 있었다. 네이티브는 밸리댄스 춤을 춤으로써 과거의 기억에 연결되어 있었던 것이다. 과거생의 무희로서의 삶을 기억함으로써 과거의 기억에서 좀 더 자유로워질 수 있다고 했다. 최근 들어서 밸리댄스 타임을 좀 줄여야겠다고 했다.

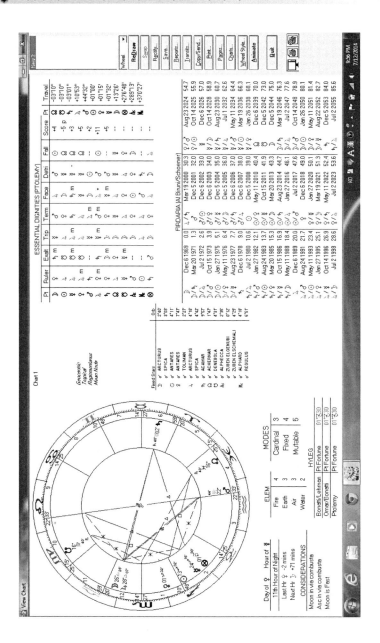

네이티비티 네이탈 출생차트의 네이티브는 한때 수십억 원을 운용하며 공장도 운영했던 네이티브다. 네이티브가 태어날 때 동쪽 호라이즌에 떠오른 사인은 ♏이며 '상실, 도적, 배반'의 의미를 갖는 로얄 픽스트 스타 '사우스 스케일'을 ♂하고 있다.

이 네이탈 출생차트에서 네이티브가 인생에서 지향하는 삶의 모습을 보여주는 ☉은 네이티브의 재물을 다스리는 2nd에 코로드로 위치하고 있다. 이것은 네이티브가 인생에서 재물을 추구할 것임을 보여주는 것이다. 그래서 네이티브는 사업을 하게 된다. 재물을 다스리는 2nd의 룰러 ♃는 ☽와 ♂하며 고독과 슬픔의 하우스인 12th에 코로드로 위치하고 있다. 네이티브의 재물을 다스리는 재물의 시그니피케이터 ♃는 고독과 슬픔의 하우스인 12th에서 비아컴버스타에 걸려 재물의 시그니피케이터로서의 기능을 상실했으며 네이티브의 모든 고통과 슬픔이 시작되는 6th에 코로드로 위치한 대흉성 ♄과 ☍애스펙트를 이루고 있다. 재물의 시그니피케이터가 12th에 위치할 경우 네이티브는 지하경제나 음지의 일을 통해서 재물을 운용할 것임을 보여준다. 즉 네이티브는 사채업을 통해서 많은 돈을 운용을 하고 공장도 운영을 해서 한때는 잘 나가는 사업가였다. 그러나 재물의 시그니피케이터인 2nd의 룰러가 비아컴버스타에서 디그니티를 심각하게 손상당하고 있으며 대흉성 ♄으로부터 ☍애스펙트를 이룸으로써 어느 한순간에 모든 재산을 다 잃게 되었다.

네이티브의 운명을 다스리는 ⊗는 2nd에 위치하여 사인 ♑의 영향을 받고 있다. 이것은 네이티브가 재물에 대한 집착이, 사업가로서의 성공에 대한 욕망이 매우 크다는 것을 보여주지만 인생을 살아가면서 세속적 가치와 정신적 가치 사이에서 하나의 선택을 하는 기로에 놓이게 됨을 보여주는 것이다. 이때가 되면 네이티브는 물질이 아니라 정신적 가치를 선택해야 한다는 것을 말해주고 있다. 실제로 네이티브는 삶에서 그러한 환경 가운데 놓여 있었고 물질을 선택했기에 한순간에 모든 것을 잃게 되었다. 그리고 지금은 역학을 통해서 정신을 수양하고 상담을 함으로써 지난날 자신의 카르마를 정화하고 있다.

이전 생애에서 스스로 목숨을 끊었던 한 사내가 현재의 인생에서 경험한 것들에 대한 이야기를 쓰는 일은 얼마나 흥미로울까. 이전에 제기 되었던 소명에 다시 한 번 채어 비틀거리던 그가 마침내 그 소명을 완수해야한다는 깨달음에 도달하기까지…. 이전 생애의 행위는 현재 생애의 방향을 결정하느니.

- 톨스토이

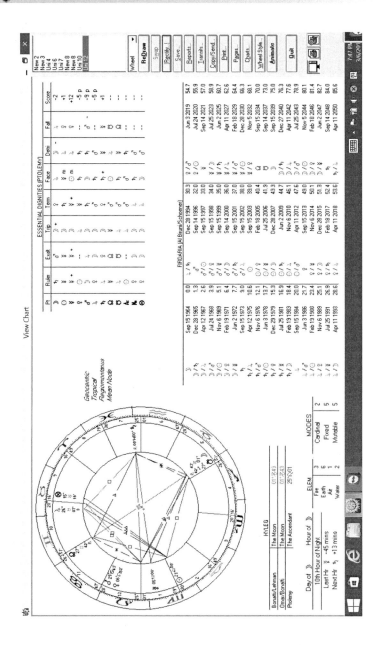

네이티비티 네이탈 출생차트의 네이티브는 정신세계에 관심이 많아서 타로카드를 5년간 배워오고 있다고 했다. 이 네이티브는 처음에는 점성학을 배울 때 자신이 타로를 배웠다는 사실을 숨겼다. 점성학 강의를 2주 두 시간 들었을 때 네이티브는 이런 이야기를 했다.

네이티브는 현재 5년 동안 타로를 배워오고 있다고 하면서 선생님 강의를 두 시간 들으니 그동안 타로를 배우면서 시간과 돈을 낭비한 것이 너무나 아깝다고 했다. 점성술 수업을 들으면서 자신의 인생의 궁금증들이 거의 풀렸다고 했다.

이 네이티비티 네이탈 출생차트에서 ♄이 1st의 커스프와 코로드 ☿를 ⚯하고 있다. 이것은 네이티브가 배우자로 인해서 극복해야 하는 어려움을 나타낸다. 배우자의 시그니피케이터 ♄은 재물의 시그니피케이터인 ☿와 ♃를 각각 ⚯과 □애스펙트를 이루고 있다. 이것은 배우자가 네이티브의 재산을 모두 탕진할 것임을 보여준다. 실제로 배우자는 네이티브가 벌어놓은 재산을 모두 탕진했다. 네이티브의 배우자 ♄은 5th와 11th의 시그니피케이터를 각각 △과 ＊애스펙트를 이룸으로써 네이티브에게 소홀히 하고 다른 이성에게 눈길을 돌림으로써 네이티브를 힘들게 했던 것이다. 이것은 ♄이 ℞함으로써 배우자로서의 역할을 하지 못한 것이다.

네이티브는 1st에서 ☿가 룰러를 얻어 매우 강하다. ☿가 출생차트에서 룰러를 얻어 강할 때 점성가가 많다고 했다. 실제로 네이티브는 현재 직장생활을 하면서 타로숍을 운영하고 있다.

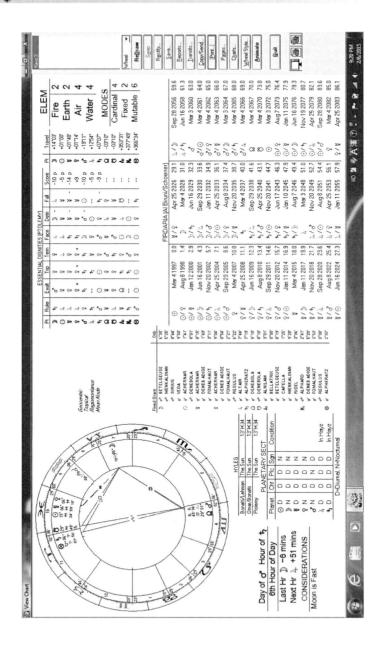

네이티비티 네이탈 출생차트에서 진로와 적성이 궁금하다고 하면서 엄마가 딸아이의 손을 잡고 들어왔다.

네이티브의 출생차트를 뽑아놓고 보니 1st의 ASC에 걸린 사인이 ♊이다. 네이티브를 다스리는 1st의 룰러 ☿는 10th에서 ☉으로부터 컴버스트를 당하여 디그니티를 잃었다. 이 네이탈 출생차트에서 가장 강한 플래닛은 익절테이션을 얻은 우이다. 그런데 플래닛 우는 10th에서 익절테이션을 얻어 매우 강할 것 같지만 역시 ☉으로부터 컴버스트를 당하여 디그니티를 심각하게 손상을 입었다. 그렇다고 하더라도 익절테이션을 얻은 상태라 미약하나마 우로서의 역할을 가능하다고 판단을 내렸다.

이 네이탈 출생차트에서 네이티브를 다스리는 1st의 룰러 ☿가 네이티브의 사회활동 영역을 다스리는 10th에서 ☉으로부터 컴버스트를 당하여 디그니티가 심각하게 손상을 입었으므로 사회활동을 하고자 하는 욕망이나 의욕이 없을 것이라고 판단을 내렸다. 플래닛 ☿은 네이티브의 지적능력과 지능을 다스리므로 ☉으로부터의 컴버스트 상태에서 공부에 대한 의욕도 없을뿐더러 공부도 잘하지 못할 것이라고 판단을 내렸다. 다만 ☿가 익절테이션을 얻은 플래닛 우와 ♂을 이룸으로써 네이티브의 인생에서 플래닛 우의 의미를 살린다면, 우는 5th의 룰러이므로 사회복지사나 간호사 또는 보살피고 케어할 수 있는 직업을 찾아서 공부를 하는 것이 좋을 것이라고 말해주었다.

실제로 네이티브의 엄마는 딸아이가 생활에 대한 아무 의욕도 없고 공부도 하고 싶어 하지 않는다고 했다. 딸아이가 실업계 고등학교를 다니고 있다고 하면서 멀티미디어 쪽의 일을 했으면 좋겠다고 했다. 아니면 심리학을 공부해서 상담일을 하는 것도 좋을 것 같은데 어떤지를 봐 달라고 했다.

3rd의 룰러가 ☉이므로 가능할 수 있겠지만 이 경우에는 머리가 따라주어야 하는 일이기 때문에 지적능력과 지능을 다스리는 ☿이 디그니티를 잃은 상태에서는 어려울 것이라고 이야기해주었다. 그렇지만 1st의 룰러 ☿이 익절테이션을 얻은 ♀와 ♂을 함으로써 사회복지사나 간호학 쪽으로 공부를 해서 봉사활동을 함으로써 삶의 의미를 찾아가는 것이 가장 바람직할 것이라고 이야기해주었다.

차트를 살펴보니 낮의 차트에서는 ☉이 아버지를 다스린다. 아버지로 인하여 매우 큰 고통을 당하거나 어려운 상황에 놓여 있을 수 있는데 어떤지 물어보았다.

그러자 네이티브는 말없이 눈물만 흘리고 앉아 있었다. 어머니가 딸아이를 위로하며 약 10여 년 전에 딸아이가 아버지로부터 매우 큰 상처를 입었다고 했다. 그 상처가 얼마나 깊은지 지금까지도 영향을 미치고 있다고 했다. 그러면서 어머니는 그때 그 일은 시간이 지나면 자연히 잊혀지는 것이니 걱정하지 말라고 하면서 엄마인 자신이 감당할 몫이라고 딸아이를 위로했다. 무슨 일이 있었는지 말을 하지 않아서 알 수는 없었지만 아마도 아버지로 인하여 큰 상처를 입은 것만은 확실해보였다.

낮의 출생차트에서 어머니는 ♀가 다스린다. ♀는 익절테이션을 얻어 디그니티가 강하고 네이티브를 다스리는 1st의 룰러 ☿과 ♂을 함으로써 엄마의 사랑과 보살핌을 잘 받을 것으로 판단을 내렸다.

삶을 살아가면서 상처를 받지 않고 아픈 기억 없이 살아갈 수만 있다면 얼마나 좋을까? 그런데 삶이란 좋은 일만 생기지 않는다. 때로는 아픈 상처를 어루만지면서 살아가는 사람들이 있다. 그 상처를 극복하는 과정에서 자신의 영혼이 성장하기도 하지만 상처 속에 갇혀서 힘들어하는 삶도 보게 된다.

상처를 내려놓지 못하는 것 또한 그 상처에 대한 집착 때문이다. 극복하여야 하지만 내려놓지 못하는 것. 약 10여 년의 세월이 흘렀음에도 상처를 내려놓지 못하는 것은 분명 집착 때문이다. 집착함으로써 분노하게 되고 괴로워하는 것이다.

딸아이를 걱정하는 어머니의 마음이, 사랑이 아이의 자존감을 회복시켜주고 피해의식과 열등감에서 벗어날 때 네이티브는 상처를 내려놓을 수 있을 것이다. 우리 모두는 상처를 통해서 많은 것들을 배우게 되고 스스로 치유할 수 있는 힘을 기르게 되는 것이다. 그것은 세상을 살아가면서 필요한 것들이기 때문에….

🔻 모든 인간의 탄생은 크게 두 가지로 나누어진다

1. ☉의 영향으로 양의 기운을 받고 출생한 네이티브

☉은 양이다. 따라서 낮에 출생한 네이티브는 남자든 여자든 관계없이 공통적으로 진취적이며 활동적이고 외향적인 성향이 드러난다. 낮에 태어난 네이티브는 일곱 행성 중에서 ☉이 중요하며 ☉을 시간의 로드로 갖는다.

2. ☽의 영향으로 음의 기운을 받고 밤에 출생한 네이티브

☽는 음이다. 따라서 밤에 태어난 네이티브는 남자든 여자든 상관없이 공통적으로 소극적이며 수동적이고 내향적인 성향이 드러난다. 밤에 태어난 네이티브는 일곱 행성 중에서 ☽이 중요하며 ☽를 시간의 로드로 갖는다.

그러므로 낮에 태어난 네이티브는 낮의 행성에 민감하게 반응하며, 디렉션 기법에서 칼데안 오더의 정렬 순서에 따라 ☉으로부터 운의 흐름이 시작되고, 밤에 태어난 네이티브는 밤의 플래닛에 민감하게 반응하며, 디렉션 기법에서 칼데안 오더의 정렬 순서에 따라 ☽로부터 운의 흐름이 시작된다. 이런 관점에서 Al Biruni의 Firdaria가 만들어진 것이다.

아랍 점성가 Al Biruni는 점성학에서 진실로 위대한 업적을 남기고 갔다.

창조주의 존재를 부정하는 자들과 창조주를 만나지 못한 사람들은 아랍 점성가 Al Biruni와 그의 업적인 Firdaria를 부정하려 할 것이다. 인간의 지식과 깨달음에는 한계가 있음을 알아야 한다. 그것은 인간이 부족해서가 아니라 인간의 영혼을 담는 그릇의 물리적 한계 때문이다. 그 물리적 한계를 초월하고자 노력할 때 우리는 진리를 만날 수 있다.

네이티비티 네이탈 출생차트에서 네이티브는 점성학이 무엇인지 궁금해서 온 네이티브다. 와서는 그냥 봐달라고 한다. 점성가가 상담할 때 가장 힘든 것은 네이티브가 와서 아무 말도 하지 않고 '음~ 어디 한 번 맞춰봐!' 하고 입을 꾹 다물고 앉아 있는 것이다. 이 네이티브는 어떤 정보도 주지 않은 채 입을 꾹 다물고 앉아 있었다. 네이티브 자신의 삶에서 매우 중요한 것들을 맞추니 그때서야 신기하다는 듯이 입을 열기 시작했다.

피르다리아에서 2012년도 12월 13일 마이너 ☿가 7th로 들어와서 ☽와 □애스펙트를 이룬다. 이 시기 2013년도나 2014년도에 네이티브의 인생에서 남자가 들어왔을 것이라고 말했다. 그리고 그 남자로 인하여 마음의 상처를 입었을 것이라고 했다. 네이티브는 눈이 휘둥그레져서 아니 차트에 서 그런 것도 나오냐고 놀라워했다.

네이티브는 지금까지 살아오면서 네이티브 인생에서 남자가 들어오리라고는 생각을 못했다고 했다. 그런데 2013년도에 남자를 사귀게 되었다고 했다. 그리고 작년에 그 남자가 자살을 했다고 했다. 그래서 충격이 몹시 컸다고 했다. 같이 온 친구도 놀라서 충격을 받았다. 친구인 자신도 알지 못했던 이야기가 차트를 통해서 나왔기 때문이다. 같이 온 친구도 자신의 친구에게 그런 일이 있었는지조차 몰랐다고 했다.

☽는 숨은 적을 다스리는 12th의 룰러이며 마이너 ☿는 2nd의 룰러이다. 두 플래닛이 □애스펙트로 보고 있으므로 12th와 관련한 돈은 사기라고 판단했다. 분명히 안 좋은 이유로 돈이 나갔을 것이라고 네이티브

에게 말했다.

네이티브와 점성가는 여기서 뒤집어졌다. 네이티브는 사기를 당했다는 것이다. 아는 지인의 소개로 땅을 샀는데 그 땅이 자기 땅으로 등기도 할 수 없고, 팔려고 해도 팔 수도 없는 땅이라고 했다. 그래서 손해가 이만저만이 아니라고 했다. 네이티브는 아는 사람의 소개로 땅을 샀는데 사기를 당한 것이다. 네이티브는 미치고 환장할 노릇이라고 했다.

언젠가 이와 비슷한 상담을 한 적이 있다. 굉장히 좋은 땅이 있다고 하면서 땅을 사라고 전화가 와서 땅을 샀는데 나중에 알고 보니 저 남해안에 배를 타고 2시간이나 들어가야 하는 외딴 섬에 있는 땅을 샀다는 것이다. 그러니까 확인도 안 해보고 그냥 산 것이다. 이것 참 웃으면 안되는데 상담 중에 터져 나오는 웃음을 참을 수 없었다.

☽는 10th에 떴고 마이너 ☿가 □애스펙트를 이루고 있으므로 이 시기 직업이나 직장 또는 사회활동과 관련하여 변화변동이 있었을 것이라고 이야기해주었다. 예를 들어서 직장을 옮겼다든가 아니면 직업이 바뀌었다든가, 이런 일이 있었을 것이라고 했다. 그러자 15년 동안 화장품 판매를 해왔는데 화장품 판매업을 그만두고 다른 직업으로 바꾸었다고 했다.

이 네이티브는 3rd에 ⊗가 위치하고 있으며, 8th에서 ☉이 익절테이션을 얻어 디그니티가 매우 강하다. ☿는 8th의 사인 ♓의 영향을 받으며 7하우스에 위치하고 있다. 이 플래닛들의 배치로 보면 네이티브는 심령능력이나 정신세계에 대한 관심이 매우 많을 뿐만 아니라 이 부분에 있어서 매우 발달해 있다고 말해주었다. 그러자 네이티브는 꿈을 꾸면 그 꿈이 현실세계에서 정확하게 들어맞는다고 했다.

View Chart

Natal Chart

Geocentric
Tropical
Placidus/Janus
Mean Node

ESSENTIAL DIGNITIES (PTOLEMY)

ELEM

Fire	3
Earth	3
Air	3
Water	3

MODES

Cardinal	4
Fixed	4
Mutable	4

FIRDARIA (Al Biruni/Schoener)

Fixed Stars

		Orb
	ALGOL	1°09'
	TOLMAN	4°24'
	ZUBEN ELSCHEMALI	5°43'
	ACAMAR	5°43'
	ARCTURUS	6°06'
	SPICA	7°51'
	ALDEBARAN	5°48'
	ALNILAM	3°17'
	BELLATRIX	4°12'
	CAPELLA	0°49'
	RIGEL	3°06'
	CANOPUS	4°46'
	RUKBAT	2°13'
	SIRIUS	3°37'
	VEGA	3°96'
	CANOPUS	4°46'
	RUKBAT	2°13'
	SIRIUS	8°27'
	VEGA	5°96'
	DENEBOLA	5°10'
	BETELGEUSE	0°14'
	CAPELLA	6°9'
	MENKALINAN	1°23'
	ALPHARD	4°46'
	DENEB ADIGE	8°15'
	FOMALHAUT	1°47'
	REGULUS	2°13'

Day of ♃ Hour of ♂

11th Hour of Night

Last Hr ♃ −23 mins
Next Hr ☉ +31 mins

HYLEG			
	The Sun	29°♍35	
Pt Fortune		01°♋41	
	The Sun	29°♍35	

PLANETARY SECT

Planet	Oht	Plc	Sgn	Condition
☉ D	N	N	D	In Hayz
☽ D	N	N	D	
☿ D	N	N	D	
♀ N	N	N	D	
♂ N	N	N	D	
♃ D	N	N	D	
♄ D	N	N	D	

D=Diurnal, N=Nocturnal

CONSIDERATIONS

Moon void of course
Moon is Slow

네이티비티 네이탈 출생차트에서 눈에 띄는 것은 ☉이 1st에서 익절테이션을 얻어 매우 강하고 2nd의 룰러 우가 1st에서 룰러를 얻어 매우 강하다는 것이다. 그런데 룰러를 얻은 우가 ☉로부터 컴버스트를 당하고 있다는 것이다.

네이티브는 생활력이 매우 강하고 일을 하려고 하는 마음이 강하기 때문에 돈은 떨어지지 않으나 벌면 버는 대로 돈이 모이지 않고 다 나간다. 그 원인 중의 하나는 우가 7th에서 인터셉티드하고 있는 ♎의 룰러이기 때문이다. 즉 배우자로 인해 돈이 다 나가는데 우가 10th커스프와 △애스펙트를 이루며 6th의 ⊗하고도 △애스펙트를 이루고 있다. 이것은 배우자가 사업을 하기 위해서 네이티브의 재산을 다 끌어다 쓸 수 있다고 말해주었다. 그러므로 이러한 차트구조를 타고난 네이티브는 재물에 대한 관리를 철저히 해야 한다고 말해주었다. 그러자 네이티브는 남편이 몇 년째 돈을 안 벌고 네이티브가 돈을 벌면 다 갖다 쓴다는 것이다. 네이티브 자신이 가정의 경제를 책임지고 아이들을 양육해야 하기 때문에 경제적인 면에서 매우 힘들다고 했다.

2015년 2월 26일까지 피르다리아를 볼 때 현재 메이저 ☉, 마이너 우운이다. 우는 2nd의 룰러이며 1st에서 룰러를 얻어 디그니티가 매우 강력하다. 2nd의 강력한 플래닛이 마이너로 들어올 때 네이티브는 일을 해서 돈을 벌고자 하는 욕망이 매우 강해진다. 그런데 다른 사람들과 동등하게 일을 해서 버는 돈에는 양이 차지 않는 것이다. 그래서 네이티브에게 사업을 하거나 가게를 하려고 하는 계획을 세우거나 생각하고 있지 않으냐고 물어보았다. 그러자 네이티브는 동료와 함께 500만 원씩 투자해서 사무실을 하려고 계획을 세워놓고 있다고 했다. 네이티브에게 그 정도는 괜찮다고 말해주었다. 그러나 큰돈이 움직이는 일은 결코 해서는 안 된다고 일러주었다.

우리는 피르다리아를 통해서 진실로 많은 것들을 알 수 있다. 점성학의 지식을 가르쳐주신 창조주와 고전 점성가 성현들의 노고에 감사하며….

시간의 빛은 심연 저편에서 신들과 함께 미소 짓는다.

- William Vaughn Moody

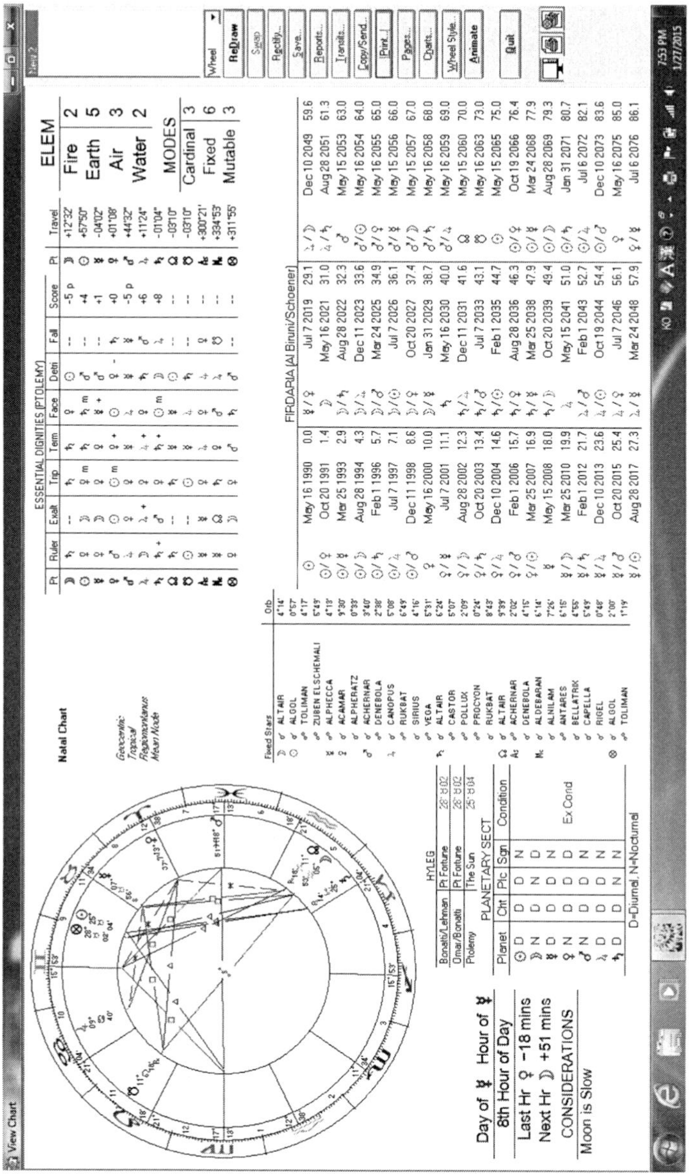
View Chart
Natal Chart
ESSENTIAL DIGNITIES (PTOLEMY)
ELEM
Fire 2
Earth 5
Air 3
Water 2
MODES
Cardinal 3
Fixed 6
Mutable 3
FIRDARIA (Al Biruni/Schoener)
HYLEG
PLANETARY SECT
D=Diurnal, N=Nocturnal
Day of ☿ Hour of ☿
8th Hour of Day
Last Hr ♀ −18 mins
Next Hr ☽ +51 mins
CONSIDERATIONS
Moon is Slow

소방공무원을 하고 싶어 하는 네이티브가 상담을 의뢰해왔다. 그리고 이 네이티브는 자신의 삶이 왜 이토록 기구한지 알고 싶어 했다.

네이티브는 낮의 차트에서 태어났다. 낮의 출생차트에서는 ☉이 아버지다. ☉은 가장 흉한 픽스트 스타 '카풋 알골'을 ♂하고 있으며 네이티브의 운명을 다스리는 ⊗를 컴버스트 하고 있다. 이것은 네이티브가 어려서부터 아버지와 인연이 없음을 나타내는 것이다. 네이티브가 어렸을 때 아빠와 엄마가 이혼을 하고 새아빠와 새아빠가 데리고 온 이복형제들과 같이 살았다고 했다. 낮의 차트에서 어머니는 우다. 우는 8th에서 ☽를 ✳애스펙트를 이루고 있다. 이것은 네이티브가 어머니의 원조를 받아서 삶을 살아간다는 의미이다. 실제로 네이티브가 어려서 부모가 이혼을 하고 어머니가 네이티브를 키웠다고 했다.

네이티브의 운명을 다스리는 운명의 여신 ⊗를 ☉이 컴버스트 하여 다 태우고 있고, 흉한 픽스트 스타 '카풋 알골'을 ♂ 함으로써 네이티브의 인생은 뜻대로 풀리지 않는다. 흉한 픽스트 스타 '카풋 알골'은 모든 사람들이 다 싫어한다. 새아버지도 네이티브를 싫어하고, 새아버지가 데리고 온 이복형제들도 네이티브를 싫어해서 지금은 혼자 방을 얻어서 집을 나와 따로 살고 있다고 했다.

이 출생차트는 ♃가 10th에서 익절테이션을 얻어 디그니티가 매우 강력하며 밀리터리 로얄스타 '알데바란'을 ♂하고 있다. 명예와 권력을 얻을 수 있는 차트구조다. 그렇다면 공무원을 하면 가장 잘 어울릴 수 있는 직업이다. 그런데 어떤 공무원을 하면 네이티브에게 가장 잘 어울릴까?

네이티브는 소방공무원을 하고 싶어 했다. 10th 커스프에 로얄스타 '리겔'과 10th의 코로드 ♃에 로얄스타 '알데바란'이 떴다. 네이티브는 소방공무원이 되어서 어려운 사람들을 도와주고 싶은 영웅심리가 있다. 그런데 차트를 보라. 죽음을 다스리는 8th의 룰러 ♂가 네이티브의 사회활동을 다스리는 10th를 □애스펙트로 보며 네이티브 자신을 다스리는 1st를 ∞애스펙트로 보고 있다. 이것은 네이티브가 소방공무원을 하면 근무 중에 사고로 죽을 수도 있다는 것을 의미한다.

네이티비티 네이탈 출생차트에서 5th에 ☽가 위치하며 룰러를 얻은 ♄이 위치하여 네이티브의 운명과 삶을 다스리는 ⊗와 ☉을 각각 △애스펙트로 보고 있다. 그래서 소방공무원 보다는 다른 사람들을 케어하며 소외받고 상처받은 사람들을 어루만져 줄 수 있는 직업인 사회복지사나 복지와 관련된 공무원을 하면 좋을 것이라고 말해주었다.

네이티브의 영혼의 목적인 스피릿을 계산해보니 스피릿은 4th에 위치하여 5th의 사인 ♑의 영향을 받고 있다. 4th는 문제의 끝을 다스리며 5th의 사인 ♑은 인생의 기로에서 영적인 성장을 위해 삶을 살아가라고 하는 메시지를 주는 사인이다. 즉 네이티브는 정신세계를 지향하고 어려운 사람들을 보살피고 상담을 통해서 소외계층 사람들의 상처받은 마음을 치유하는 삶을 사는 것이 영적인 의미에서의 네이티브가 타고난 영혼의 목적이다.

네이티비티 네이탈 출생차트에서 네이티브를 다스리는 ☿는 심령능력을 다스리는 8th에 위치하고 있다. 네이티브가 인생에서 지향하고 있는 삶을 다스리는 ☉과 네이티브의 운명을 다스리는 운명의 여신인 ⊗

종교와 정신세계를 다스리는 9th에 위치하고 있다. 이는 네이티브가 영적인 능력과 정신적인 삶을 추구하도록 타고났다는 것을 보여준다. 이렇게 이야기하자 네이티브는 정신세계에 관심이 많아서 어린 나이에도 불구하고 사주 명리학을 배웠다고 했다. 그래서 사람들의 사주를 봐주기도 하는데 너무 잘 맞는다는 것이다. 지금은 촉이 갈수록 발달하고 있다고 했다. 그런데 집안이 외가로 할머니부터 어머니에 무속신앙과 관련이 깊어 자신도 무녀로서의 삶을 살게 될까 봐 두려워하고 있었다.

이에 대하여 점성가는 말하기를 무녀로서의 삶이든 심리학자로서의 삶이든 정신과 의사로서의 삶이든 같은 일을 하는 것이라고 이야기해주었다. 결국 인간의 상처받은 마음을 어루만지고 치유하는 일이다. 즉 인간에 대한 봉사활동을 함으로써 카르마를 정화하고 선업을 쌓는 것이다. 그러니 사회복지사로서의 삶을 통해서 소외받고 상처받은 영혼들을 치유하는 삶을 사는 것이 가장 좋은 선택이 될 수 있다고 말해주었다.

네이티브는 질병과 관련하여 대인기피증과 공황장애를 앓았다고 했다. 2012년부터 최근까지 약 3년 동안 집 밖을 나오지 않았다고 했다.

네이티브의 질병과 관련하여 보면 대인기피증과 공황장애는 정신질환으로서 대인기피증은 우울증과 관련한 질병이며 공황장애는 갑상선 기능의 저하, 항진, 간질, 심근경색 등과 관련한 질병이다. 둘 다 신체기관이 뇌와 관련이 있다.

네이티브의 질병의 하우스인 6th를 살펴보니 사인이 ♒이며 룰러는 ♄이다. ♄ 이 사인 ♑에서 룰러를 얻었지만 ℞ 함으로써 디그니티를 잃었다. ♄은 뼈와 치아의 증상으로 알고 있는 경우가 많지만 ♄은 우울증을 다스리며 오래된 질환인 만성질환을 다스린다. 또한 네이티브 자신을 다스리는 1st의 룰러 ☿가 죽음을 다스리는 하우스인 8th에서 사인 ♉에 위치하여 ☽를 □애스펙트 한다. ☿는 뇌와 정신질환, 광기, 간질을 다스리며 사인 ♉는 갑상선이 위치한 목 부위를 다스린다.

피르다리아를 보면 2012년도 메이저 ☿, 마이너 ♄이 들어온다. 이 시기에 ♄이 작용하는 때 이므로 대인기피증으로 인하여 ♄이 나가고 10th로 마이너 ♃가 들어올 때까지 집에서 나오지 않았던 것이다. 마이너 ♃가 10th로 들어오면서 사회활동을 하기 위하여 집 밖으로 나온 것이다.

새로운 사건은 새로운 의무를 가르치며 세월은 옛날에 좋았던 것을 초라하게 만드는구나. 사람들은 진리를 쫓아가기 위해 여전히 위로, 앞으로만 나가려하네.

- 제임스 러셀 로웰

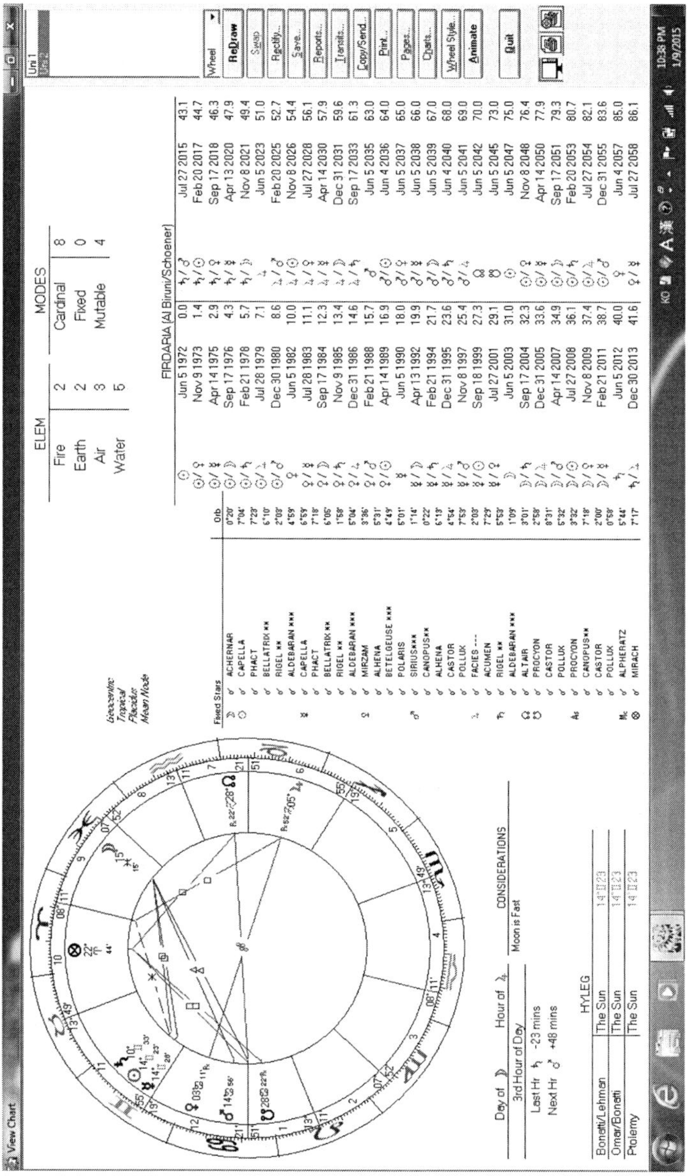

네이티비티 네이탈 출생차트에서 2013년도 12월 30일 피르다리아에서 메이저 ♄. 마이너 ♃가 들어온다. 마이너로 들어온 ♃는 6th에서 4th의 룰러인 우를 12th에서 ∞애스펙트를 이루고 있다. 이 시기에 네이티브에게는 어떤 일들이 일어났을까?

이 네이티브는 애견숍을 운영하고 있었다. 그런데 어찌된 영문인지 2014년 들어와서 개들이 자꾸 죽어나가기 시작했다고 한다. 개가 암에 걸리고, 암 수술을 하면 죽고, 화장하고 그런 비용이 많이 들었다고 했다. 암 수술하고 화장하는 데 비용도 40만 원씩 들어간다고 했다.

메이저 ♄, 마이너 ♃가 6th로 들어온다. 6th는 네이티브의 질병을 다스리는 하우스이기도 하지만 애완동물을 다스리는 하우스이다. 6th로 들어온 마이너 ♃는 직업을 다스리는 10th와 부동산을 다스리는 4th 룰러 우를 어플릭티드 한다. 이는 직업과 관련하여 또는 부동산과 관련하여 법적인 분쟁이 발생할 수도 있는 상황이며 네이티브의 몸이 병이 나거나 아플 수도 있다는 것을 보여준다. 그런데 이 경우에는 애견숍의 개들이 죽어 나가는 것으로 드러났다.

인간의 업은 자신이 감당하지 못하면 자식이 감당하거나 주위의 가족이 감당하거나 동물이 있으면 동물이 대신하기도 한다. 그래서 주인 대신 키우는 애완동물이나 반려동물이 다치거나 죽는 경우가 종종 있음을 보게 된다. 또한 이 차트구조는 건물 주인을 잘못 만나서 권리금을 한 푼도 받지 못하고 쫓겨나서 새로운 건물로 애견숍을 옮겨야 했다고 했다.

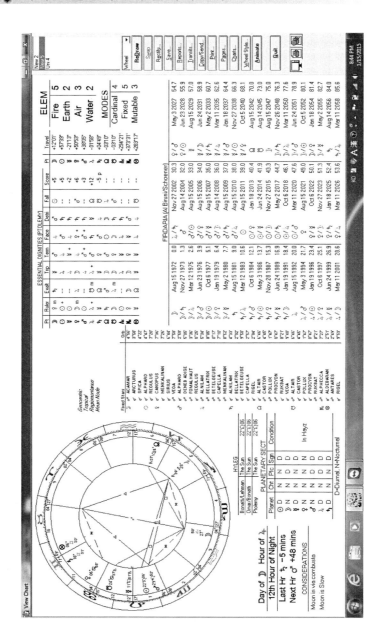

예전에 상담을 받고 갔던 네이티브가 다시 상담을 받으러 왔다. 상담을 받고 갔을 때 직업에 관해서 상담을 받고 간 걸로 기억하고 있다. 그때 네이티브는 사회복지와 관련한 기관에서 일을 하고 있었는데 재미가 없다고 하면서 부동산 공부를 해서 부동산을 하면 어떻겠냐고 물어왔었다.

이에 대하여 네이티브에게 네이탈 출생차트에서 네이티브의 인생에서 네이티브가 지향하는 삶의 모습을 보여주는 ☉이 1st에 코로드로 위치하여 5th에 코로드로 위치한 ♃와 △애스펙트를 이루고 있으며 ⊗는 네이티브의 직업을 다스리는 10th에 위치하며 ⊗의 디스포지터인 ☿가 ASC사인에 위치하고 있으므로 현재 하고 있는 사회복지사와 관련한 일이 천직이라고 말해주었다.

그런데 네이티브가 다시 상담을 받으러 온 시점에서 2개월 전에 다니던 직장을 그만두었다는 것이다. 다른 직장을 들어가려 하니 여의치 않아서 걱정이 된다고 하면서 다시 상담을 의뢰하러 온 것이다. 그러면서 새로운 직장을 찾아야 할지 아니면 지난번에 다니던 직장을 다시 들어가는 것이 나은지 봐달라고 했다.

이 네이탈 출생차트에서 2014년도 6월 24일 피르다리아에서 ☿가 마이너로 들어온다. ☿는 12th에서 ℞하고 있으며 ☿의 디스포지터는 ☉이다. ☉은 5th에서 룰러를 얻은 ♃와 △애스펙트를 이루고 있다. 그러므로 새로운 직장보다는 예전에 다니던 직장을 다시 들어가는 것이 좋다고 판단했다.

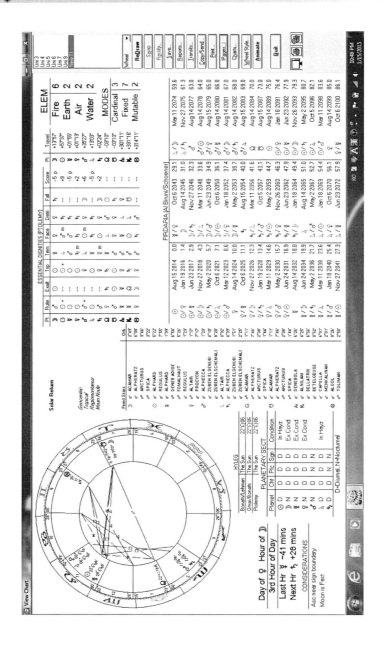

네이티브는 올해 집을 팔고 새로운 집으로 이사를 가는 것이 좋을지를 물어왔다. 마이너 ☿의 디스포지터는 ☉이므로 4th의 룰러 ♂가 컴버스트 당하여 디그니티를 잃었다. 그러므로 집을 팔려고 해도 쉽게 팔리지 않을 것이며 ☿가 ℞ 했으므로 집이 팔리더라도 손해를 볼 것이기 때문에 올해는 부동산을 움직이지 않는 것이 좋을 것이라고 판단했다.

차트는 2015년도 신년운세를 레볼루션으로 뽑아 본 것이다. 네이티브의 솔라리턴에서 직업의 하우스인 10th에 인터셉티드한 ♋의 룰러 ☽와 ☉이 △애스펙트를 이룬다. 그러므로 올해에는 직업의 변화 변동이 있을 것이지만 직장을 그만두더라도 쉽게 직장을 구할 수 있을 것이라고 판단을 내렸다. 또한 ☉이 11th에 위치하여 2nd에 위치한 4th의 인터셉티드한 사인 ♑의 룰러 ♄과 □애스펙트를 이루고 있다. 이는 아는 사람으로부터 부동산과 관련하여 손실이나 손해를 입을 수 있다는 것을 의미한다. 그러므로 아는 사람과 부동산을 거래하거나 부동산과 관련한 일을 하지 말라고 말해주었다. 그러자 네이티브는 그러잖아도 아는 사람과 함께 부동산 일을 같이 해보려고 생각하고 있었다고 했는데 다시 생각해보아야겠다고 했다.

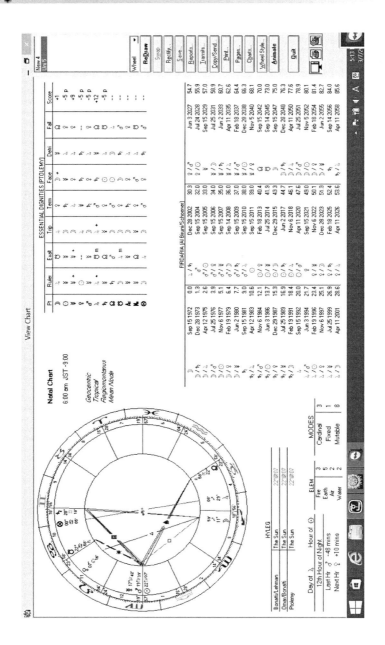

네이티비티 네이탈 출생차트에서 출생시간을 정확히 알지 못하는 네이티브가 점성술 상담을 의뢰해왔다. 네이티브의 대략적인 출생시간이 오전 5시에서 7시 사이라고만 알고 있었다.

이 네이티비티 네이탈 출생차트에서 네이티브의 출생시간을 보정하는 방법은 여러 가지가 있다. 그러나 나는 윌리엄 릴리의 방법을 충실히 따라서 네이티브에게 일어난 사건의 시간을 역으로 렉티피케이션하여 시간을 보정하는 방법을 사용한다. 그 방법이 가장 신뢰할 만하며 정확하다.

위 네이티비티 네이탈 출생차트에서 네이티브는 2001년도 7월에 교통사고를 당했다고 한다. 2001년 1월에는 아버지가 수술을 했다고 했다. 2010년도에는 유산을 상속받았다고 했다. 이 정보를 토대로 하여 시간을 렉티파이 한다.

먼저 네이티비티 네이탈 출생차트에서 네이티브에게 발생한 사건을 기준으로 하여 시간을 렉티파이 한다.

네이티비티 네이탈 출생차트에서 2001년 4월 11일 메이저 ♃, 마이너 ☽가 3rd로 들어온다. 3rd로 들어온 ☽가 네이티브의 인생에서 사건과 사고를 담당하는 플래닛 ♂와 □애스펙트나 ∾애스펙트 관계를 렉티파이 한다.

밤의 네이탈 출생차트에서 아버지는 ♄이 다스린다. 네이티브는 2001년 1월 달에 아버지가 수술을 했다고 했다. 피르다리아를 살펴보면

2001년 4월 10일까지는 마이너 ☿가 다스린다. 마이너 ☿는 12하우스로 들어와서 ♂와 ♂하며 함께 움직인다. 네이티브의 아버지는 네이티비티 네이탈 출생차트에서 아버지를 다스리는 4th로부터 8번째인 11th가 아버지의 죽음을 다스리는 하우스이므로 11th의 룰러인 ☽를 ☿가 ♂한 창상이나 칼을 의미하는 플래닛 ♂와 함께 □애스펙트나 ☍애스펙트를 이루어야 한다. 이러한 관계를 만족시키는 네이티브의 출생시간을 렉티파이한 결과 오전 6시로 출생시간이 맞추어졌다.

2010년 피르다리아에서 들어오는 ♃가 4th에서 룰러를 얻었다. 이 시기에 네이티브는 부모로부터 유산을 상속받았다. 그 유산을 잘 지켜나가는 것은 별개의 문제다. 차트를 잘 보라!

이렇게 해서 네이티브의 출생시간을 맞추었다. 윌리엄 릴리의 가르침을 충실히 따라서….

그러므로 큰 침묵으로부터 내가 돌아올 것임을 알지어다. …내가 그대에게 돌아올 것임을 이지 말라. … 잠시 바람에 기대어 쉰 연후에 또 다른 여인이 나를 낳으리라.

- 칼릴 지브란

네이탈 출생차트 생시보정 II

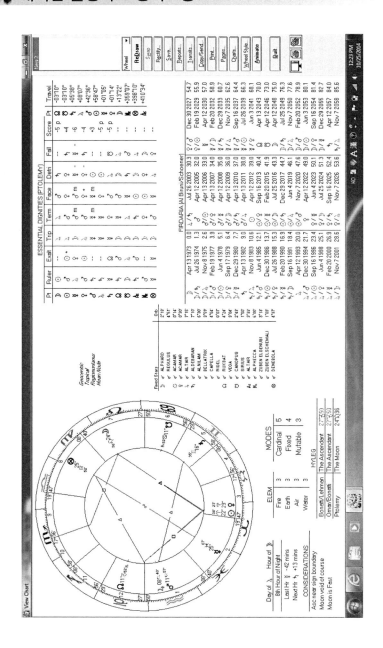

234   정통점성학 실전차트해석

출생시간을 정확히 알지 못하는 여인이 네이티비티 네이탈 출생차트 해석을 의뢰해왔다. 네이티브는 어머니가 자신을 낳은 뒤 정신을 잃어서 출생시간을 정확히 모른다고 했다. 새벽 1시에서 새벽 3시 사이라고만 막연히 알고 있었다.

이 네이티비티 네이탈 출생차트는 생시를 보정함에 있어 그래도 쉬운 편에 속한다. 왜냐하면 출생시간이 새벽 1시에서 새벽 3시 사이라고 하는 시간적 범위가 정해져 있기 때문이다.

이 여인의 출생차트에서 시간을 렉티파이함에 있어 기준으로 삼은 것은 2008년도 배우자와 2년 동안 별거를 했다는 사실이다. 이 사실 하나만 가지고 역으로 사건이 일어난 플래닛의 배치를 찾아서 시간을 정한다.

아랍 점성학의 꽃 알비루니의 피르다리아를 보면 2008년도 4월 12일 ☿가 피르다리아에서 마이너로 들어온다. 이 기기에 네이티브는 배우자와 별거를 했으므로 ☿가 네이티브의 운명을 다스리는 ⊗와 □애스펙트나 ∞애스펙트를 이루는 관계로 렉티파이 한다. ⊗가 네이티비티 네이탈 출생차트에서 무슨 역할을 하며 어떤 영향력을 행사하는지 대한점성학협회 홈페이지 www.jamiastrology.com 별들의 이야기에 자세히 기록해 놓았다. 포르투나의 정확한 의미를 이해하지 못하면 네이티브가 별거를 함에 있어 플래닛의 영향력과 그에 따른 역할을 알 수 없을 것이다.

이 네이티비티 네이탈 출생차트는 8th에 ⊗가 위치하며 3rd에서 ☉이 익절테이션을 얻어 매우 강력하다. 다라서 이 네이티브는 심령능력과 정신세계가 매우 발달해 있음을 알 수 있다. 그래서 정신세계와 영적인 세계에 관심이 많을 수 있고 그 부분으로 매우 발달해 있다고 얘기해주었다. 네이티브는 차트에 그런 것도 나오냐고 하면서 매우 놀라워하며 어머니가 현재 무당으로서 일을 하고 있으며 손님도 매우 많다고 했다. 헐~ 헐~~ 그러면 어머니한테 가서 조언을 구하지 왜 상담을 의뢰했냐고 물어보았다. 그러자 네이티브는 자신이 아는 사람들 중에 어머니가 무당으로서 일을 하며 삶을 살아가고 있는 사실을 아무도 모른다고 했다. 어머니가 무당으로서 삶을 사는 것을 철저하게 숨겨왔다고 했다. 그러면서 자신도 어머니처럼 그런 심령능력의 영향을 받을 것이 두려워 거부하고 있다고 했다.

그렇다 자신의 정신세계와 잠재의식을 다스리는 ☿는 ⊗를 강하게 ∽애스펙트를 이루고 있다. 이것은 네이티브의 마음이 네이티브의 내면의 의식인 잠재의식이 네이티브의 정신세계에서 8th의 심령능력을 강하게 거부하고 있는 것이다. 네이티브 자신도 어머니처럼 될까 봐.

고전적인 텍스트 이론에 갇혀서 8th를 단지 죽음의 하우스로만 본다면, ☿를 ☿이전에 ☿가 ☽였다는 사실을 알지 못하면 이 차트는 결코 해석할 수 없다. 고전적 이론의 틀을 초월해서 차트를 보지 못하면 차트는 결코 보이지 않는다. 아무리 많은 고전을 읽고 10년의 세월이 그 이상의 세월이 흘렀다고 할지라도 실력은 결코 늘지 않는다.

피르다리아에서 2014년 현재 마이너 우시기이다. 우는 4th의 룰러이며 3rd에서 ☉로부터 컴버스트를 당하고 있다. 이 시기 반드시 가정에 문제가 생겼을 것으로 판단을 내렸다. 그러자 네이티브는 남편이 자신에게 아예 말을 하지 않는 다는 것이다. 우가 ☉로부터 컴버스트를 당하고 있으므로 애정문제라고 판단을 내렸다. 그 우가 1st 커스프를 □애스펙트로 보고 있으며 우의 디스포지터 ♂가 1st에 코로드로 위치하고 있으므로 이 사건의 원인은 네이티브 자신에게 있다는 것이다. 네이티비티 네이탈 출생차트에서 플래닛들의 위치로 판단하건데 네이티브는 고지식하고 말투가 사납고 매우 거칠다. 그래서 남편이 네이티브에게 많은 마음의 상처를 받은 것이다. 이것이 지금 네이티브 인생에서 드러나고 있는 것이다.

남편에게 말투와 행동을 좀 부드럽고 다정하게 하라고 조언을 해주었다. 그러자 네이티브는 어색하다는 것이다. 그건 것은 잘 못한다고 했다.

세상을 살다 보면 사랑에 서툰 사람들이 있다. 사랑의 감정표현과 애정표현을 잘 하지 못하는 사람들이 있다. 사랑한다는 말 한 마디 하는 것이 왜 그토록 어려운 것일까? 따뜻한 말 한마디에 위로와 감동을 받고 상처받은 마음이 치유되는데….

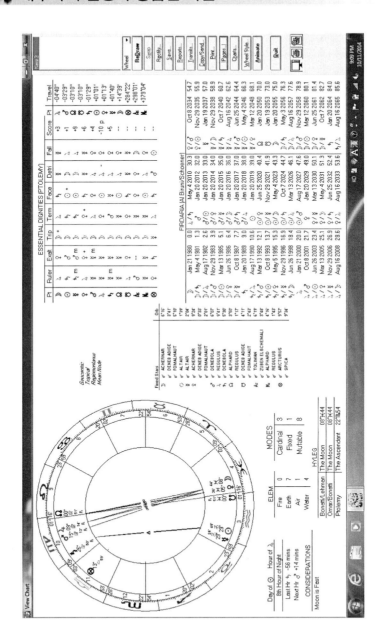

배우자의 인생을 궁금해하는 여인이 상담을 의뢰해왔다. 배우자의 ASC 사인은 ♏이다. 사인 ♏의 룰러는 ♂이며 ♂는 배우자의 사회적 활동영역을 다스리는 10th에 코로드로 위치하며 사인 ♍의 영향 아래에 놓여있다.

배우자는 흙 원소가 7이므로 말이 없고 과묵하며 속을 알 수 없는 사람이다. ASC 사인 ♏는 결코 자시의 속마음을 내보이지 않는다. 이에 여인은 배우자는 말이 없고 속을 알 수 없는 사람이라고 말했다. 배우자는 바람을 피워도 걸리지만 않으면 된다는 식으로 이야기를 했다고 한다. 그렇듯 흙의 원소가 강하고 ASC 사인을 ♏로 가지고 태어난 사람들은 어딘가 모르게 비밀스럽고 속내를 알 수 없는 신비한 사람이다.

배우자 직업을 다스리는 10th는 ♄과 ☿이 뮤츄얼 리셉션하므로 매우 강하다. 그러므로 배우자의 사회적 위치와 직업의 자리는 매우 안정적이라고 판단을 내렸다. 직업의 자리가 강하다는 것은 사회활동을 매우 왕성하게 할 수 있다는 의미이다. 다만 ♄이 강하므로 몸을 써서 하는 일이라든지 힘든 일을 주로 하게 될 것이라고 판단을 내렸다. 그리고 배우자는 자신을 다스리는 플래닛 ♂가 사인 ♍에 위치하고 3rd에 ☉이 위치하므로 배우자는 손재주가 매우 뛰어나고 기계를 다루는 일을 할 것이며 주로 돌아다니는 일을 할 것이라고 얘기했다.

이에 대하여 여인은 배우자의 손재주가 매우 뛰어나다고 했다. 자동차 정비기술을 가지고 있는데 배우자가 손으로 직접 차를 만들어서 타고 다닐 정도로 손재주가 좋다고 했다.

2nd의 룰러이며 가정의 하우스인 4th의 룰러 ♃가 10th에서 디트리먼

트하고 R하며 8th의 룰러 ☿은 3rd에서 ☉으로부터 컴버스트 당하고 있으므로 배우자는 벌어놓은 재산이 없을 것이라고 판단을 내렸다. 그러자 이 여인은 맞다고 하면서 벌어놓은 재산이 없어서 현재 처가살이를 하고 있다고 했다.

여인은 배우자가 어머니에 대한 집착이 궁금하다고 했다. 배우자의 어머니는 배우자가 어려서 이혼을 하고 다른 남자와 혼인을 하여 살고 있는데 배우자는 새아버지가 불편해하고 반기지 않는데도 계속 어머니를 찾아가는 것을 못마땅해 하고 있었다.

네이티브의 어머니를 다스리는 10th의 룰러 ☿는 ☉으로부터 컴버스트를 당하고 있으므로 네이티브는 어머니와 인연이 없다고 판단을 내렸다. 또한 이 네이티비티 네이탈 출생차트를 보면 밤의 출생차트이므로 밤의 출생차트에서는 ☽가 어머니를 다스린다. ☽는 4th에서 10th에 위치한 네이티브를 다스리는 ♂를 ∞애스펙트로 보고 있다. 이러한 플래닛의 배치는 어머니로 인하여 배우자가 매우 힘들어하고 있음을 보여주는 것이다. 그런데 배우자 자신은 어머니의 하우스인 10th에 위치함으로써 어머니에 대한 애착을 끊을 수 없는 것이다. 앞으로도 이와 같은 관계는 지속될 것으로 판단을 내렸다.

여인은 말한다. 어머니로 인하여 배우자는 매우 힘들어하고 새아버지가 반겨주지 않음에도 자꾸만 어머니를 찾아가는 것이 매우 속상하다고 했다.

4th에 ☽가 위치하게 되면 부모 중에 한 명이 이혼을 하거나 사별을 하거나 별거를 하거나 주말 부부로 지내는 경우가 매우 많다. 이것은 부

부관계에서도 그러하다. 이 여인의 배우자는 직장일 때문에 전국을 돌아다니면서 일을 하고 며칠에 한 번씩 집에 들어온다고 한다.

■ 영화 '뷰티풀 마인드'를 생각나게 하는 네이티브

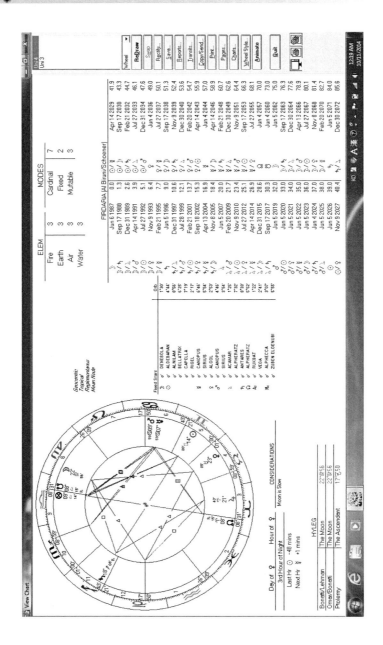

네이티비티 네이탈 출생차트에서 네이티브는 영화 '뷰티풀 마인드'를 생각나게 하는 네이티브였다. '뷰티풀 마인드'는 50년 동안 조현증이라고 하는 정신질환에 시달리면서도 1994년 노벨경제학상을 받은 천재 존 내쉬에 대한 실화를 바탕으로 만든 영화이다.

이 네이티브는 교대를 졸업하고 초등학교에서 기간제 교사로 근무하면서 임용고시에 3번 이상 도전하였으나 모두 떨어졌다고 했다. 함께 근무하는 기간제 동료 교사들은 임용고시를 보기 전 불과 3개월 공부하고도 합격하는데 자신은 3년 이상 공부를 하고도 계속해서 떨어지는데 이유를 모르겠다고 했다. 면접에서 계속해서 떨어진다고 했다.

위 네이티비티 네이탈 출생차트를 보게 되면 네이티브 자신을 다스리는 ASC로드 ♄이 11th에 위치하여 12th의 사인 ♐의 영향을 받으면서 네이티브가 인생에서 지향하는 삶의 모습을 보여주며 내면의 의식을 현실세계로 표출하는 ☉을 ∞애스펙트로 본다. 이것은 네이티브 자신 스스로가 자신의 앞길을 막고 있는 것이다. 또한 네이티브의 사회활동을 다스리는 10th 커스프가 비아컴버스타에 걸려있다. 비아컴버스타에 걸리게 되면 무엇이든 발현되지 않는다. 이러한 차트구조를 타고난 사람들은 제대로 된 직장을 가지기 어렵다.

네이티브 자신의 운명을 다스리는 ⊗는 9th에 위치하고 있으므로 공부에 대한 남다른 집착이 있으나 8th에 위치하여 9th 사인의 영향을 받고 있는 ☋는 8th와 9th에서 장애를 나타내며 ☿와 ♂가 □애스펙트로 보기 때문에 학문을 하는데 있어서 심각한 방해를 받고 있음을 알 수 있다. 9th에 ⊗가 위치하고 있으므로 인해 공부는 할 수 있었으나 ☊와 ☿, ♂에 이르는 플래닛의 배치와 직업과 명예, 네이티브의 사회활동을 다스리는 10th가 비아컴버스타에 걸려있으므로 네이티브의 노력은 결실을 맺기 어려울 것이라고 판단을 내렸다.

네이티비티 네이탈 출생차트에서 네이티브는 20대 초반부터 지금까지 거의 10년이 넘도록 누군가 자신을 스토킹하고 있다고 생각하고 있다. 경찰에도 신고를 해보았지만 벌금 몇 만 원 물고 나면 되기 때문에 신고를 해도 소용이 없다고 했다. 네이티브가 부산에 가면 부산에서도 보이고 광주에 가면 광주에서도 보이고 제주도에 가면 제주도에서도 보인다고 했다. 그러면서 스토킹하는 사람이 해코지를 하는 것도 아니라고 했다. 그냥 네이티브의 얼굴만 살짝 쳐다보고 가거나 카메라로 네이티브의 얼굴을 찍고 그냥 사라진다고 했다.

무엇 때문에 이러한 현상이 나타나는 것일까?

네이티비티 네이탈 출생차트에서 네이티브의 심령능력을 다스리는 8th에 네이티브의 내면의 무의식과 잠재의식을 다스리는 ☽가 우치하고 있는데 ☽는 픽스트 스타 '데네볼라'를 ♂하고 있다. 픽스트 스타 '데네볼라'는 **정신질환**, 행복이 절망이 되는, 사고 등을 다스리는 흉한 픽스트 스타이다. 네이티비티 네이탈 출생차트에서 픽스트 스타 '데네볼라ㅣ'를 ♂하고 있는 네이티브는 반드시 정신질환이 생긴다. 반드시 그러하다. 아니면 접신을 하게 된다. 잘 살펴보라!

그렇다면 왜 이 네이티브는 임용고시에서 계속 떨어지는 것일까? 사람들은 보는 눈은 다 똑같다. 네이티비티 네이탈 출생차트에서 네이티브 자신을 다스리는 ♄이 ☉을 ☍애스펙트를 이루는 것으로써 우리는 답을 알 수 있다.

네이탈 출생차트 생시보정 Ⅲ

• 생시를 알지 못하는 네이티브의 인생

이 네이티브는 자신이 태어난 시간을 정확히 모른다고 했다. 네이티브의 어머니는 네이티브가 어렸을 때 집을 나갔다고 했으며 어머니가 집을 나가기 전에 네이티브를 낳고 나니 해가 떴다고 했다. 먼저 네이티브가 기본적으로 제공한 정보를 바탕으로 네이티비티 네이탈 출생차트의 시간을 보정해 보았다.

시간을 보정한 네이티비티 네이탈 출생차트에서 픽스트 스타는 보지 않는 것을 원칙으로 한다.

네이티브는 U시 U군에서 태어났다고 했다. 네이티브가 태어났을 당시 U군에서의 일출시간을 확인해보니 6시 6분에 ☉이 떠올랐다. U군은 U시에서 한참을 들어간 곳이라 크고 작은 산도 있을 것이다. 그렇다면 1시간에서 1시간 30분 정도 또는 2시간 정도의 시간차가 있을 것이라고 생각하고 3개의 차트를 뽑아 보았다. 네이티브와 대화를 통해서 뽑은 세 개의 차트 중에서 한 개를 가려내야 한다. 기본적으로 주어진 정보만으로 네이탈 출생시간을 보정하는 데에는 한계가 있으므로 네이티브와 충분한 대화를 통해서 자세한 부분은 보정을 해 나가야 한다.

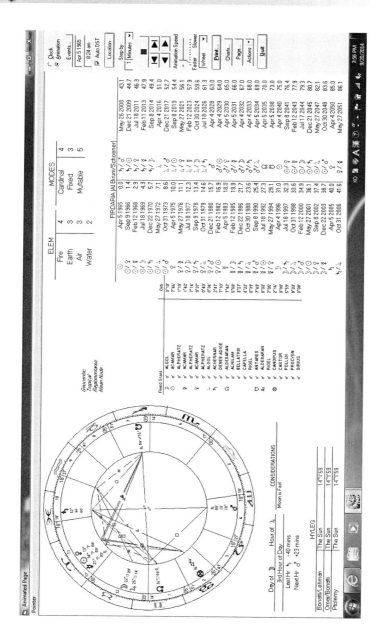

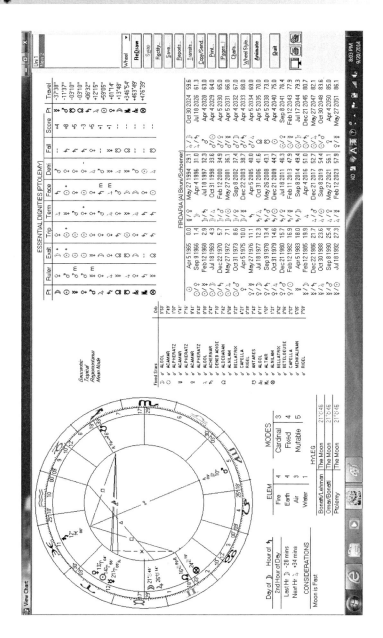

이제 네이티브와 대화를 통해서 ASC가 어떤 특징을 가지고 있는지 판단해야 한다. 키가 큰지 또는 어떤 재능을 타고났는지 또는 어떤 취미활동을 하고 있는지 어떤 사회적인 활동을 하고 있는지를 종합해서 판단해야 한다.

첫 번째 렉티피케이션한 네이탈 출생차트는 ASC가 사인 Ⅱ이다. ASC 사인이 Ⅱ이면 키가 클 수도 있지만 ☿가 ☉으로부터 컴버스트를 당함으로써 생각보다 키가 크지 않을 수 있다. 그렇다면 추가적인 정보가 필요하다.

네이티브의 체형과 외모를 보고 판단한다. 네이티브의 키는 중간 정도의 키다. 겉으로 보기에는 가녀린 듯 보이지만 실제로는 글래머러스한 체형이다. 재물에 대한 남다른 집착이 있다고 했다. 손재주가 뛰어나며 손으로 만들고, 바느질하는 것을 좋아하며 현재는 유화를 그리고 있다고 했다. 집도 예쁘게 꾸미는 것을 좋아한다고 했다. 그렇다면 예술적인 재능도 겸비한 것으로 보아 ASC 사인 Ⅱ는 배제하고 사인 ♉를 ASC 사인으로 정한다.

추가적으로 플래닛의 배치를 정함에 있어 네이티브는 수다를 떨고 말하는 것을 좋아한다고 했다. 그렇다면 공기원소가 적어도 다른 원소에 비하여 높아야 한다. 흙의 원소는 변함이 없고 물과 공기의 원소를 가지고 조절을 했다. 그리고 종교와 관련된 사회활동을 10여 년간 해왔다고 했다. 종교와 정신세계를 다스리는 9th와 사회활동을 다스리는 10th의 룰러 ♄이 정신세계가 가장 강한 사인 ♓에 자리한다. 그리고 어머니는 어렸을 때 집을 나갔다고 했다. 그렇다면 낮의 네이탈 출생차트에서 어머니는 우이다. 우가 ☉로부터 컴버스트를 당하여 어머니와 인연이 없다. 막내아들이 장애를 가지고 태어나서 얼굴도 보지 못한 채 죽었다고 했다. 그렇다면 흉성 중의 하나가 자녀의 하우스인 5th에 위치해야 하며 ♄으로부터 ∞애스펙트를 이루어야 한다. 이와 같은 경우 윌리엄 릴리에 따르면 반드시 장애를 가진 아이가 출생하거나 태어난다고 하더라도 단명한다고 했다. 실제로 상담을 하다 보면 자녀의 하우스인 5th에 흉성이 위치하거나 장애를 다스리는 ☋이 위치하게 되면 반드시 자녀 중에 장애를 가진 아이가 있다. 이렇게 해서 이 네이티브의 출생시간은 **두 번째 시간 보정차트**로 정해졌다.

두 번째 시간 보정차트 우는 자신의 ASC 룰러이기도 하다. ☉은 낮의 출생차트에서 아버지를 다스린다. 자신의 플래닛인 우가 ☉로부터 컴버스트를 당하고 있다는 것은 자신도 아버지와 인연이 없다는 것을 의미하며 아버지로 인하여 힘든 시기를 보냈다는 것을 의미한다. 실제로 그러하다.

이 네이티비티 네이탈 출생차트의 네이티브는 상담을 하는 동안 경제적인 문제가 주로 부각되었다. 이 네이탈 출생차트는 매우 강한 차트이다. ☉과 ☽가 익절테이션을 얻어 디그니티가 매우 강하다. 이렇게 강한 출생차트는 생활력이 강할 뿐만 아니라 다른 사람들보다 좀 더 평탄한 삶을 살아간다. 아니면 어떤 어려움이 닥친다고 하더라도 남들보다 쉽게 극복할 수 있는 능력이 있다.

피르다리아에서 2013년도 2월에 ☿가 마이너로 들어오는데 ☉로부터 컴버스트를 당한다. 이 시기 배우자와 매우 안 좋은 일이 있었을 텐데 무슨 일이 있었냐고 물어보았다. 네이티브는 배우자와 이혼의 위기가 있었다고 했다. 그러나 이혼은 하지 않았다고 했다. ☿가 비록 ☉으로부터 컴버스트 당하고 ℞하지만 배우자의 하우스에 위치하고 있는 ☊과 △애스펙트를 이루고 있으므로 서류상 이혼까지는 가지 않을 것이라고 판단을 내렸다. 그리고 이 출생차트에서는 이혼의 구조가 보이지 않는다. 앞으로도 배우자와 이혼은 하지 않을 것이라고 판단을 내렸다.

이 네이티브는 커피숍을 하고 싶어 했다. 커피숍은 5th의 영역이며 5th가 살아야 한다. 그런데 4원소로 볼 때 물이 1이며 5th의 사인은 ♌로써 불의 사인이다. 또한 5th에 흉성인 ♂가 코로드로 위치하며 대흉성인 ♄으로부터 ∞애스펙트를 이루고 있다. 그러므로 5th와 관련한 장사나 사업은 안 된다고 판단을 내렸다. 그럼에도 불구하고 네이티브는 커피숍을 매우 하고 싶어 했다. 그렇게 하고 싶으면 아주 작게 하라고 얘기해주었다. 투자금을 모두 잃는다고 해도 손해나 생활에 지장이 없을 정도로 아주 작게 하라고 얘기해주었다. 그러나 이러한 차트는 물장사를 하면 안 되는 차트다.

이 네이티비티 네이탈 출생차트는 ⊗가 2nd에 위치하고 있다. 이것은 네이티브가 돈이 흐르는 길목을 잘 알고 경제활동에 대한 욕구가 매우 크다는 것을 알 수 있다. 그런데 ⊗는 네이탈 출생차트에서 네이티브의 운명을 다스리며 직업을 다스리고 행운을 다스린다. 그런 ⊗가 사인 ♊에 위치하고 있다. ⊗의 디스포지터는 ☿다. ☿는 산자와 죽은 자를 저승으로 인도하며 신들의 메시지를 전하는 사자로서의 역할을 한 신이다. 그러므로 배움과 지식을 통한 상담 등의 일이 가장 적합하며 이 영역을 벗어나서는 돈을 벌기가 어렵다고 판단을 내렸다. 또한 사회활동과 직업을 다스리는 사인은 ♒이며 사인 ♒의 룰러 ♄은 물의 기운이 가장 강한 사인 ♓에 위치하고 있다. 종교활동이나 정신세계와 관련한 일을 하면 돈을 벌 수 있을 것이라고 판단을 내렸다.

⊙이 고독과 슬픔의 하우스인 12th에서 매우 강하므로 보이지 않게 뒤에서 자신을 음해하는 사람들이 많을 것이다. 그래서 스스로를 가두며 고독을 즐기는 네이티브는 더욱 소극적인 성격이 될 수 있고 혼자 있고자 하는 시간이 많을 수 있다. 그럴수록 네이티브는 자꾸 밖으로 나오려고 노력해야 한다. 사회활동을 하고 삶의 보람을 찾을 수 있는 일이 있다면 무엇이든 해야 한다. 자신이 차트에서 타고난 일을 할 수 있다면 반드시 삶에서 보람을 느낄 것이라고 생각한다. 이 차트에서 살릴 수 있는 것은 이것밖에 없다.

이 네이티브는 2016년 4월 4일을 기하여 메이저가 ♄에서 대길성 ♃로 바뀐다. ♃는 8th의 룰러 이면서 1st에서 직업과 사회활동을 다스리는 10th를 △애스펙트로 보고 있다. 이 시기 앞으로 10년간은 경제적으로 사회적으로 매우 좋은 일이 있을 것이라고 판단을 내렸다.

시간을 보정하여 상담을 한 네이티브로부터 감사의 문자가 왔다.
점성가는 이럴 때 보람을 느낀다.

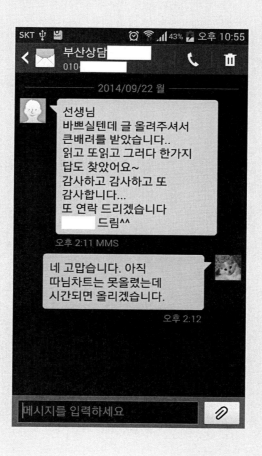

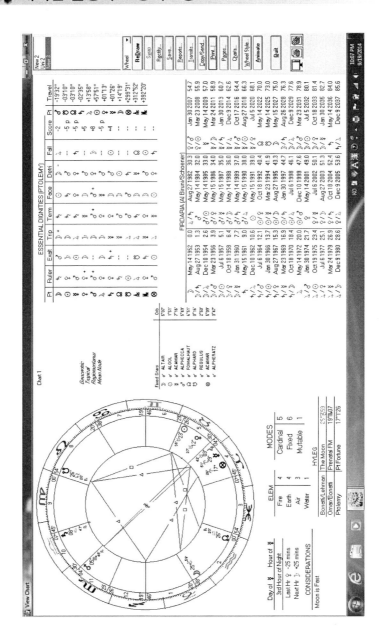

정통점성학에서는 크리스천 아스트랄러지 윌리엄 릴리의 기법을 충실히 따라서 사건을 대조하여 생시를 보정하는 방법을 사용한다. 이 방법이 가장 신뢰할 수 있으며 믿을 수 있다.

정통점성학에서 네이티비티 네이탈 출생차트 생시를 보정하는 방법은 세 가지가 존재한다.

1. 헤르메스의 검사법으로 네이티비티 네이탈 출생차트를 보정하는 방법이 있다.
2. 아니모다르를 통해 네이티브가 제공한 대략적인 시간으로 네이탈 출생차트를 뽑는 방법이 있다.
3. 사건을 대조하여 생시를 보정하는 방법이 있다.

네이티비티 네이탈 출생차트에서 네이티브는 1952년 5월 14일에 태어났다. 태어난 시간을 정확히 알지 못한 채 酉時인지 戌時인지 모르겠다고 했다. 어떻게 해야 할까? 만세력을 펴보니 酉時는 17:30~19:30이고, 戌時는 19:30~21:30이다.

헤르메스의 검사법을 사용하여 네이티브의 출생시간을 보정해보기로 했다. 네이티브의 태어난 대략적인 시간을 酉時와 戌時의 중간 시간이 19:30을 입력하고 네이탈 출생차트를 뽑아 보았다. 뽑은 차트를 기본 정보로 해서 시간을 찾아가 보기로 했다. 이 네이티비티 네이탈 출생차트는 ☽가 호라이즌 아래에 위치하고 있으므로 ASC로부터 ☽까지의 거리를 구한다. 조디악에서 모든 플래닛의 위치와 거리는 사인 ♈부터 시작한다. 사인 ♈를 시작으로 해서 ☽까지의 거리를 구하고 ☽의 거리에서

ASC까지의 거리를 빼주면 ASC로부터 ☽까지의 거리가 나온다.

네이티비티 네이탈 출생차트에서 ☽은 사인 ♑ 25° 56′에 위치한다.

ASC=♈+♉+♊+♋+♌+♍+♎+♏+♐ 19° 46′=259° 46′

☽=♈+♉+♊+♋+♌+♍+♎+♏+♐+♑25° 56′=295°59′

☽-ASC=295°59′-259° 46′

=36° 13′

=30°+6° 13′

=1사인 6°=276일 즉 (네이티브가 태어나기 전 어머니의 자궁 속에
머문 수태기간이다.)

1952년 5월 14일에서 수태기간 276일을 빼면 1952년 5월(14), 4(30), 3(30), 2(29), 1(31), 1951년 12월(30), 11(30), 10(30),9(30),8(13). 1951년 8월 13일이 나온다. 이 날이 네이티브가 수태된 날이다. 네이티브가 수태된 날이 1951년 8월 13일을 기준으로 서머타임을 적용해서 차트를 뽑아보면 다음과 같이 나온다. ☽는 ♐29°30′에 걸려있다. ASC ♐19°46′에서 ☽가 우치한 ♐29°30′에 걸려있다. ASC ♐19°46′에서 ☽가 위치한 ♐ 29°30′은 오차가 10°정도 난다. 그래서 하루가 더 많은 1951년 8월 12일자로 네이탈 출생차트를 뽑아 보았다. ☽는 ♐14° 54′에 위치해 있다. ASC ♐ 19°46′에서 4° 52′의 오차가 난다. 이 날을 수태일로 잡는다고 해도 네이티비티 네이탈 출생차트에서 이것이 과연 가장 근접한 시간일까?

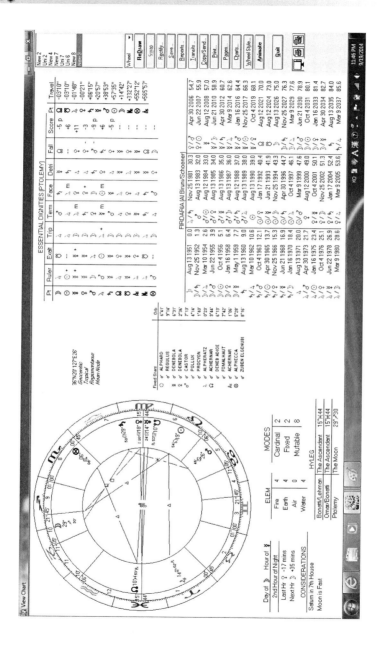

☽가 ♐14° 54′에 위치한 출생차트

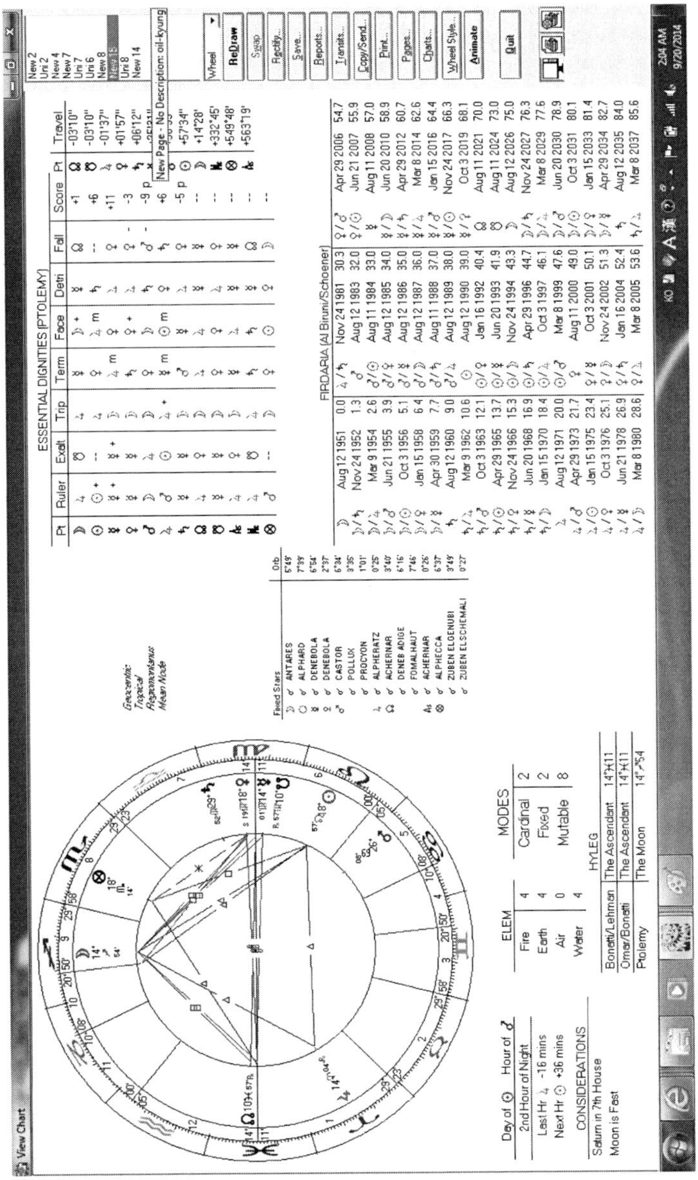

이렇게 계산해서 나온 시간에 뽑은 네이탈 출생차트에서 ☽이 위치한 사인의 도수로 AASC를 맞추어 차트를 뽑아 보다. 이렇게 렉티피케이션하여 뽑은 네이탈 출생차트의 결과는 네이티브의 인생에서 점점 더 멀어져 갔다.

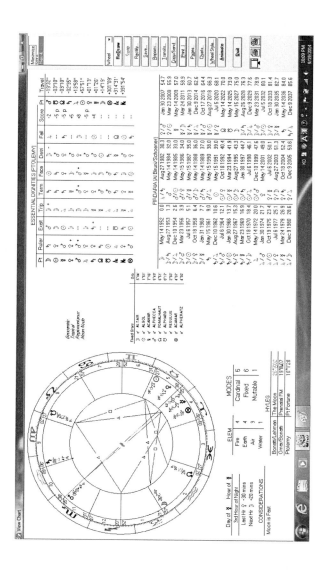

어차피 모르는 시간을 넣어서 렉티파이하여 출생차트를 뽑았기 때문에 이 시간이 정확한지 아무도 모른다. 그래서 실전정통점성학에서는 크리스천 아스트랄러지 윌리엄 릴리의 가르침을 충실히 따라서 네이티브의 삶과 사건을 대조하여 사건 발생시기의 플래닛의 배치를 찾아서 네이티브의 출생시간을 찾아간다.

네이티비티 네이탈 출생차트에서 네이티브가 인생을 살아오면서 겪은 사건을 바탕으로 출생차트를 렉티파이하면서 플래닛의 배치를 찾아 생시를 보정해보겠다.

네이티브는 1952년 5월 14일 출생했다고 하는데 酉時인지 戌時인지 잘 모르겠다고 했다. 그래서 유시와 술시의 중간지점인 19:30분을 입력하고 뽑은 네이탈 출생차트를 기준으로 하여 렉티파이 한다. 네이티비티 네이탈 출생차트에서 2004년 10월 18일~2005년 12월 8일까지 마이너 ♄이 피르다리아에서 들어온다. 네이티브는 2005년 11월에 대학원에 합격한다. 그리고 경제적인 사정으로 인하여 동기생들보다 1년 늦게 졸업을 하게 된다. 그런데 네이티비티 네이탈 출생차트에서 ♄이 10th로 넘어가 버렸다. 그래서 ♄이 9th로 들어와서 익절테이션을 얻어 디그니티가 강하므로 네이티브는 대학원에 진학하게 된다. 그러나 익절테이션을 얻어 강한 ♄이 ℞함으로써 네이티브는 동기생들보다 늦게 대학원을 졸업하게 된다.

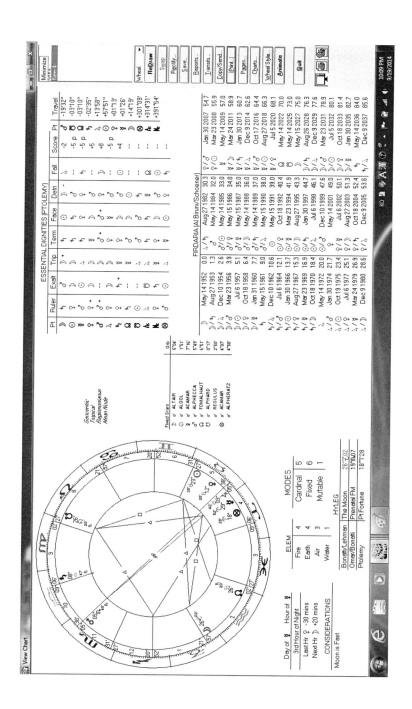

2010년 피르다리아에서 ☿이 메이저, 마이너로 들어온다. ☿은 11th 에서 룰러를 얻은 ♂를 ☍애스펙트로 본다. 또한 ☿가 피르다리아에서 마이너로 들어오면 사인 Ⅱ가 움직인다. 사인 Ⅱ 20° 52′에 픽스트 스타 '벨라트릭스'가 ♂하고 있다. 픽스트 스타 '벨락트릭스'는 오리온의 왼쪽 어깨(수다스러운, 사고, 갑작스러운 불명예)의 의미를 내포하고 있다. 이 시 기 네이티브는 교통사고를 당하여 다리가 골절되고 척추를 다치는 중상 을 입었다. 그리고 ♂와 ♃가 ☍애스텍트를 이루고 있으므로 교통사고 로 인한 법적인 분쟁에 휩쓸리게 된다. 이렇게 해서 네이탈 출생차트를 렉티파이 해가면서 플래닛의 배치를 맞춰보니 네이티브의 출생시간이 19시 35분으로 보정되었다.

네이티비티 네이탈 출생차트를 리딩함에 있어 네이티브가 출생시간 을 정확히 모른다면 네이티브가 살아온 삶의 흐름을 살펴보고 하늘의 플래닛의 배치를 돌려보는 것이 가장 정확한 방법이다.

아니모다르를 통한 생시 보정법이라든가 헤르메스를 이용한 생시보 정법은 인생을 충분히 살지 않은 어린이라든가 갓 태어난 아기에게 적 용될 수 있는 생시보정법이다. 왜냐하면 삶의 경험이 없기 때문에 인생 에서 일어난 사건들이 없으므로 사건을 대조해서 플래닛의 배치를 돌려 볼 수 없기 때문이다. 그럴 때는 헤르메스 보정법에 의한 생시보정법이 적합할 것이다.

Christian Astrology 정통점성학을 공부함에 있어 홀로 공부해야 할 수도 있기에 당신이 할 수 있는 한 전심전력으로 공부에 매달리십시오. 터무니없는 모든 과학을 익히려하지 말며, 모든 것을 조금씩만 알려고도 하지 마십시오.

- William Lilly

성형외과 의사가 되고 싶어 하는 학생

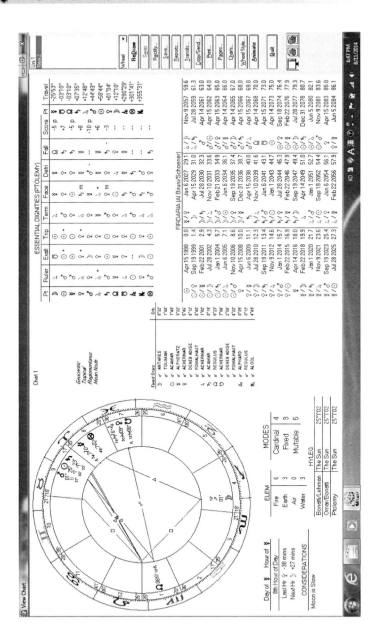

네이티비티 네이탈 출생차트에서 네이티브는 성형외과 의사가 되는 것이 꿈이라고 했다.

ASC의 룰러 ☉이 9th에서 익절테이션을 얻어 디그니티가 매우 강하다. ☉은 네이티브가 인생에서 지향하는 삶의 모습을 보여주므로 공부에 대한 흥미가 매우 강하다고 할 수 있다. 또한 정신세계도 강하게 발현될 것임을 보여주고 있다.

8th에서 ☿와 ⊗가 코로드로 위치하고 있다. 이것은 네이티브가 심령적인 능력과 심리학적인 면에서 매우 뛰어난 능력을 발휘할 수 있음을 보여주는 것이다.

인간의 무의식적인 정서와 내면의 마음을 다스리는 ☽는 4th 사인 ♐에서 8th에 위치하고 있는 ⊗를 △애스펙트로 보고 있다. 사인 ♐는 반은 말이고 반은 사람인 켄타우르스 그는 하늘과 땅 사이를 여행하면서 인간과 하늘을 연결시켜주는 중개자로서 자신을 인식한다. 그래서 사인 ♐는 성직자의 별자리로 통한다.

그러므로 이 네이티비티 네이탈 출생차트는 정신세계가 매우 발달한 차트임을 알 수 있다. 이런 출생차트를 타로난 사람들은 심리학이나 정신과 의사를 하든가, 아니면 종교인으로서 삶을 살아가야 한다. 그런데 성형외과 의사가 되고 싶어 한다. 이 네이티브가 성형외과 의사가 되면 어떤 일이 발생할까? 9th의 룰러이며 ☉의 디스포지터인 ♂가 ☉로부터 컴버스트를 당하여 디그니티를 잃었다. 그것은 칼을 잡으면 반드시 의료사고가 발생할 수 있을 보여주는 것이다.

어떻게 하면 돈을 많이 벌 수 있을까요?

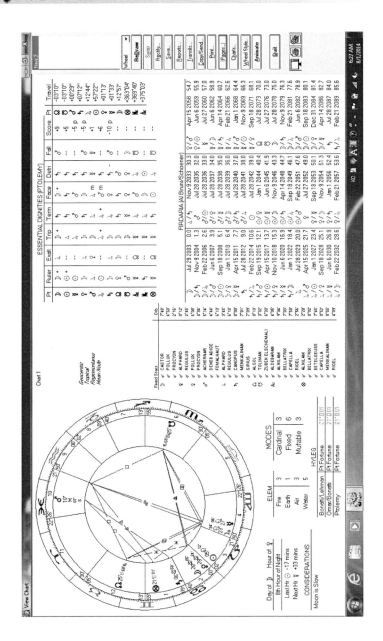

네이티비티 네이탈 출생차트에서 네이티브는 이제 갓 10살 밖에 안 된 어린 여자아이다. 10살밖에 안 된 어린 여자아이라고는 믿어지지 않을 정도로 질문이 너무 당돌했다. 이제 갓 10살밖에 안 된 여자아이가 '어떻게 하면 돈을 많이 벌 수 있을까요?'라는 질문을 했다. 이 질문을 받고 기가 막혀서 한동안 말이 안 나왔다. 한참 또래 아이들과 재미있게 뛰어놀고 공부해야 할 나이에 어른들도 하기 어려운 질문을 하고 있는 것이다.

먼저 이 여자아이의 네이티비티 네이탈 출생차트를 분석해보자. 12th에서 ☊이 픽스트 스타 '카풋 알골'을 ♂하고 있다. 알골은 말 그대로 뱀의 혓바닥을 가진 자다. 온갖 거짓말로 사람들과의 관계를 이간질하고 자신의 치부가 드러나면 인정에 눈물로 호소를 하는 소시오패스적 성향을 지닌 아주 교활한 별이다. 그런 별이 고독과 슬픔의 하우스인 12th에 있다는 것은 돈을 벌기 위해 사기행각을 벌일 수 있다는 것이므로 매우 주의해야 하는 차트다.

4th에 보편적 재물의 시그니페케이터인 ♃와 ☿가 픽스트 스타 '카풋 알골'과 ♂한 ☊을 □애스펙트 한다. 이것은 법과 원칙을 무시하고 말을 신뢰할 수 없다는 것을 보여준다. 4th에서 ♃와 ☿가 네이티브의 사회활동과 사회적 명예을 다스리는 10th 커스프를 ☍애스펙트 한다. ☿의 디스포지터는 3rd의 룰러 ☉이다. 이것은 법과 규칙을 무시하며 신뢰할 수 없는 말들이 자신의 명예를 실추시키고 사회적인 제약을 가져올 수 있음을 보여주는 것이다. 1st에 위치한 ⊗와 ♄은 네이티브가 매우 이기적이며 자신밖에 모른다는 것을 보여준다. 2nd에 ☽와 ☿가 코로드로 위치하며 ♄이 1st에서 2nd의 사인 ♋의 영향 아래 놓여있다. 이것은 네

267

이티브가 인생을 살아가면서 강력하게 재물을 추구할 것임을 보여준다. 그러나 8th의 룰러 ♄ 이 디트리먼트 하며 2nd의 코로드가 모두 ☉으로 부터 컴버스트를 당하므로 재물 운은 없다고 본다. 네이티브가 원하는 돈은 쉽게 벌리지 않을 것이다.

점성가는 어린 네이티브에게 말한다. 아직은 공부를 해야 하는 시기이므로 열심히 공부하는 것이 가장 최선의 방법이라고 말해주었다. 에드가 케이시가 리딩으로 남긴 글을 보면 이 어린 여자아이가 질문한 내용과 비슷한 질문이 있어 관련 내용을 소개한다.

어느 날 에드가 케이시에게 13세 소년이 리딩을 의뢰한다. 재능이 많은 13세 소년은 자신이 "경제적으로 성공을 하기 위해서는 어떤 소질을 따라야 할까요?"라고 질문을 던진다. 이데 대하여 에드가 케이시는 "경제적인 것은 잊어버리고 오히려 이 세계를 살기 좋은 곳으로 만들려면 무엇이 가장 도움이 될까를 생각하십시오. 단지 보수를 목적으로 하는 일은 결코 해서는 안 됩니다. 금전상의 이익은 그 사람이 자기의 재능을 남들을 위해 쓰면 결과로서 반드시 얻어지는 것입니다."라고 대답했다.

또 다른 사람이 "내가 어떤 방면의 일을 하면 경제적으로 성공할까요?"라고 질문을 했다. 그러자 에드가 케이시는 "경제적이라는 생각은 집어치우시오. 경제적인 이익은 정직하고 성실하기만 하면 자연히 따라오는 것입니다. 다른 사람들에게도 그렇게 사는 것이 옳다는 것을 깨닫게 하십시오. 이익은 신이 주십니다."라고 대답을 했다.

어떤 무역상에게는 이렇게 대답했다. "동포에 대한 봉사를 목적으로 삼으십시오. 당신이 거래하는 사람들이 당신 때문에 이익을 보도록 하고 결코 그들을 발판으로 이용하는 일이 없도록 하시오. 명예나 부는 결과로써 반드시 얻어지는 것이니 보람 있게 보낸 인생의 결과로써 그리고 남들에게 해준 봉사의 결과로써 받도록 하십시오. 남들을 자신의 명예나 부의 발판으로 이용해서는 안 됩니다."

돈에 쫓기고 쫓는 인생을 살아가는 물질만능주의 현대사회에서 한 번쯤 생각해볼 만한 이야기라고 생각되어서 소개한다.

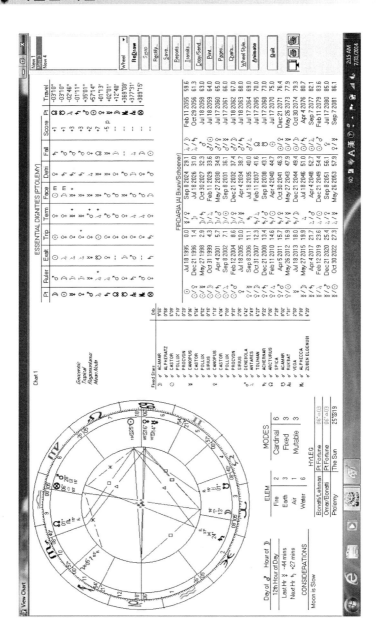

네이티비티 네이탈 출생차트에서 이 네이티브의 어머니가 아들에 관하여 의뢰를 해왔다. 어머니는 아무 말도 없이 앉아있었다.

짧은 침묵의 시간이 흐르고 누군가는 먼저 입을 열어야 했다. 점성가인 내가 먼저 입을 열었다. 피르다리아를 보니 2013년도 7월 8일 메이저운이 ☿로 바뀌면서 7th 사인 ♋의 영향을 받으며 6th로 들어온다. 6th로 ☿가 들어오면 우가 움직인다. ☿오 우가 4th의 ☽를 각각 □스퀘어 애스펙트로 본다.

아들이 여자 때문에 가출했냐고 물어보았다. 네이티브의 어머니는 아들이 가출했다고 말했다. 빙고!!! 네이티브의 어머니는 아들이 채팅으로 알게 된 여자와 메신저를 했는데 채팅을 하면서 욕을 해서 여자가 아들을 고소했다고 했다. 아들이 경찰서에 불려가서 조사를 받은 적이 있다고 했다. 그 이후부터 아들이 방황하기 시작을 했다고 했다.

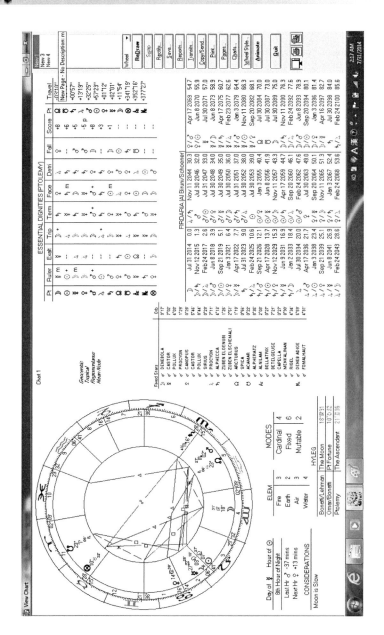

호라리 차트에서 의뢰인 쿼런트의 어머니를 1st로 배정한다. 쿼런트의 아들에 관한 질문이므로 퀘시티드는 5th로 배정한다. 5th의 룰러 우가 앵글 1st에 위치하고 있다. 아들은 가출을 했지만 멀리 가지 않았다. 어머니로부터 가까운 곳에 있다고 판단을 내렸다.

- 아들은 지금 무엇을 하고 있을까?

5th의 룰러 우가 2nd의 사인 ♋의 영향 아래에 놓여 있고 노동과 봉사의 하우스인 6th에서 코로드 ♄과 △애스펙트를 이룬다. ♄은 8th의 룰러이다. 이에 대하여 아들은 돈을 벌고 있을 것이라고 판단을 내렸다. 그러자 쿼런트는 아들이 언젠가 전화 연락이 왔는데 돈을 벌겠다고 말을 했다고 한다.

- 아들이 언제 집에 돌아올까요?

가정의 하우스인 4th에 최고의 로얄스타 '레굴루스'가 ♂하고 있다. 아들의 시그니피케이터 우가 가정의 하우스인 4th에서 ☽가 세퍼레이션 ✳애스펙트를 이루고 있으므로 파틸 △애스펙트를 이루기 위해서는 56°를 더 가야 한다. 그리고 ☽는 뮤터블 사인 ♍에 위치하고 있기 때문에 56주(392일) 즉 1년 하고도 27일 지나면 아들이 돌아올 것이라고 판단을 내렸다. 아들은 어머니 가까운 곳에서 잘 지내고 있고 열심히 일해서 돈도 잘 벌고 있으니 걱정하지 마시라고 안심시켰다.

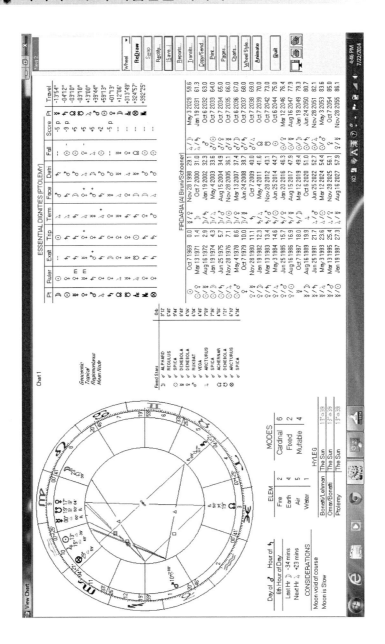

네이티비티 네이탈 출생차트는 L회사에서 팀장으로 있는 네이티브다.

이 네이티브는 자신의 운의 흐름을 궁금해했다. 자신에게 무슨 일이 일어날지를 알고 싶어 했다. 피르다리아를 보니 2012년도 11월 28일을 기하여 2014년도 6월 24일까지 메이저 ♄, 마이너 ♂가 들어온다. 이 시기에 네이티브에게는 어떤 일이 일어나게 될까? 4가지 관점에서 살펴볼 수 있다.

먼저 ♂가 1st로 들어와서 10th 커스프, 10th 코로드 ☉,10th 코로드 ♃를 □애스펙트로 본다. 그리고 5th 사인 ♉의 ♄을 △애스펙트로 본다.

플래닛 ♂는 사고나 사건 또는 충격적인 변화를 의미하는 플래닛이다. 그런 플래닛이 10th를 건드린다는 것은 직업의 자리가 불안정하거나 직업의 이동이나 직업을 잃을 수도 있다는 것을 보여준다.

☉과 ♂가 만나면 폭파사고다. ☉은 8th이 룰러이며 ♂는 ♄의 조력을 받는다. 그리고 ♂는 4th 가정을 다스리는 사인 ♈의 룰러이며 12th의 사인 ♏의 룰러이다. 동시에 1at의 코로드로써 네이티브 자신을 다스린다.

☉은 8th의 룰러이며 흉성인 ♂와 □애스펙트를 이룬다. 네이티브는 매우 큰 빚을 지게 되었고 빚을 갚기 위하여 L회사의 제안을 수락하게 된다. 네이티브는 L회사로부터 돈을 받고 S회사에서 L회사로 이

직한다.

♂가 ☉과 □애스펙트 하므로 폭파사고와 관련이 있다. 그렇다. 네이티브는 출근하던 도중 고속도로 중앙분리대를 들이받아 차가 완전히 박살이 났다. 그런데 네이티브는 며칠 입원했을 뿐 많이 다치지 않았다. 이것은 아마도 ♂가 1st에서 익절테이션을 얻어 디그니티가 매우 강하고 ♄으로부터 조력을 받았기 때문일 것이다. 또한 이 시기 금전적인 문제 때문에 가정에 불화가 생겼다.

이 네이티브는 자신과 어머니와의 관계를 물어보았다. 이 네이탈 출생차트는 낮의 출생차트이므로 어머니는 비너스를 보며, 10th를 본다. 자신을 다스리는 1st에서 ♂가 익절테이션을 얻어 디그니티가 매우 강하다. 강한 ♂가 10th의 코로드 ☉과 ♃, 10th커스프를 □애스펙트 한다. 이 관계를 살펴보았을 때 네이티브와 어머니와 매우 안 좋은 관계라는 것을 알 수 있다. 또한 네이티브가 인생에서 지향하는 삶을 다스리는 ☉이 10th에서 네이티브 자신을 다스리는 1st에 위치한 ♂를 □애스펙트 함으로써 어머니와의 관계는 매우 좋지 않은 관계임을 알 수 있다. 낮의 네이탈 출생차트에서 어머니를 다스리는 ♀가 어머니의 하우스인 10th의 룰러이며 9th에 코로드로 위치하므로 어머니는 외국에 나가 있거나 네이티브로부터 멀리 떨어져 있을 것이라고 판단을 내렸다. 점성가는 신이 아닌 이상 여기까지밖에는 알 수 없다.

이에 대하여 네이티브가 말하기를 어릴 때에 어머니가 네이티브를 버리고 집을 나가서 자신은 아버지하고 할머니 집에서 살았다고 했다.

할머니는 아버지의 어머니이므로 4하우스로부터 10번째 하우스인 1하우스로 배정한다. 1하우스에서 ♂가 익절테이션을 얻어 디그니티가 매우 강하므로 네이티브는 할머니의 조력을 받았다고 할 수 있다.

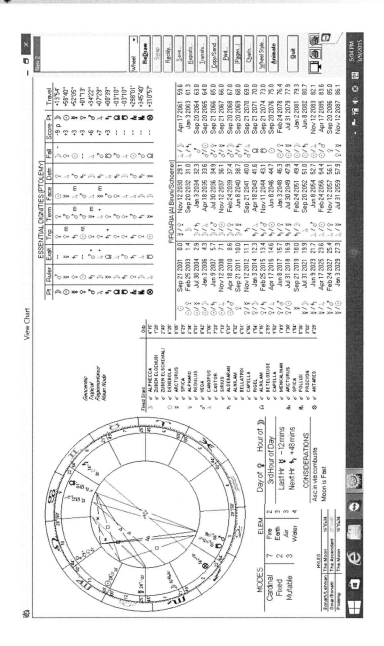

네이티비티 네이탈 출생차트의 네이티브의 어머니가 1년 전에 상담을 의뢰해왔었다. 그때 네이티브의 건강에 이상이 생기면 머리가 아플 것이라고 네이티브의 어머니에게 얘기를 했다고 한다. 많은 의뢰인들을 상담을 하다 보니 전부를 다 기억할 수 없다. 이 네이티비티 네이탈 출생차트의 네이티브 어머니가 다시 상담을 의뢰해왔다.

네이티브가 머리가 아프다고 하면서 쓰러져서 1시간 동안 의식을 잃었다는 것이다. 병원에 데리고 가서 검진을 받았더니 의사가 하는 말이 간헐적 발작으로 원인을 알 수 없다고 한다. 그러면서 아들의 건강이 염려되어 다시 상담을 의뢰해왔다.

2014년 1월 3일 메이저 ♀, 마이너 ☽가 피르다리아에서 운으로 들어온다. ☽는 1st에서 사인 ♏의 영향을 받으며 픽스트 스타 '사우스 스케일'을 ♂하고 있다. 픽스트 스타 '사우스 스케일'은 약물중독, 익사, 비너스의 질병, 학대, 배반 등)의 의미를 가지고 있다. ☽의 디스포지터는 ♂로써 질병의 하우스인 6th 사인 ♈의 룰러이다. 질병의 하우스 6th는 ♈로써 네이티브의 질병부위 머리를 다스린다. ☽가 피르다리아에서 마이너로 들어올 때 디스포지터인 ♂가 움직이며 ♂가 움직이면 질병이 하우스인 6th도 같이 움직인다. 또한 ♂가 ∞애스펙트를 이루고 있는 ♃도 움직이며 질병의 시그니피케이터 ♂가 ♃를 어플릭티드하므로 ♃가 가지고 있는 질병"졸도"가 발생하게 되는 것이다. 그런데 네이티브를 다스리는 1st의 룰러 ♀는 최고의 로얄스타 '레굴루스'를 ♂하며 1st에 위치한 ☽가 포춘인 ♃의 조력을 받으므로 걱정하지 않아도 될 것이라고 판단했다.

홀사인 하우스 시스템과 레지오 몬타누스 하우스 시스템 네이탈 출생차트해석

개인적으로 다른 점성가에게 상담을 받은 사람들은 상담을 하지 않는 것을 원칙으로 했다. 다른 점성가와 비교하는 것도 원하지 않을 뿐만 아니라 다른 점성가의 의견을 존중하는 의미가 더 크기 때문이었다. 그렇게 하는 것이 서로를 존중하고 함께 공존하면서 살아갈 수 있다고 생각했기 때문이다. 그래서 다른 점성가에게 상담을 받은 많은 사람들이 상담을 의뢰해왔지만 대부분의 의뢰인들은 상담을 받지 못했다. 바쁘고 시간이 없다고 거절했기 때문이다. 그럼에도 불구하고 절실하게 상담을 받고 싶어 하는 사람들은 사전 동의 없이 미리 입금을 하고 상담을 해달라고 강력히 요구를 하기도 하여 어쩔 수 없는 경우를 제외하고는 거의 거절하였다. 이제는 모든 사람들에게 상담의 문을 열어 놓으려 한다.

다음의 네이티비티 네이탈 출생차트의 네이티브는 간절히 상담을 요청해왔지만 끝까지 본인에게 상담을 받지 못했던 네이티브다. 이분은 우리나라에서 웬만한 이름 있는 점성가나 타로리더에게 거의 상담을 받은 것으로 알고 있다. 본인에게 간절히 상담을 요청했을 때조차도 상담을 거절하고 부산경남아카데미 제자 분을 소개시켜 주었다. 이 네이티브는 본인의 제자 분에게 상담을 받고 본인의 제자가 되겠다고 지방에서 무작정 찾아오신 분이다.

다음에 한 네이티브의 같은 두 개의 네이탈 출생차트가 있다. 하나는 홀사인 하우스 시스템으로 뽑은 네이탈 출생차트와 또 다른 하나는 레지오몬타누스 하우스 시스템으로 뽑은 네이탈 출생차트이다.

홀사인 하우스 시스템은 헬레니즘시대 초기에 쓰이던 시스템으로써 점성술을 처음 공부하는 초보자들이 보기에 가장 편하고 쉽다. 이 네이탈 출생차트의 네이티브는 잡지책에서나 읽을 수 있는 점성술 황당 그 자체라고 하면서 본인에게 분석을 의뢰한 것이다.

개인적으로 모든 점성가와 이도학문을 하는 도반들을 존경하고 존중한다. 때로는 세상적인 멸시와 천대를 받기도 하고 또 개인마다 실력차이가 있겠지만 그들 나름대로 존재해야 할 이유가 있고 존중받을 자격이 있기 때문이다. 실력차이가 있다는 것은 인정한다. 그러나 실력차이가 있다는 이유로 다른 점성가를 폄하하고 비하하는 것은 옳지 못하다고 생각한다.

예전에 내 홈페이지에 쓴 글을 보고 한심하다는 듯이 블로그에 글을 써 놓은 것은 최근에 읽게 되었다. 진리는 화려하지 않고 너무나도 단순하기 때문에 종종 비웃음의 대상이 된다. 그래서 진정 깨달은 사람은 말이 없다. 2,500년 전 부처님이 보리수나무 아래에서 60일간 금식하며 고행하고 깨달은 것은 '굶으니까 배가 고프다.'였다. 그래서 마구 먹기 시작한다. 같이 고행을 해온 도반들은 부처님의 그와 같은 모습을 보고 욕을 하며 손가락질을 하고 떠나갔다. 모르면 그런 것이다. 그 내면의 의미를 이해하지 못하면 아무 소용이 없는 것이다. 고타마 싯타르타는 배고픔의 고통을 통해서 인간은 생로병사의 고통을 넘어설 수 없는 나약한 존재라는 것을 인정하게 되고 그럼으로써 인간은 '자연의 법칙, 즉 우주의 법칙'에 순응하며 살아갈 수밖에 없는 존재라는 것을 깨달은 것이다. 고전점성가 성현들의 이름을 팔고 고전텍스트로 포장을 한다고 해서 그것이 실력을 말해주지 않는다. 마치 고전은 자신만 아는 것처럼 다른 점성가를 폄하하거나 비하하는 것은 분명 옳지 못하다고 생각한다.

이 네이티비티 네이탈 출생차트의 네이티브가 분석을 의뢰한 것은 홀사인 하우스 시스템 해석이 너무 황당하고 어이가 없었기 때문이다. 모든 하우스 시스템은 장점과 단점이 존재한다. 서로 보완이 되는 쪽으로 활용하는 것은 점성가의 몫인 것이지 어떤 하우스 시스템이 더 우수하다는 식으로 말하는 것은 초보자나 처음 점성학에 입문하는 점성가에게 그릇된 정보를 제공하고 선택의 기회를 제한할 수 있다고 생각한다.

홀사인 하우스 시스템으로 뽑은 네이탈 출생차트와 레지오 몬타누스 하우스 시스테으로 뽑은 네이탈 출생차트를 잘 비교해보라. 특히 행성이 위치하는 하우스를 잘 살펴보라.

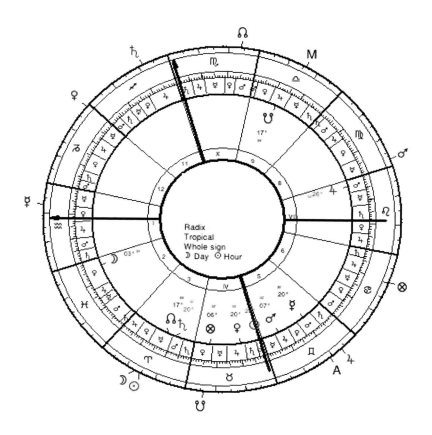

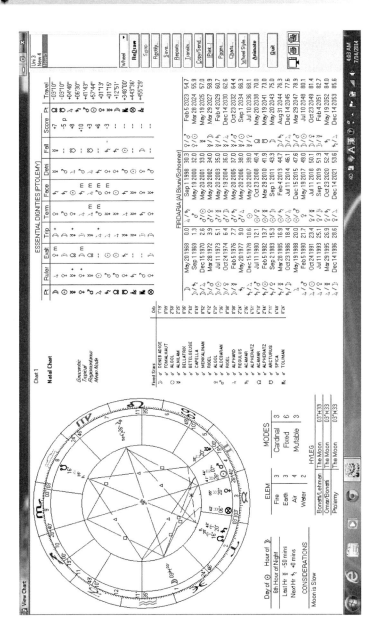

● 차트만 보고 해석한다.

1. 네이티비티 네이탈 출생차트에서 ASC 커스프는 사인 ♒ 11° 35′에 걸려있으며 픽스트 스타 '알발리(페가수스의 입: 위험, 박해, 죽음, 그러나 함께 좋은 행운)'와 ♂하고 있다. 이것은 네이티브가 인생 전체를 통하여 평탄한 삶을 살아갈 수 없음을 의미한다.

네이티비티 네이탈 출생차트에서 ☉이 4th에서 1st에 위치한 ☽를 □ 애스펙트로 보는 것은 네이티브가 일찍이 아버지와 인연이 없음을 보여주는 것이다. 9th의 룰러 ♂가 ☉로부터 컴버스트를 당하고 있는 것은 아버지로 인해서 공부를 하지 못했다는 것을 보여준다. 밤의 네이탈 출생차트에서 ♄이 아버지를 다스린다. ♄은 재물의 시그니피케이터로써 2nd에서 8th의 ☋를 ☍애스펙트를 이루고 있다. 이것은 아버지로부터 경제적인 원조를 받지 못했음을 보여주는 것이다. 네이티브의 아버지는 네이티브가 어렸을 때 폐암으로 돌아가셨다고 했다. 네이티브는 어린 나이에 돈이 없어 공부를 하지 못하고 가족들을 먹여 살리기 위해서 일찍이 경제활동을 해야 했다고 했다.

네이티비티 네이탈 출생차트에서 현재 네이티브가 처한 가장 중요한 문제점은 무엇인가?

1st에 위치한 ☽와 7th에 위치한 ♃가 ☍애스펙트하는 것을 보는 것이다. 그것은 돈과 배우자로부터 극복해야 하는 어려움이다. 이 네이티비티 네이탈 출생차트는 여기에 초점을 맞추어 해석해야 한다.

2. 1st의 룰러 ♄이 2nd에 위치하고 있다. 이것은 네이티브가 재물에

집착하고 있음을 보여주는 것이다. ♄은 7th에 위치한 ♃을 △애스펙트로 본다. ♃은 보편적 재물의 시그니피케이터이며 배우자를 나타낸다. 배우자가 ♃라는 것은 네이티브보다 배우자가 사회적으로나 경제적으로 지위가 매우 높다는 것을 보여준다. ♄이 그런 ♃를 △애스펙트로 보는 것은 네이티브가 배우자의 경제적인 도움을 받아 사업을 시작했음을 보여주는 것이다. ♄은 8th의 익절테이션으로써 사인 ♈에서 펄하며 8th의 재물의 시그니피케이터 ☋와 ∽애스펙트로 본다. 윌리암 릴리에 따르면 이와 같은 네이탈 출생차트 구조는 인생을 살아가면서 감당할 수 없는 큰 빚을 지거나 재산상의 큰 손실을 보게 될 것이라고 했다.

여기까지 보는 것도 대단한 실력이다. 그러나 프로는 그 이상을 볼 수 있어야 한다. 내가 감당할 수 없는 빚을 지거나 재산상의 큰 손실을 입기 위해서는 그만큼 큰돈을 끌어 올 수 있어야 한다. 그렇다 1st의 룰러 ♄이 2nd에 위치하므로 네이티브는 재물을 추구하게 되고 큰돈을 벌기 위해 사업을 하게 된다. 8th에서 익절테이션을 얻는 ♄이 2nd에서 펄하므로 네이티브는 매우 큰돈을 끌어오게 되고 그렇게 사업을 키워나가고 확장하는 것을 자신의 프라이드로 여겼다. 그것이 자존심이고 자신의 이상을 실현해 나가고 있다는 자부심도 컸다고 했다. 그러나 그것은 고스란히 빚으로 남아 네이티브의 삶을 조여오고 있었다.

여기까지 해석하자 네이티브는 부인의 경제적인 도움을 받아 사업을 시작했다고 했다. 그리고 현재 6개월 동안의 사원들 월급이 밀려있다고 했다. 집과 가구 등은 모두 압류가 들어와서 빨간 딱지가 다 붙어있다고 했다. 가지고 있는 공장부지, 공장 등은 모두 처분해도 부채를 감당할 수 없다고 했다.

네이티브는 20대에 호프집 사업을 해서 망했다고 했다. 이 네이탈 출생차트는 물장사를 하면 당연히 망할 수밖에 없는 구조이다. 물장사를 하려면 유흥과 유희를 다스리는 5하우스가 살아야 하며 물과 관련이 있어야 한다. 그런데 5하우스는 공기의 사인 Ⅱ이며 ☿가 5th의 사인 Ⅱ에서 룰러를 얻었다. 그리고 4원소를 볼 때 물이 2이고 공기가 4로써 4원소 중에 공기원소가 제일 강하다. 3rd 또한 우가 룰러를 얻어서 매우 강하다. 그러므로 이 네이티비는 말로 풀어먹고 사는 직업을 가지거나 아니면 커뮤니케이션과 관련한 사업을 해야만 성공할 수 있는 것이다. 그런데 홀사인으로 본 네이탈 출생차트 해석은 물장사를 해야 성공할 수 있다고 했으니 네이티브 입장에서는 얼마나 황당했겠는가?

3. 이 네이티비티 네이탈 출생차트는 3rd에서 우가 룰러를 얻어 디그니티가 매우 강하며 네이티브의 운명을 다스리는 ⊗도 위치하고 있다. 이것은 형제와 이웃과의 관계가 매우 돈독할 것임을 의미한다. 왜 그런지에 대해서는 판단하지 않겠다. 3rd에 위치한 ⊗는 네이티브가 정신세계에 관심을 가지게 되고 그 길을 가는 것이 운명임을 말해주고 있다. 또한 5th에서 ☿이 룰러를 얻어 디그니티가 매우 강한 것은 네이티브가 정신세계를 매우 강력하게 타고났음을 의미한다. 이 차트를 보고 네이티브에게 사주명리로 말하면 무당사주라고 했다. 그러자 네이티브는 매우 놀라며 오래전 신점을 보러갔는데 그곳에서 신기가 있냐고 물어봤던 적이 있었다고 하면서 놀라워했다.

예로부터 ☿가 강하면 왜 점성가가 많은가? ☿는 죽은 자들의 혼령을 저승으로 안내했으며 신들의 메시지를 전하는 사자로서의 역할을 했다. 그래서 ☿가 강하면 점성가가 많은 것이다. 이 네이티브는 제자가 되겠다고 하면서 무작정 찾아왔다. 그만큼 절박했기 때문일 것이라고 생각했다.

4. 2010년 알비루니의 피르다리아에서 메이저 ⊙, 마이너 ☿가 들어온다. 이 시기에 네이티브에게 무슨 일이 발생했을까? ☿가 룰러를 얻어 디그니티가 매우 강하다. ☿는 2nd의 ♄과 ✳애스펙트를 이루며 8th의 ☋과 △애스펙트를 이룬다. 마이너 ☿는 재물의 시그니피케이터와 각각 ✳과 △애스펙트를 이루었으므로 네이티브는 돈이 된다고 판단을 내렸기 때문에 문서를 잡은 것이다. 그러나 마이너 ☽와 ♄으로 이어지는 동안 엄청난 빚으로 남게 된다. 네이티브는 당시에 회사 M&A를 했다고 했다. 그런데 잘 될 것 같아서 회사를 인수했는데 인수한 회사가 살아주지 못해서 그 빚을 고스란히 떠 앉았다고 했다.

5. 아랫사람과의 관계를 살펴보자. 아랫사람과의 관계는 6th를 본다. 6th의 룰러 ☽이 1st에 코로드로 위치하고 있다. 이것은 네이티브가 아랫사람이나 고용인을 자신과 같이 여긴다는 의미다. 그래서 많은 애정을 쏟고 보살폈다고 했다. 그러나 ☽는 10th커스프와 7th의 코로드 ♃, 4th의 ⊙을 각각 □애스펙트로 본다. 이것은 종업원 또는 고용인으로 인하여 네이티브가의 사회적인 명예가 실추되고 직업에서의 어려움과 금전적인 손실 그리고 네이티브의 삶과 가정에 안 좋은 영향을 미치게 될 것임을 나타낸다. 점성가는 이 네이티브에게 무슨 일이 일어났는지 알지 못한다. 그냥 네이탈 출생차트만 보고 해석할 뿐이다.

네이티브의 출생차트 해석을 듣고 네이티브는 말한다. 회사 사정이 어려워서 직원들을 정리해야 할 수밖에 없었을 때 직원들이 회사를 떠나면서 제품에 이물질을 집어넣어서 크레임이 걸리고 정부로부터 조사를 받으면서 사회적인 명예가 실추되고 사업상의 상당한 타격을 입었으며 금전적인 손실 또한 매우 컸다고 했다.

6. 7th 배우자는 코로드 ♃다. ♃의 디스포지터는 ☉이다. ☉은 4th에서 코로드로 위치하며 칼데아 오더 체계에 의하여 4th에서 강한 힘을 얻는다. 즉 배우자는 여장부이며 남자 같은 여자다. 매우 고압적이며 이기적이고 자존심이 매우 강하여 남편이라고 할지라도 반드시 이겨야 하며 자기 아랫사람 다루듯이 할 것이다. 네이티브의 배우자에 대한 판단에 대하여 네이이티브는 맞다고 했다. 항상 청바지에 운동화만 신고 다닌다고 했다.

피르다리아를 보면 2014년 7월 11일을 기하여 ♃가 마이너로 들어온다. 이 시기에 네이티브에게는 어떤 일들이 일어날까? 법적인 분쟁이 발생할 것인데 두 가지 관점에서 생각해볼 수 있다.

첫째: 배우자와의 이혼이다.
둘째: 사업과 관련하여 법적인 분쟁이 발생할 수 있다.

마이너 ♃ 시기에 이 두 가지 사건이 발생하게 될 것이라고 판단을 내렸다.

2014년 7월 11일 마이너 ♃가 7th로 들어와서 1st에 코로드로 위치한 ☽를 ∽∽애스펙트로 본다. ♃는 동시에 네이티브의 사회활동과 직업을 다스리는 10th 커스프와 4th의 코로드 ⊙을 가가 □애스펙트로 본다. 어떤 점성가는 ⊙, 우, ♃이 픽스트 사인에 위치하고 있기 때문에 이혼이 안 된다고 했는데 내 생각은 다르다.

여기서 우리는 물리학 시간에 배운 '작용과 반작용의 법칙'을 생각해 볼 필요가 있다. 마이너 ♃가 들어와서 ⊙에게 일방적으로 빛을 보냈다고 해서 ♃만 작용하는 것이 아니라 반드시 '작용과 반작용의 법칙'이 이루어지는 것이다. ♃가 ⊙에 보낸 힘만큼 ⊙도 받은 힘만큼 ♃에게 돌려보낸다. 이것은 차트를 해석하는데 있어서 매우 중요한 이론을 제공한다. ∴ 모든 인간관계는 상호작용에 의해 일어나는 것이다.

배우자는 ♃이며 ♃의 디스포지터는 ⊙이다. ⊙이 4th에서 강하다는 것은 배우자는 가정을 지키고 유지하기를 원하는 것이다. 반면에 네이티브가 인생에서 지향하는 삶을 다스리며 현실로 표출하는 ⊙은 4th에서 강력하게 ♃를 □애스펙트 한다. 즉 이혼이 내가 원하는 삶이 되는 것이다.

현재 네이티브는 배우자와 이혼을 하였으며 네이티브의 재산은 모두 경매로 넘어갔고 공장도 처분 중에 있다.

법적인 분쟁 두 가지 관점에서 모두 들어맞았다. 당시에 점성가는 네이티브에게 꼭 이혼을 하셔야 겠냐고 말했다. 차트에서 이혼의 구조가 있다고 하더라도 그것은 선택이라고 했다. 선택을 통해서 이혼을 하지 않을 수도 있는 것이다. 그리고 이혼을 하게 되면 경제적으로 어려운 환경에 놓이게 될 것이라고 이야기해주었다. 왜냐하면 이 네이탈 출생차트는 배우자로부터 조력을 받아야 하는 차트이기 때문이다. 1st의 룰러이자 2nd의 코로드 ♄이 배우자를 다스리는 ♃로부터 △애스펙트로 보기 때문이다.

이에 대하여 네이티브는 말한다. 안 살아 봤으면 말을 하지 마세요!!!

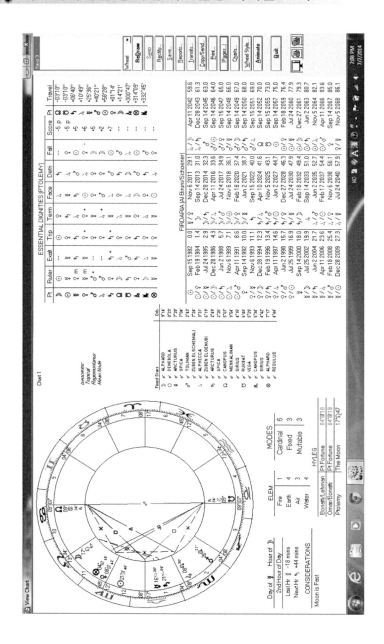

지난해 초 신년운세를 보기 위해 방문했던 네이티브이다. 이 네이티브는 아랍점성학의 꽃 알비루니의 피르다리아를 보면 2013년도 9월 14일 메이저, 마이너가 ☽로 바뀐다. 약 10여년의 대운이 ☿에서 ☽로 바뀌는 것이다. 2014년 12월 27일까지 이 시기에 ☽의 디스포지터는 ☉이다. ☽의 디스포지터는 ☉은 픽스트 스타 '데네볼라'를 ♂하고 있다. 픽스트 스타 '데네볼라'는 행복이 절망이 되는, 질병, 정신질환, 사고 등의 의미를 가지고 있는 픽스트 스타이다.

　　네이티브는 마이너 ☽시기에 디스포지터가 ☉이므로 반드시 사고의 위험이 있으며 이 시기에 솔이 구속이나 감금의 12th에 코로드로 위치하므로 병원에 입원을 하게 되는 큰 사고를 경험하게 될 것이라고 판단을 내렸다.

　　2014년 7월 7일 전화가 왔다. 교통사고가 나서 코뼈가 부러지고 갈비뼈가 부러져서 병원에 입원했다고….

　　메이저 ☽, 마이너 ☽, 서브 마이너 ☊, 마이너 서브 마이너 우 시기 2014년 7월 3일~20일 사이에 교통사고가 난 것이다. 서브 마이너 ☊의 디스포지터는 ☽이다. 마이너 서브 마이너 우는 죽음의 하우스인 8th의 룰러이며 ☉로부터 언더 더 썬 빔을 받고 있다. 그러므로 이 시기 2014년 7월 6일 일요일 사고가 났다.

　　사고가 발생할 것이라는 사실을 알고 있으면서도 그 사건을 피해간다는 것은 진실로 어려운 일인 것 같다. 하지만 언제쯤 사고가 날 것이라는 사실을 알았으므로 그 시기에 좀 더 조심했더라면 사고를 피해갈 수 있지 않을까 생각해본다.

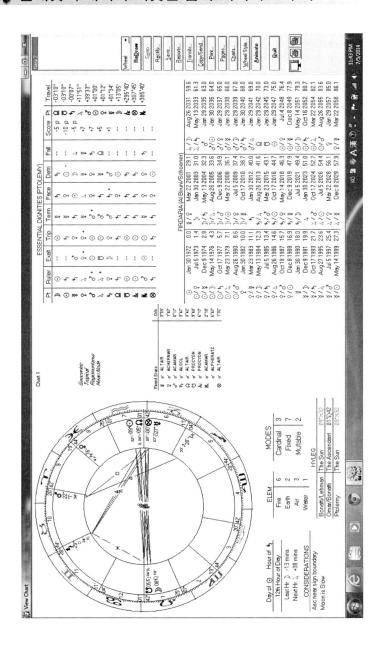

남자의 네이티브와 여자의 네이티브 두 개의 네이티비티 네이탈 출생 차트이다. 이 두 네이탈 출생차트는 약 7년의 시간 차이가 난다.

이 네이티비티 네이탈 출생차트에서 ASC 커스프가 사인 ♌에 걸려있다. ASC의 룰러는 ☉이며 7th에 코로드로 위치하고 있다. 7th에서 1st의 관계를 본다. 이 네이티브는 야망이 크고 이상이 매우 높으며 리더로서의 자질을 타고났다. 그러면서도 1st에 ☽가 코로드로 위치하여 변덕스러운 경향이 있다. 또한 1st에 ☋이 위치하고 있으므로 소시오패스적인 성격도 드러난다. 일단. 1st에 ☋나 픽스트 스타 알골이나 데네볼라 등이 위치하게 되면 네이티브는 성격파탄자라고 보면 된다. 그냥 봐서는 알 수 없다. 이해관계가 얽힌 사건이 생기게 되면 그 성격은 드러난다. 여기에 대해서 제자 분들도 의심이 많았지만 직접 경험을 해보고는 학을 뗐다.

10th에서 ♂가 사인 ♈에서 룰러를 얻었다. ♂가 5th에서 코로드로 위치하고 있는 보편적 재물의 시그니피케이터인 ♃를 △으로 본다. 8th에서 ♀가 익절테이션을 얻어 디그니티가 매우 강하다는 것을 알 수 있다.

10th에서 밀리터리 플래닛 ♂가 룰러를 얻었다. 10th에서 룰러를 얻어서 디그니티가 강하다는 것은 네이티브가 사회적인 지위나 위치가 상당히 높음을 알 수 있다. 그렇다. 이 네이티브는 회사 사장이다. 강한 ♂가 5th의 강한 ♃를 △으로 본다. 이것은 네이티브가 사업을 하면 5th와 관련한 사업을 한다. 또한 8th에서 ♀가 익절테이션을 얻어 디그니티가 매우 강하므로 타인의 돈을 끌어오는 데 있어서 탁월한 재주를 지녔다. 그러나 그 돈이 내 돈이 되느냐는 별개의 문제다. 왜냐하면 2nd가 약하기

때문이다.

이 네이티브에게 누가 3억을 투자한다고 하면서 사업을 같이 하자고 하는데 어떤 판단을 내려야 할까?

알비루니의 피르다리아를 보면 현재 메이터 ♄, 마이너 ♃ 시기이다. ♃는 5th에서 룰러를 얻어 디그니티가 매우 강하며 네이티브의 사회활동을 다스리는 10th의 ♂와 △애스펙트로 보고 있다. 이 플래닛의 배치만 놓고 보면 이 네이탈 출생차트는 매우 이상적이며 동업을 해도 아주 좋다고 판단을 내릴 수 있을 것이다. 재물의 보편적 시그니피케이터 ♃이므로 사업을 같이 한다면 재산상의 이익을 얻을 수 있을 것이라고 판단할 수 있다. 그러나 네이티브가 인생에서 지향하는 삶을 보여주는 ☉은 1st의 룰러이면서 7th에서 디트리먼트하며 1st의 코로드 ☽와 ☋을 ☌☌애스펙트 한다. 그러므로 동업을 하거나 사업을 같이 하게 되면 반드시 배신을 당하게 될 것이다.

이런 네이티비티 네이탈 출생차트는 사업을 같이 하거나 동업을 하면 안 된다는 판단을 내렸다.

나중에 네이티브에게 사건에 대한 전말을 전해들을 수 있었다. 3억을 투자하겠다면서 사업을 같이 하자고 접근해왔던 사람은 사업자금을 차일피일 미루면서 회사 대리점을 자신의 명의로 하나 내달라고 했다고 한다. 결국 사업을 같이 하자고 했던 사람은 사업자금을 투자하지 않은 채 시간만 끌기에 이 사람과의 관계는 정리를 했다고 한다.

차별의 생각에서 벗어난 사람에게는 더 이상 속박이 있을 수 없다. 지혜를 통해서 자유를 얻은 사람에게는 미망이나 착각이 있을 수 없다. 그러나 편견을 고집하는 사람들은 서로 충돌하면서 이 세상을 살아간다.

- 숫타니파타

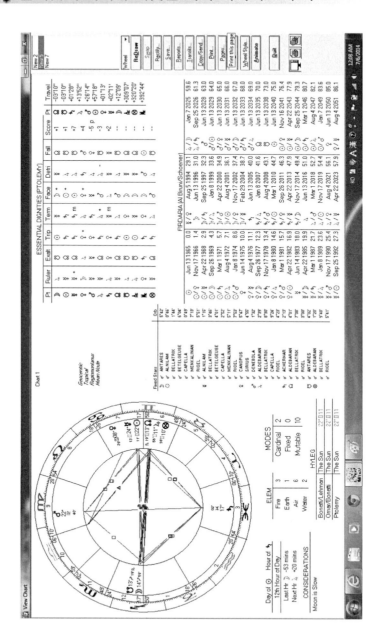

네이티비티 네이탈 출생차트는 여자의 차트이다. 앞서 남자의 네이탈 출생차트와 비교를 해보면 아주 비슷해보인다. 그러나 차트를 조금이라도 볼 줄 아는 점성가라면 비슷해보이지만 매우 다르다는 것을 알 수 있을 것이다.

남자의 네이티비티 네이탈 출생차트에서 ☽와 ☊이 1st에 위치해 있지만 여자의 네이티비티 네이탈 출생차트에서는 12th에 우치해 있다. 그것도 1st의 사인 ♐의 영향를 받으면서 이것은 네이티브가 매우 소심하다는 것을 말해주고 있는 것이다. 실제로 네이티브는 다른 사람과 함께하지 않으면 집 밖을 나다닐 수 없다고 말한다.

3rd와 9th가 언포춘인 플래닛 ♄으로부터 □나 ☍애스펙트를 이루게 되면 밖으로 나다니는 것을 극도로 꺼리게 된다.

4th의 룰러 ♂가 언포춘 ♄으로부터 ☍애스펙트를 이루면 네이티브는 가정이 있을까? 가정이 없거나 있다고 하더라도 이혼을 했을 것이라고 판단을 내렸다. 배우자는 현재 없으며 아들과 함께 살고 있다고 했다.

10th 사인 ♎, 5th 사인 ♉이므로 룰러는 ♀이다. 전체적인 플래닛이 페러그라인하여 약하므로 직업은 10th와 5th를 참고하기로 했다. 간호사이거나 특수교사이거나 어린이집 교사이거나 사회복지사이거나 요양보호사 등 주로 케어하는 직업을 가지고 있을 것으로 판단을 내렸다. 이에 대하여 네이티브는 간호사라고 했다.

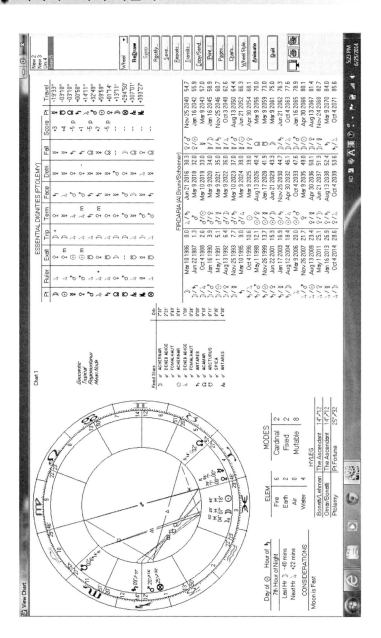

네이티브가 구속이 될 것인지 안 될 것인지는 호라리 차트로 판단을 내려야 하는데 네이티브의 고용주인 사장이 와서 자신의 고용인의 명조를 내놓고 의뢰를 해왔다.

고용주인 사장은 자신의 직원이 구속이 될지 매우 걱정하고 있었으며 고용인 역시 매우 불안해하고 있다고 했다.

운의 흐름을 보는 방법에는 10가지가 넘는 기법들이 있다. 운의 흐름을 보는데 왜 이렇게 많은 기법들이 존재하는지 생각해본 적이 있는가? 맞지 않기 때문이다. 아니면 볼 줄 모르거나 둘 중의 하나이기 때문에 계속 만들어 내는 것이다.

어떤 점성가는 피르다리아는 부족하다고 하는 점성가도 있고 어떤 점성가는 레볼루션만이 최고라고 말하는 점성가도 있고 프로펙션만을 강조하며 다른 점성가를 폄하하는 점성가도 있음을 알게 되었다. 그러나 상관없다. 실전정통점성학은 잡지책에서나 읽을 수 있는 그런 3류 점성술이 아니다.

개인적으로 알비루니의 피르다리아를 참고로 한다. 왜냐하면 대단히 쉽고 잘 맞기 때문이다. 그런데 우리나라에서 피르다리아를 제대로 볼 줄 아는 점성가가 있을까? 나는 없다고 생각한다.

지식이 짧고 논리가 빈약하면 사람은 인신공격을 하게 되어있다. 다른 사람을 폄하하거나 비하함으로써 자신이 돋보일 것이라고 생각하는 사람은 지극히 유아적이고 초보적인 수준을 벗어나지 못하는 것이다.

네이티비티 네이탈 출생차트에서 메이저 ♃, 마이너 ☿ 시기에 네이티브에게는 무슨 일이 발생했을까?

이 시기에 네이티브는 이성을 만났거나 이성으로 인하여 가정과 직업에 변동이 생겼을 것이며 재산상의 큰 손실이 발생했을 것이라고 판단했다. 마이너 ☿의 디스포지터는 ♂로써 1st에 코로드로 위치하여 3rd의 코로드 ☉을 □애스펙트로 본다. 3rd가 움직인다. 다시 말하면 마이너 ☿의 디스포지터 ♂에 의해 3rd가 움직이는 것이다. 즉 1st의 코로드 ♂로부터 □애스펙트를 이루는 플래닛이 3rd의 코로드 ☉이므로 이동 중에 네이티브가 사고를 내는 것이라고 판단을 내렸다.

여기까지 해석하자 의뢰인은 말한다. 네이티브가 작년에 여자 친구를 만나서 다니던 직장을 때려치우고 가정을 떠나서 타향으로 왔다. 그리고 운전을 하다가 사람을 치어서 사망케 하고 도주하였다가 24시간 이내에 자수를 했다. 현재 1천 5백만 원을 공탁해 놓았다고 했다.

그런데 며칠 전 심리재판에서 징역 3년형이 구형되었다고 하면서 매우 불안해하고 있다고 했다. 그러니 구속될지 어떨지 제발 좀 잘 좀 봐달라고 했다.

네이티비티 네이탈 출생차트에서 현재 메이저 ♃, 마이너 ☽ 시기 이다. ☽는 3rd에서 11th와 5th를 각각 △과 ✱애스펙트를 이루고 있다. 또한 마이너 ☽의 디스포지터 역시 3rd에서 룰러를 얻은 ♃이며 역시 11th에 위치한 ☋을 △애스펙트로 보고 있다. 이것은 네이티브가 사회적 인맥과 친구들 그리고 형제들과 이웃의 조력을 받을 것이라고 판단을 내렸다. 판결이 내려지는 시기를 따져보니 마이너 서브 마이너 ♃ 시기에 판결이 내려진다. 네이티브는 구속되지 않을 것이라고 판단을 내렸다. 인사사고이므로 형사적 책임을 피할 수는 없을 것이나 구속에까지 이르지는 않을 것이다. 왜냐하면 마이너 서브 마이너 ♃ 시기에 판결이 나므로 ♃는 3rd에서 룰러를 얻어 디그니티가 매우 강하다. 12th의 코로드 언포춘 ♄과 □애스펙트를 이루어 힘든 일은 발생하겠으나 11th의 ☊와 △애스펙트를 이루고 마이너 서브 마이너 ♃가 룰러를 얻어 디그니티가 매우 강하므로 사회적인 인맥의 조력을 받아 구속은 면할 것이라고 판단을 내렸다.

반드시 검증하고 또 검증한다. 상담을 할 때까지만 하더라도 매우 근심 걱정이 가득했었는데 지금은 일이 너무 잘 풀린다고 좋아하고 있다.

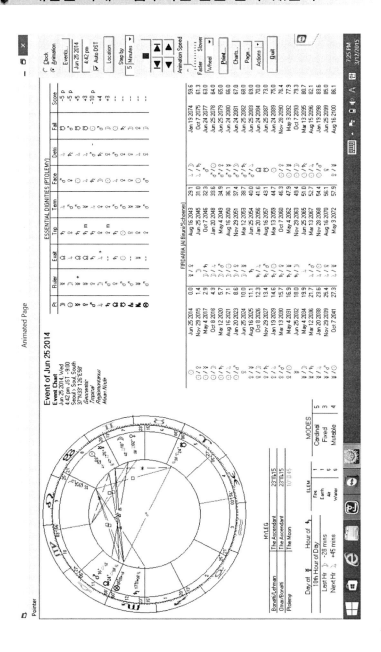

이 호라리 차트는 쿼런트의 퀘시티드에 관하여 뽑은 차트이다. 부동산 공인중개사로부터 가게를 소개받았는데 그 가게에 들어가면 돈을 벌 수 있을 것인지를 호라리로 봐달라는 요청이 들어왔다. 또한 그 가게를 동생이 사고자 하는데 살 수 있는지 봐달라고 했다.

1. Consideration Moon is Slow
2. ASC의 Ruler ♂가 비아컴버스트에 걸려있다.
3. 2nd의 Ruler인 재물의 시그니피케이터 ♃가 9th에서 11th에 위치한 코로드 ☊과 12th에 위치한 코로드 ⊗를 □애스펙트를 이룬다.
4. 8th의 Ruler ☿가 비록 룰러를 얻었지만 ℞하며, ☉로부터 컴버스트를 당하고 있다.

장사를 하거나 가게를 운영하기 위해서는 11th와 5th가 살아야 하며 2nd와 8th가 살아야 한다. 쿼런트의 사업을 다스리는 10th의 룰러 ☿가 네이티브의 재물을 다스리는 8th에서 ℞하며 ☉로부터 컴버스트를 당하고 있다. 재물의 시그니피케이터들은 손상을 입었으며 쿼런트 자신이 비아컴버스타에 걸려있으므로 이 호라리 차트는 이간관계에 문제가 생기고 재물의 흐름이 원활하지 않다. 무엇보다도 ☽가 Slow하므로 쿼런트 자신이 이 가게에서 성공할 수 있는지 확신이 없다. 그러므로 공인중개사로부터 소개받은 가게에 들어가는 것은 안 된다고 판단을 내렸다.

동생의 쿼런트는 형제이므로 3rd를 ASC로 놓는다. 부당산은 3rd로부터 네 번째 하우스가 다스리므로 6th로 배정한다. 3rd의 룰러는 ♄ 이다. ♄ 이 12th에서 코로드로 위치하며 ℞ 하고 있다. 부동산을 다스리는 시그니피케이터는 3rd로부터 네 번째 하우스인 6th가 되며 6th의 룰러는

♂이다. ♂는 11th에서 비아컴버스타에 걸려있다. ♂의 디스포지터는 우이며 우는 3rd로부터 5번째 하우스인 7th에서 3rd로부터 8번째 하우스인 10th의 커스프를 □애스펙트 한다. 10th의 사인 ♍의 룰러는 ☿로써 3rd로부터 6번째 하우스인 8th에서 ℞하며 ☉로부터 컴버스트를 당하고 있다.

따라서 쿼런트의 동생은 부동산을 사려고 하지만 은행으로부터 돈을 융통할 수 없을 것이라고 판단을 내렸다. 또한 쿼런트의 동생의 시그티피케이터 ♄이 ℞함으로써 부동산을 구입하려고 했던 생각을 나중에 접을 것이라고 판단을 내렸다.

얼마 뒤 쿼런트로부터 전화가 왔다. 쿼런트는 부동산 공인중개사로부터 소개받은 가게에 들어가지 않기로 결정을 내렸다고 했다. 그리고 동생이 그 가게를 사려고 하였으나 평당 6천만 원을 받고도 1억 8천만 원이 더 있어야 하는데 더 이상 은행으로부터 대출을 받을 수 없어서 가게를 사는 것을 포기했다고 했다.

숟가락이 국 맛을 알지 못하듯이 어리석은 자는 지혜로운 자와 평생을 함께 살아도 그 지혜와 도를 깨치지 못하는 법이다.

- 명심보감

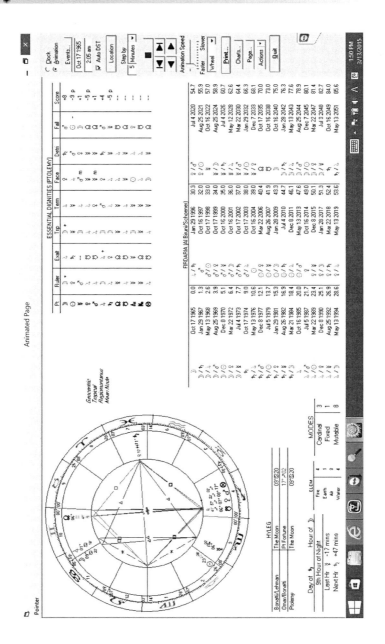

개인적으로 정치인과 엮이는 것을 매우 싫어한다. 점성가는 정치인과 엮이면 불필요한 이해관계에 휩쓸릴 수 있고 이용당할 수 있기 때문이다. 점성가는 언제나 항상 중립적인 위치에서 생각을 견지할 수 있어야 한다.

2014년도 6월 4일 지방선거가 있기 얼마 전에 제자 분이 메인 정당의 공천을 받은 잘 아는 사람이 선거에서 당선될지를 봐 달라고 재촉하여 어쩔 수 없이 차트를 뽑았다고 하면서 명조를 보내왔다. 이 네이티브는 온 동네방네 감투라는 감투는 다 쓰고 다닌다고 했다. 그래서 메인 정당의 공천을 받았을 것이다. 다른 역학자들과 점성가들은 이 명조를 보고 당선이 된다고 했는데 어떨지 봐달라는 것이다.

차트를 리딩하기 전에 두 번 다시 정치인과 연계되지 않겠다고 약속을 받고 다짐을 받았다. 제자 분이 보내온 명조를 가지고 차트를 뽑고 제자 분하고 내기를 했다. 내가 차트 리딩한 것이 맞으면 두 번 다시 정치인의 차트는 보지 않겠다고, 두 번 다시 정치인과 연계되는 일은 없도록 하겠다고. 점성가가 정치인과 관계를 맺게 되면 엄청난 위험성을 안고 가게 되기 때문이다.

앞 페이지의 네이티비티 네이탈 출생차트를 보고 다른 점성가는 이렇게 판단을 내렸을 것이다. ♃가 네이티브의 명예와 권력을 다스리는 10th에서 에센셜 디그니티 익절테이션을 얻어서 매우 강하고, ☽는 네이티비브의 사회적 인맥을 다스리는 11th에서 에센셜 디그니티 룰러를 얻어 매우 강한 네이탈 출생차트이므로 사회적인 인맥의 조력을 받아 명예와 권력을 얻을 것이라고 판단을 내렸을 것이다. 그리고 디그니티를 얻은 ☽와 ♃가 3rd에서 연설, 말, 네트워크, 커뮤니케이션을 다스리는 ☿와 △애스펙트를 이루므로 당연히 선거에서 당선될 것이라고 판단을 내렸을 것이다.

그러나 내 개인적인 생각은 다르다. 현실성과 실용성을 갖춘 아랍점성학의 꽃 알비루니의 피르다리아를 보면 2013년 5월 13일 메이저 ☉, 마이너 ♂가 들어와서 2014년 10월 16일까지 네이티브의 삶을 다스린다. 이 기간 동안에 네이티브에게는 무슨 일이 벌어질까?

네이티비티 네이탈 출생차트에서 ♃와 ♀의 의미를 다스리는 포춘 ☊이 네이티브의 사회적인 명예, 지위, 권력, 권위 등 사회활동을 다스리는 10th에 위치하고 있으며 4th에 위치한 인포춘 ♂가 ☊을 ⚹애스펙트로 본다.

마이너 ♂의 디스포지터를 살펴보자. 마이너 ♂의 디스포지터 는 ♃로써 10th에서 익절테이션을 얻어서 디그니티가 매우 강하다. 그렇다. 이것만 놓고 보면 네이티브는 명예나 지위 또는 자격을 얻는다. 우리나라 대표 메인정당의 공천을 받았다. 그러나 10th의 룰러이면서 3rd의 룰러인 ♀가 10th의 ☊과 7th의 코로드 ♄을 각각 ⚹과 □애스펙트를 이루며 1st 커스프와도 □애스펙트를 이룬다. 또한 네이티브가 인생에서 지향하는 삶의 모습을 보여주는 ☉과 3rd의 커스프와 코로드 ☿가 비아컴버스타에 걸려있으므로 당연히 선거에서 떨어진다. 100% 떨어진다.

차트 리딩은 적중했고 이 정치인 후보 네이티브는 선거에서 떨어졌

다. 제자 분은 선거 결과가 나오기까지 손꼽아 기다렸다고 했다. 나의
차트 리딩이 어쩌면 틀리기를 바랐을지도 모른다. 그러나 내 차트 리딩
은 적중했고 스승과의 약속은 지키겠다고 다짐을 했다.

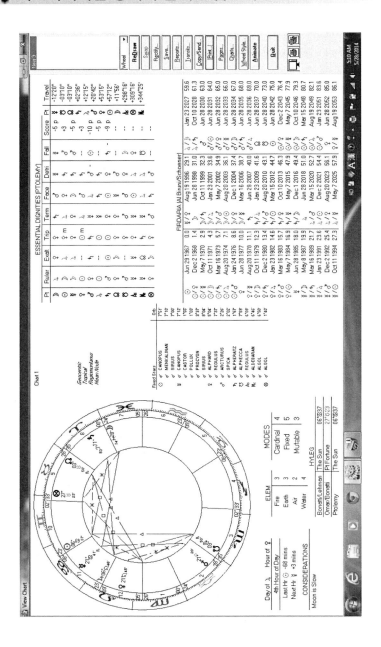

피르다리아는 아랍 점성학자 알비루니에 의해 체계화 되었다. 네이티비티 네이탈 출생차트에서 피르다리아는 운의 흐름을 보는 디렉션에서 가장 정확한 방법 중의 하나이다.

이 네이티비티 네이탈 출생차트에서 2013년 10월 10일 메이저 ♄, 마이너 우가 피르다리아에서 들어온다. 마이너 우가 들어오는 시기에 네이티브에게는 어떤 일이 일어날까?

피르다리아에서 메이저 ♄이 8th에 코로드로 위치하며 8th의 룰러인 ♂는 ♄의 디스포지터이면서 2nd에서 디트리먼트하고 있다. 이 사실을 통해서 이 네이티브는 메이저 ♄이 다스리는 동안 경제적으로 어려움을 겪을 것이라는 사실을 알 수 있다. 실제로 몇 년에 걸친 경제적 어려움으로 인하여 극심한 스트레스에 시달리고 있다고 했다.

일단 마이너 우가 2013년도 10울 10일 피르다리아에서 들어온다. 이 네이티브에게 무슨 일이 일어날까?

우는 9th의 룰러이면서 12th의 코로드로 들어온다. 9th에서 사인 ♉는 인터셉티드 한다. 즉 사인 ♉의 의미가 강하게 드러나는 것이다. 다시 말하면 사인 ♉가 다스리는 우도 강하게 드러난다는 의미이다. 마이너 우시기에 외국에 나갈 일이 있을 것이라고 판단을 내렸다.

무엇과 관련하여 외국에 나갈 것인가?

마이너 우의 디스포지터인 ☉이 10th에 코로드로 위치하여 11th의 사인 ⊙의 영향을 받고 있으며 9th와 3rd에 각각 ⚹애스펙트와 △애스펙트를 이루고 있으므로 직업과 관련하여 알게 된 사람들에 의해 외국에 나갈 일이 생길 것이라고 판단을 내렸다.

그럼 언제 외국에 나가게 될까?

서브마이너 ☿시기의 마이너 서브 마이너 ☽시기인 2014년도 4월 23일~5월 13일 사이에 외국에 나갈 것이라고 판단을 내렸다. 실제로 이 네이티브는 서브 마이너가 ☿이므로 직업과 관련하여 2014년도 5월 6일 연수형식으로 외국에 나갔다 왔다.

그렇다면 서브마이너 ☿시기에 외국에 나갈 일만 생기는 것일까? 이 네이탈 출생차트에서 죽음과 재물을 다스리는 8th의 룰러 ♂는 2nd에 코로드로 위치하여 ☿를 □애스펙트를 이루고 있다. 이것은 서브마이너 ☿시기에 직접적으로 돈이 나갈 일이 생긴다는 것이다. ☿는 네이티브를 다스리는 1st의 사인 ♍의 룰러이며 ♂는 죽음과 사고 재물을 다스리는 8th의 룰러이다. 이것을 사고나 수술을 의미한다. ♂는 3rd의 룰러이기도 하므로 교통사고나 수술로 인하여 돈이 나갈 일이 생길 것이라고 판단을 했다.

실제로 네이티브에게서 돈이 나갈 일이 생겼으나 교통사고는 아니고 ☿가 다스리는 사인 ♍의 인체부위 소장 끝에서 대장이 시작되는 부분, 즉 맹장수술을 했다. 서브마이너 ☿, 마이너 서브 마이너 ☿시기인 4월 3일~4월 23일 사이에.

2014년도 연초에 상담을 의뢰한 분이었기에 당시에는 차트에서 보이는 대로 리딩만 해주었는데 5월 20일경 다시 소식을 접하게 되어 확인하게 된 것이다. 실제로 인생은 차트에 나와 있는 대로 흘러간다는 사실을 다시 한 번 확인하게 된 계기가 되었다.

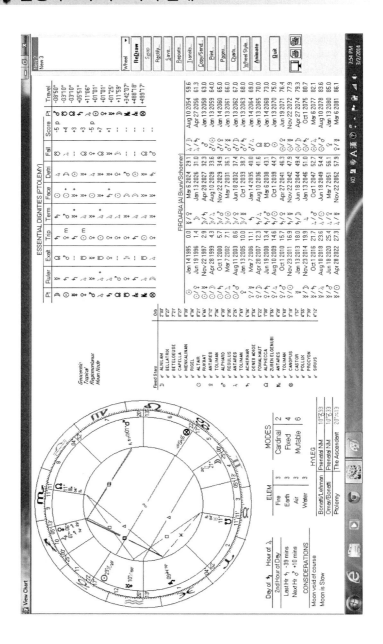

이 네이티비티 네이탈 출생차트에서 네이티브가 인생에서 지향하는 삶의 모습을 보여주는 ☉은 고독과 슬픔의 하우스인 12th에서 코로드로 위치하고 있다. 네이티브의 인생을 지배하는 ⊗는 모든 고통과 슬픔이 시작되는 질병의 하우스인 6th에 위치하고 있다. 12th에 위치한 ☉ 과 6th에 위치한 ⊗의 어포지션 애스펙트 그리고 ♄이 1st에서 디스포지터인 ♃부터, 포춘인 ♀로부터 각각 □애스펙트를 이루고 있다. 이것은 네이티브가 지향하는 인생의 삶의 모습이 만성적인 질병으로 인한 고통을 보여주고 있다.

ASC 커스프에 픽스트 스타 '카스트라'가 ♂하고 있다. 픽스트 스타 '카스트라'는 '파괴, 제어가 불가능한 성격, 악의' 등의 의미를 가지는 인 포춘이다. 그렇다 ASC와 네이탈 출생차트 구조를 살펴볼 때 이것은 네이티브의 카르마에서 온 질병이다. 네이티브는 어려서부터 만성질환에 시달려 심각한 사회생활의 어려움을 겪고 있다고 했다.

이 네이티브와 비슷한 상황에 처한 의뢰인에 대하여 에드가 케이시가 자신의 피지컬 리딩으로 남긴 것이 있어 소개한다.

에드가 케이시의 피지컬 리딩에 따르면 "전에도 말했듯이 이 병은 카르마에서 온 것이다. 사람들과 사물에 대한 마음가짐이 달라지지 않으면 소용이 없다. 육체적 이상에 대한 물질적 치료효과는 나타나 있다. 그러나 그는 여전히 자기 중심적이고 영적인 것을 받아들이지 않으니 그런 태도를 바꾸지 않고 증오, 적의, 부정한 탐욕, 질투가 남아 있는 한, 또한 인내, 이웃에 대한 사랑, 친절, 온화함이 아닌 그 무엇이 그의 마음속에 있는 한 치유는 기대할 수 없다.

그는 무엇 때문에 병을 고치고 싶어 하는가? 자신의 육체적 욕망을 만족시키기 위해서인가? 그렇다면 더욱 이기주의자가 되기 위해서인가? 만약 그렇다면 지금의 상태로 낫지 않는 편이 그를 위해서 좋다.

마음가짐과 삶의 목적이 달라지고 말과 행동에서도 그런 변화가 나타난다면 그리고 그런 바탕 위에서 지시한 대로 물질적 치료를 한다면 그는 회복될 것이다." 이 네이티비티 네이탈 출생차트에서 네이티브와 비슷한 의뢰인에게 에드가 케이시가 남긴 피지컬 리딩을 살펴보았다. 이 네이탈 출생차트에서 ASC 커스프에 ♂한 픽스트 스타 '카스트라'의 의미처럼 제어가 불가능한, 파괴와 악의에 차 있는 성격을 바꾸지 않는 한 질병에 대한 치료는 기대하기 어려울 것이라고 판단을 내렸다.

역사란 무엇인가?

세상을 갈고 닦는 것이 역사다.

- 2012년 9월 12일 새벽에 조만섭

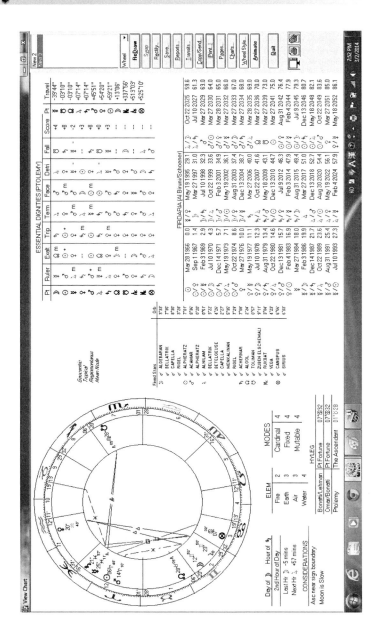

이 네이티비티 네이탈 출생차트는 아버지의 차트이다. 네이티브의 아버지 차트에서 자식을 다스리는 시그니피케이터 ⊙이 고통과 슬픔을 다스리는 12th에 코로드로 위치하고 있다. 자신의 운명을 다스리는 ⊗는 3rd에 위치하여 4th의 사인 ☍의 영향 아래에 놓여 있으며 12th에 위치한 자식의 시그니피케이터인 ⊙로부터 □애스펙트를 이루고 있다. 이것은 자식으로 인한 고통과 슬픔이 카르마로 이어져 가정과 형제들을 짓누르고 있음을 보여주는 것이다. ⊗가 3rd에 위치하고 있다는 것은 네이티브가 고통과 시련을 개인의 정신수양을 통해서 초월하고 승화시키라는 인생의 목적을 보여주는 것이다.

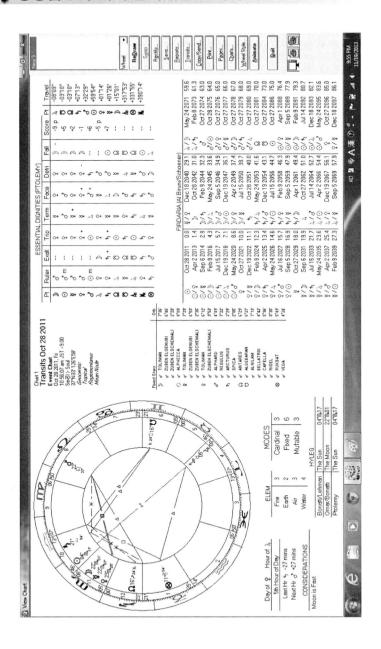

본인의 저서 『출생차트 해석을 위한 정통점성학』에 실려있는 호라리 차트를 정리한 것이다. 몇 년 전 헤어진 애인을 다시 만날 수 있는지 의뢰가 들어왔다. 쿼런트의 질문에 대한 호라리 차트의 결과이다.

1. Luna is fast. 레디컬 하다. 즉 판단이 가능하다.
2. ASC 23°, DSC 23°. 레디컬 하다. 즉 판단이 가능하다.
3. 1st의 로드
4. 7th의 로드
5. ☽의 위치
6. ⊗의 위치

점성가인 본인이 몇 가지 질문을 하려고 하였으나 쿼런트는 "그냥 헤어진 애인과 다시 만날 수 있는지만 봐주세요."라고 말할 뿐 어떤 정보도 주지 않았다.

많은 쿼런트들은 질문을 던지고 점성가가 맞추기를 바란다. 사실 쿼런트와 커뮤니케이션이 이루어져야 상담이 훨씬 부드러운데 퀘시티드 이외의 질문에 대해서는 말을 하지 않으려고 한다. 아마도 점성가에 대한 신뢰를 확신할 수 없었기 때문일 수도 있고 아니면 개인의 사생활 때문일 수도 있을 것이다. 그럼에도 불구하고 쿼런트의 퀘시티드에 대하여 호라리 차트를 열고 리딩을 했다.

호라리 차트에서 ☽가 ☉으로부터 막 컴버스트를 벗어났다. 이것은 최근에 한 달 남짓한 기간에 쿼런트는 안 좋은 일을 겪었음을 의미한다.

⊗의 디스포지터인 ♄이 10th 앵글에서 에센셜 디그니티 익절테이션을 강하고 7th의 로드 ♀가 ☽와 ♂이루며 우와도 ♂을 이룬다.

그러므로 쿼런트는 헤어진 애인과 다시 만날 수 있을 것으로 판단을 내렸다.

여기서부터는 쿼런트가 질문한 퀘시티드 이외에 어떤 정보도 없이 점성가가 호라리 차트를 보고 리딩한 것이다.

♂가 8th에서 ☿와 우에 □애스펙트를 이루고 있다. 이 것은 쿼런트가 헤어진 애인과 다시 만날 수는 있으나 그 과정에서 방해하는 세력이나 장애가 있을 수 있음을 의미한다. ♂가 의미하는 사고, 즉 창상이나 교통사고 등으로 인하여 돈과 관련이 있을 것이며, 1st의 로드 ♃가 ☉과 ☍애스펙트를 이루고 있다는 것은 법적인 부분과 관련하여 자유롭지 못함을 의미한다. 또한 퀘시티드의 플래닛 ♀가 재물의 하우스 인 8th의 픽스트 사인 ♏ 위치함으로써 돈과 관련된 문제와 법적으로 발생할 가능성이 있는 문제가 해결되지 않는 한 애인과 헤어진 상황은 장기간 지속될 것으로 판단했다.

이 문제를 해결하기 위해서는 1st에 위치한 ⊗의 관계를 살펴본다. ⊗의 디스포지터는 ♄이며 ⊗는 4th에 위치하며 5th의 사인 ♉에 위치한 ♃와 △애스펙트를 이루고 있다. ♃의 디스포지터는 우이다. 그러므로 쿼런트는 자존심과 이기심을 버리고 인내하고 기다리면서 자신의 마음을 표현할 수 있는 마음의 표시를 준비하여 전한다면 상대방의 마음을 움직일 수 있을 것이라고 판단했다. 여기까지 쿼런트의 어떤 정보도 없이 점성가가 호라리 차트만 보고 리딩한 것이다. 이렇게 호라리 차트를 리딩하고 나자 쿼런트는 차트 리딩에 신뢰가 생겼는지 사건에 대하여 자세한 이야기를 하였다.

"한 달 전에 쿼런트가 애인과 헤어지고 나서 애인을 만나러 갔다가 애인이 운전하는 차에 발을 밟혀서 경찰까지 출동한 사건이 있었다. 그리고 쿼런트는 치료비나 합의금 등을 이야기하지 못한 채 한 달 가까이 병원에 다니면서 물리치료를 받고 자신의 돈으로 치료비를 지불하고 있다."고 했다.

헤어진 애인은 교통사고로 인한 합의금 문제와 법적인 문제 등으로 인하여 자신에게 부담이 될까 봐 쿼런트를 피하고 있는 것이다. 따라서 헤어진 애인을 안심시키고 자동차 사고로 인한 문제를 잘 해결한다면 차트는 레디컬하므로 한 번은 다시 만날 수 있을 것이다. 그 이후에는 쿼런트가 하기에 달렸다.

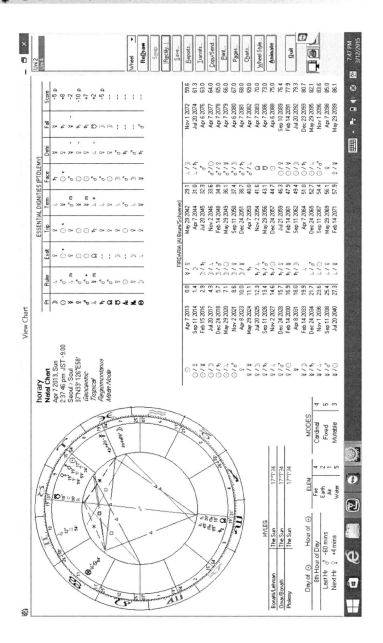

지난 2013년 4월 7일 2시 35분경 다급한 전화 한 통이 걸려왔다. 자신의 동생의 친구가 죽었는지, 살았는지 호라리로 봐달라고 했다. 큰 빚을 졌는데 이번에 남편이 알게 되어 휴대폰과 지갑 등 모든 소지품을 놔두고 집을 나갔다는 것이다. 동생의 친구에게는 휴대폰 문자로 자신의 딸을 잘 부탁한다는 말을 남기고는 집을 나갔다고 했다.

즉시 호라리 차트를 띄워 보았다. 호라리 차트를 보고 쿼런트에게 동생의 친구는 살아 있으니 시간이 지나면 돌아올 것이라고 하면서 너무 걱정하지 말라고 안심시켰다.

호라리 차트를 보면 질문을 한 사람인 언니는 쿼런트 1st가 되고 쿼런트의 동생은 3rd가 되며 동생의 친구는 사회생활을 하면서 만난 친구라고 하므로 동생으로부터 11th가 된다.

호라리 차트에서 동생의 친구를 다스리는 1st의 룰러 ⊙은 9th에서 에센셜 디그니티 익절테이션을 얻어 매우 강하다. 그러므로 동생의 친구는 집을 나갔으나 죽지 않고 살아있음을 알 수 있다. ⊙이 ⊗와 □애스펙트를 이루고 있으므로 재물의 손실과 관련이 있음을 알 수 있다.

☽가 7h에 위치하므로 집을 나가 맨 처음 간 곳에 있을 것이다. ♄이 3rd에서 7th에 위치한 ☽를 △애스펙트 함으로써 친척이나 가까운 이웃 중에서 쿼런트보다 나이가 많은 사람의 도움을 받고 있을 것이라고 판단을 내렸다.

8th의 룰러 ♃가 11th의 사인 Ⅱ의 영향 아래에서 10th에 위치하여

7th에 위치한 ☽를 □애스펙트를 이루고 있다. ☽가 ♃로부터 □애스펙트를 벗어나려면 8°를 더 가야 한다. 그러므로 ☽가 ♃와 □애스펙트를 벗어나는 시점에서 돌아올 것이라고 판단을 내렸다.

이 호라리의 판단은 적중했고 쿼런트 동생의 친구는 현재 집에 돌아와 있다.

현존하는 것을 보는 사람들은 태곳적부터 일어난 모든 것과 영원토록 존재하게 될 모든 것을 본 것이다. 만물은 종류도 같고, 영상도 같기 때문이다.

- 마르쿠스 아루렐리우스

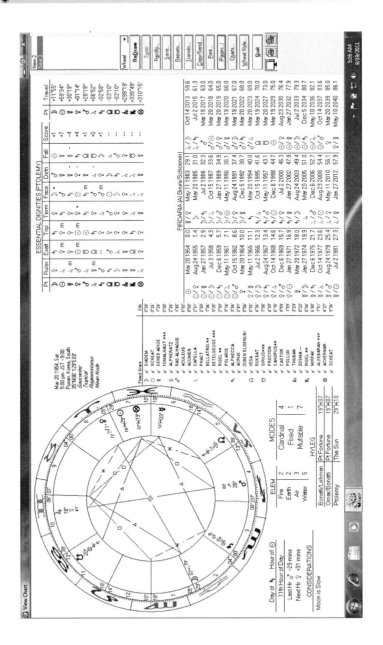

사람들은 예언이라 하면 세계적인 재난이나 국가적 이슈에 초점을 맞춰 생각하는 경향이 있다. 물론 정통점성학에서는 먼데인으로 판단이 가능하다. 그러나 여기서는 한 인간의 삶의 과정 일부분을 조망하여 살펴보고자 한다.

지난 2008년 1월에 한 여인이 남편의 신년 운을 보고자 네이티비티 네이탈 출생차트 리딩을 의뢰해왔다.

먼저 피르다리아를 보니 아직 마이너 ♂가 다 가기 전이었다. 2008년 8월 23일을 기하여 마이너 ☉이 7th로 들어온다. 사람들은 7th로 플래닛이 메이저나 마이너로 들어오면 7th는 배우자나 애인, 연애를 다스리므로 이성과 관련하여 생각하는 경우가 많다. 그러나 마이너는 어디까지나 메이저의 영향 아래에 있으므로 메이저 ♃의 위치를 먼저 살펴보았다. 메이저 ♃는 사회활동과 직업 명예를 다스리는 10th에 자리를 잡고 있었다. 그리고 마이너 ☉은 7th에 위치하여 어떤 플래닛으로부터도 손상을 입지 않았으므로 네이티브는 사업과 관련하여 동업자를 구하려고 할 것이다. 마이너 ☉은 어떤 플래닛으로부터도 손상을 입지 않았으므로 의도하는 바대로 사업파트너를 구할 것이다.

마이너 ☉이 7th로 들어오므로 7th가 움직인다. 7th에 있는 재물을 다스리는 ⊗는 ⊗의 디스포지터 ♃로부터 10th에서 □를 이루고 있으며 ♃는 4th의 ♂와도 ☍애스펙트를 이루고 있다. 이 의미는 직업과 관련하여 법적인 분쟁이 발생할 것이며 이로 인하여 부동산이나 가정에 영향을 미치게 된다는 의미를 나타낸다. 그런데 4th의 ♂역시 디스포지터가 법을 다스리는 ♃이고, 배우자의 재산과 타인의 돈, 동업자의 돈을 다스리는 8th의 룰러 이면서 7th에 있는 재물의 시그니피케이터인 ⊗와 □ 애스펙트를 이루고 있으므로 사업을 위해 동업자로부터 끌어다 쓴 돈이 문제가 될 것으로 판단하였다.

이 판단에 대하여 의뢰인에게 "남편 분이 사업파트너를 구하려고 할 것입니다. 동업을 하게 되면 동업자와의 사이에서 반드시 법적인 분쟁이 발생할 것이며 그로 인하여 부동산이나 가정에 큰 피해와 경제적 손실을 가져오게 될 것입니다."라고 말해주었다.

2008년 9월 어느 날 당시의 차트 의뢰인과 통화를 하게 되어서 지난 근황을 물어보았다. 의뢰인은 '남편이 사업 확장을 위해 동업을 하였으나 동업자로부터 진행 중인 사업과 관련하여 법적인 소송을 당하였고 거액을 변상하게 되었다라고 하였으며 그로 인하여 오피스텔 사무실을 처분하고 가지고 있던 아파트마저 팔려고 한다.'는 말을 했다.

차트 리딩에 대한 판단은 적중했고 그 일은 실제로 이루어졌다.

설사 벵골 보리수나무를 베어도 뿌리를 잘라버리지 않으면 다시 살아나듯이 고통의 근원(根源)을 찾아내지 못하면 괴로움은 자꾸자꾸 되살아나 그 자신을 괴롭힌다.

- 법구경

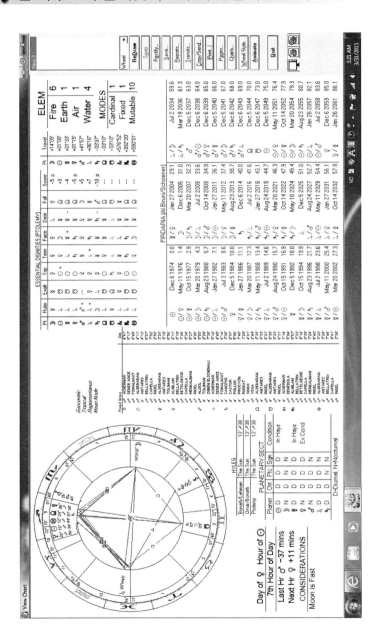

네이티비티 네이탈 출생차트에서 네이티브를 다스리는 1st의 룰러 ♃는 고독과 슬픔, 감금, 구속, 속박의 하우스인 12th에서 룰러를 얻었다. 네이티브의 마음과 잠재의식, 무의식을 주관하는 ☽는 모든 고통과 질병이 시작되는 하우스인 6th에 위치하여 네이티브를 다스리는 ♃와 ☍애스펙트로 보며 9th에 위치한 ⊗, ☉, ☿와 □애스펙트를 이룬다. 이것은 네이티브의 인생이 매우 고독하며 외로울 것이라는 것을 보여준다. 그리고 항상 어딘지 모를 심리적 불안함을 안고 살아가리라는 것을 말해준다. 네이티브는 두 개의 사인에서 룰러를 얻어서 매우 강한 출생차트를 타고났다. 그런데 ♓와 ♏ 두 사인 모두 물의 사인인 뮤트 사인에서 룰러를 얻었으므로 말이 없다. 실제로 말이 없다고 한다. 3rd의 룰러 ☿가 9th에서 디트리먼트 하며 서로 ☍애스펙트를 이루는 것은 네이티브가 돌아다니는 것을 극도로 싫어함을 보여준다.

네이티브의 질병의 하우스인 6th는 사인 ♌에 걸려있다. 6th는 네이티브가 인생을 살아가면서 나타나는 질병을 다스린다. 사인 ♌는 옆구리와 허리, 척추를 다스린다. 6th를 다스리는 사인 ♌의 룰러 ☉은 9th에서 페러그라인 한다. 그러므로 이 네이티브는 현재 허리가 안 좋아서 시술 중에 있다고 한다. 그럼에도 불구하고 네이티브가 경제적으로 걱정 없이 삶을 살아갈 수 있는 것은 타인의 원조를 받는 8th가 강하여 부모로부터 경제적 도움이 끊이지 않고 있기 때문이다.

종교의 하우스인 9th에 플래닛이 3개 이상 몰려있다는 것은 네이티브가 타고난 카르마이다. 이것은 네이티브가 세상을 살아가면서 정신수양을 통하여 자신에게 주어진 삶의 고통을 승화시키라고 하는 하늘의 메시지인 것이다.

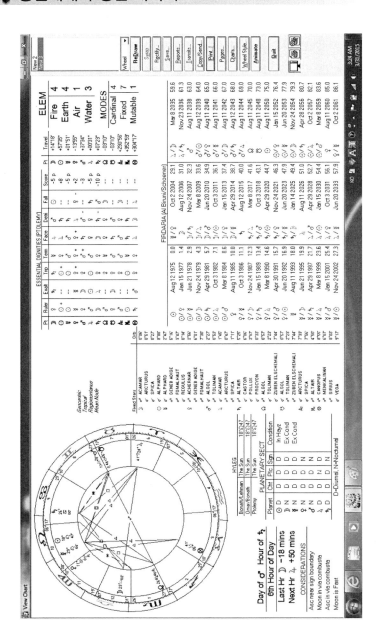

네이티비티 네이탈 출생차트에서 네이티브를 다스리는 1st의 사인은 ♏이며 룰러는 ♂이다. 1st의 룰러 ♂는 사인 ♉의 영향을 받으며 8th에서 코로드로 위치하고 있다. 이것은 네이티브가 물질에 대한 집착과 안정을 추구할 것임을 말해주고 있는 것이다. 네이티브는 물질적 안정을 이루었을 때 비로소 마음의 안정도 얻을 수 있는 것이다. 네이티브는 사인 ♏에 ♂를 타고났으므로 자신의 의지를 밖으로 드러내지 않은 채 특유의 인내력으로 남다른 추진력을 발휘할 것이다.

그러나 네이티브의 마음을 다스리는 ☽는 슬픔과 고독의 하우스인 12th에 위치하여 4th의 룰러 ♄과 □애스펙트를 이루므로 가정에 애착이 없을 수도 있고 또는 가정문제로 인하여 삶이 외롭고 고독할 수 있다는 것을 보여주는 것이다. 그러므로 네이티브는 사회활동을 해야 하는데 다행히도 10th에서 ☉이 사인 ♌에서 룰러를 얻었다. 그러므로 네이티브는 왕성한 사회활동을 통해서 삶의 의미를 찾을 것이다.

네이티브의 운명을 다스리는 ⊗는 네이티브의 정신세계를 다스리는 3rd에서 사인 ♑의 영향을 아래에 놓여있다. ⊗의
디스포지터 ♄ 역시 정신세계를 다스리는 9th에 위치하고 있으므로 네이티브가 정신세계에 대한 관심이 많다는 것을 보여주며 이는 물질에 대한 집착을 해서는 안 된다는 것을 보여주는 것이다. 이것은 네이티브가 재물에 대한 집착을 내려놓으라고 하는 하늘의 메시지이며 네이티브가 정신세계 활동을 통하여 사회생활을 하게 될 것임을 보여주는 것이다.

질병과 관련하여 6th의 코로드 ♃가 ☽를 ☌으로 보며 ♄을 □애스펙트 한다. 이는 만성질환을 앓게 될 것임을 보여준다.

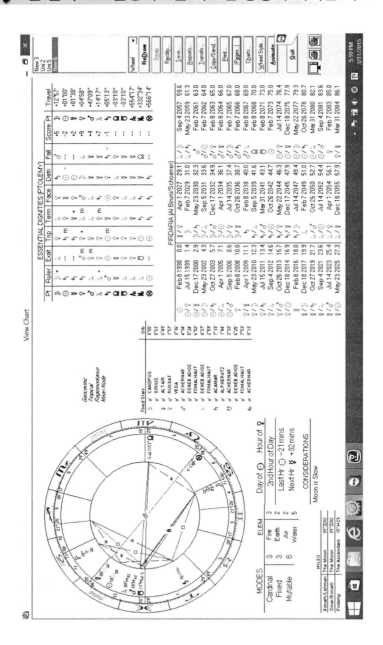

네이티비티 네이탈 출생차트를 1분 간격으로 타고난 고등학생인 쌍둥이의 네이탈 차트이다.

언니의 1st의 사인과 룰러는 ♓와 ♃로써 12th에서 룰러를 얻어서 매우 강한 차트를 타고났다. 언니의 차트는 물의 기운이 매우 강한 사인 ♓를 어센던트로 가지므로 관념적이고 이상적인 생각의 소유자이다. 그러면서도 감성적이고 정서적인 성향으로 흐르기 쉬운 성향을 타고났다. 실제로 네이티브는 다른 사람들이 생각할 수 없는 아주 신비롭고 별 이상한 생각을 다 한다고 한다. 얼굴도 넓적하다. 또한 9th의 로드 ♃가 12th에 들어 있어서 공부에 관심이 없다. 그러면서 상담을 하는 직업을 갖고 싶다고 했다. 감수성이 예민하고 정서적 성향이 강하여 다른 사람들의 아픔에 함께 동화하는 능력이 뛰어나기 때문에 상담을 하면 잘할 것이라고 판단을 했다. 그러므로 공부를 열심히 하라고 일러주었다.

반면에 동생은 어센던트 사인이 ♊이며 ☽를 코로드로 갖는다. 동생은 얼굴이 갸름하며 예쁘게 생겼다. 쌍둥이 동생은 ☿를 룰러로 가지므로 공부하고 배우고 익히는 것에 관심이 많다. 그래서 공부를 잘한다. 9th에 네이티브가 지향하는 삶의 모습을 보여주는 ☉이 코로드로 위치하므로 공부하고 지식을 습득하는데 관심이 많다. 또한 정신세계에도 관심이 많다. 종교와 관련된 공부를 하거나 ♃가 룰러를 얻어 강하므로 법을 공부해도 될 것이다. 실제로 동생은 성적도 상위권이며 법을 공부하고 싶다고 했다.

쌍둥이의 차트가 4분 이상 시간차가 나면 보기가 쉽지만 1분의 시간차가 날 때에는 다른 방법으로 차트를 해석한다.

서른이 넘도록 직업을 갖지 못한 네이탈 출생차트

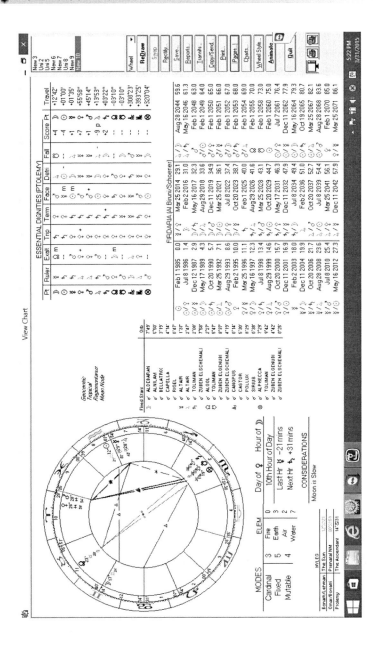

네이티비티 네이탈 출생차트에서 네이티브는 지금까지 한 번도 직장을 다녀보지 못했다고 했다. 직장을 구하려고 아무리 노력을 해도 구해지지 않을 뿐만 아니라 일을 하고 싶어도 할 수 없었다고 했다. 왜 이런 일이 네이티브의 인생에서 생기는지 궁금해했다.

네이티브의 직업과 사회활동을 다스리는 10th를 보면 우가 ♓에서 익절테이션을 얻어 매우 강하다. 10th가 이처럼 강할 때 점성가들은 네이티브가 사회적 지위도 확고하며 안정적인 확실한 직장을 가지고 있을 것으로 판단한다. 그럼에도 불구하고 네이티브는 왜 직장을 구할 수 없었을까?

10th의 커스프가 ♓ 29° 22′에 걸린 인 포춘 픽스트 스타 '스케아트'의 영향 때문이다. 인 포춘의 픽스트 스타의 영향력 때문에 플래닛의 의미가 발현이 되지 않는 것이다. 플래닛과 픽스트 스타가 동시에 움직일 때 픽스트 스타가 플래닛에 우선하여 발현된다. 이것이 원리다.

네이티브는 2014년도데 노무사 시험 1차에 합격했다고 했다. 2015년도에 노무사 2차 시험을 치르는데 합격할 수 있는지를 물어왔다.

피르다리아를 보니 2014년도 3월 25일 마이너 우가 들어와서 2016년도 2월 1일까지 작용을 한다. 마이너 우는 10th에서 익절테이션을 얻어 디그니티가 매우 강하다. 그리고 우의 디스포지터인 ♃와 ＊애스펙트를 이루며 ♄과도 △애스펙트를 이루므로 인내심을 가지고 최선을 다하면 합격할 수 있을 것으로 판단을 했다.

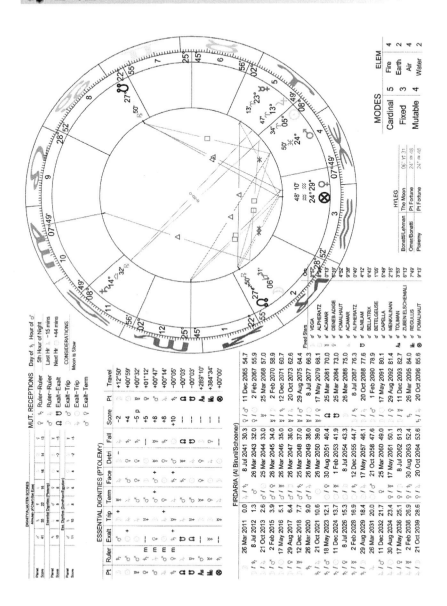

고전 정통점성학은 일반 인스턴트 점성술인 썬-사인 심리점성술과 달리 3000년 이상의 역사를 가지고 있다. 그리스의 철학자 플라톤과 아리스토텔레스에 의해 판별점성학이 체계화 되었으며 이집트의 지리학자이며 천문학자인 클라우디우스 프톨레마이오스에 이르러 고전 정통점성학이 정립되었다. 그리고 영국의 정치가이며 점성가인 윌리엄 릴리에 의해 고대로부터 내려온 헬레니즘 점성학과 실용적인 아랍점성학을 체계화하여 1647년 '크리스천 아스트랄러지'라는 이름으로 고전 정통점성학을 출판하여 오늘에 이르고 있다. 고전 정통점성학은 통계적 접근방법에 의하여 사건을 예측하여 미리 준비하고 대비하는 데 그 목적이 있다.

이 먼데인 차트는 2010년 12월 16일자로 작성하여 대한점성학협회 홈페이지에 올린 글이다. 2011년도 우리나라에서 일어날 수 있는 사건에 대하여 국가의 운을 보는 인그레스 차트(Ingress chart)이다.

⊙을 기준으로 하여 ⊙은 5th의 사인 ♈의 영향력 아래에 우리나라의 영토를 다스리는 4th에 위치하고 있으며 ⊙은 사인 ♈에서 익절테이션을 얻어 디그니티가 매우 강하다. 그리고 서쪽을 의미하는 사인 ♎와 ♄이 상징하는 나라 중국아 이웃한 국가를 나타내는 11th에서 4th에 위치한 ⊙과 5th에 위치한 ♃를 ∞애스펙트로 보고 있다. 이 의미를 해석하면 중국과 우리나라와의 관계는 천안함 사건과 연평도 사건에서도 알 수 있듯이 중국은 외교적 결례를 범하면서까지 북한의 입장을 비호하는 행태에 대하여 우리 국민의 분노를 샀으며 이에 우리는 자주권과 주권의 차원에서 강력하게 대응하였다. 우리나라는 ⊙이 사인 ♈에서 익절테이션을 얻어 디그니티가 매우 강하므로 앞으로 자주권과 주권의 차원

에서 강경한 기조가 이어질 것이다. 그러나 ♄도 사인 ♎에서 익절테이션을 얻어 디그니티가 매우 강하므로 중국도 북한의 도발에 대하여 쉽게 인정하고 받아들이지 않을 것이며 자신의 주장을 쉽게 굽히려 들지 않을 것이다. 이 과정에서 중국과의 외교적 불신과 골이 깊어졌으며 이로 인하여 소원한 관계는 당분간 지속될 것으로 보인다. 그런데 익절테이션을 얻은 ♄이 ℞하므로 인하여 결국에는 자신의 주장을 누그러뜨릴 것이다. 중국은 중국 나름대로의 역할이 있기 때문에 중국과 소원한 관계가 지속되면 우리에게도 이로울 것이 없으므로 이러한 시점을 잘 이용하여 우리는 관계를 회복할 수 있도록 노력하는 것이 매우 중요하다.

4th에 코로드로 위치한 전쟁의 신이며 폭력과 투쟁의 별인 ♂는 2nd에 위치한 ☊과 8th에 위치한 ☋에 각각 □애스펙트를 이루고 있다. 또한 5th에 코로드로 위치한 ♃가 ♄으로부터 ⚻애스펙트를 이루고 있다. 이 사실을 종합하여 판단하면 전쟁과 폭력, 투쟁을 상징하는 ♂는 4th의 내부에 위치하고 있으므로 물리적 사건은 일어나지 않을 것이라고 판단을 내렸다. 다만 전쟁에 대한 불안감과 공포가 사라지지 않고 있음을 나타내며 폭력이나 물리적 충돌을 야기하는 시위나 집회가 있을 수 있음을 나타낸다. 이로 인하여 우리나라를 방문하는 여행자의 수가 감소할 수 있으며 우리의 문화적 활동이 전반에 걸쳐 위축될 수 있다. 이러한 사회 불안요소는 국제회의나 국제경기 등을 유치하는 데 상당히 어려울 수 있음을 나타내고 있다.

전쟁과 폭력의 플래닛인 ♂가 2nd와 8th에 걸쳐 □애스펙트를 이루고 있다는 것은 폭력시위나 물리적 충돌에 의하여 금융과 주식시장이 내외적으로 불안할 수 있음을 의미하며 ☽가 2nd에서 ☉과 □애스펙트를 이루고 있다는 것은 실업자 수가 늘어나고 서민들이 경제적인 어려움으로 인하여 힘들어질 수 있음을 의미한다.

2011년 우리나라의 큰 흐름을 나타내는 ⊗는 정보통신과 전자기기를 다스리는 3rd에 위치하여 5th의 코로드 ☿와 ✳애스펙트를 이루면서 8th에 코로드로 위치한 ☋과 △애스펙트를 이루고 있다. 또한 2nd에 위치한 ☊과도 ✳애스펙트를 이루고 있다. 따라서 지식을 기반으로 하는 정보통신 사업은 문화콘텐츠와 결합하여 새로운 수익을 창출하며 기대 이상의 수익을 거둘 것이다.

실제로 유럽의 금융위기, 그리스와 이탈리아 그리고 스페인 등 경제적 불안요인들로 인하여 환율시장과 주식시장이 요동을 쳤다.

♂은 바빌로니아의 전쟁과 질병의 신인 네르갈(Nergal)이다. 네르갈의 이름에는 "시체들이 지긋지긋한"이라는 의미가 내포되어 있다. 본인은 여기서 한 가지 간과한 것이 ♂가 우리나라의 영토를 의미하는 4th에 코로드로 위치하고 있어 우리나라에서 일어나는 전쟁과 죽음으로 이해를 했다. 그런데 현시점에서 우리나라에 전쟁이 일어날 리가 없기 때문에 중요한 사실을 놓쳤다. 사건은 가축분야에서 발생했다. 국운을 보는 먼 데인을 쓰고 난 다음해 2011년 새해 1월부터 구제역이 발생하여 소를 비롯한 돼지 수백만 마리가 매몰되고 매몰된 지역에서는 침출수가 새어 나오는 등 많은 문제점들이 드러나기 시작했다. 또한 구제역 방제작업 중 과로로 인하여 순직한 공무원들도 다수 발생하였다.

♂의 의미를 좀 더 넓은 의미로 짐승이나 가축의 사체까지도 확대하여

해석해보았더라면 구제역의 발생까지도 예측할 수 있지 않았을까 하는
아쉬움이 남았다.

외국인 여인과 결혼한 네이티브

배우자를 다스리는 7th의 룰러가 9th에 위치하거나 9th를 다스리는
룰러가 7th에 위치하거나 7th와 9th의 룰러가 서로 뮤츄얼 리셉션을 하
게 되면 네이티브는 외국인과 결혼하게 되는 경우가 많다.

다음의 차트는 외국을 다스리는 9th의 룰러 ♃가 배우자를 다스리는
7th에 위치하고 있다. 그러므로 이 네이티브는 중국 한족 여인과 결혼을
했다.

이와 같은 경우 모두 외국인과 결혼을 하는 것은 아니지만 네이티비
티 출생차트 구조상 외국인과 연애를 하거나 결혼을 할 수 있는 확률이
월등히 높다.

View Chart

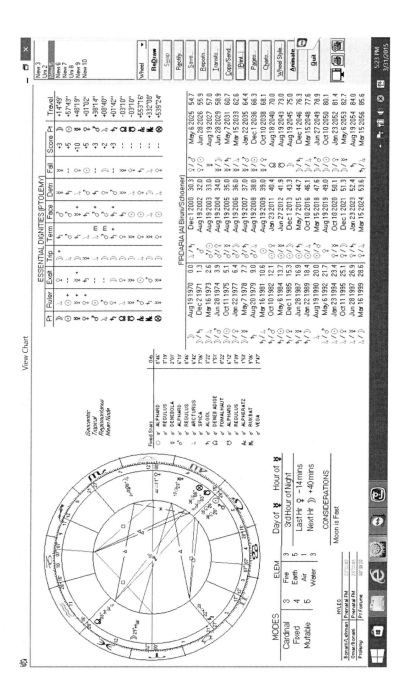

347

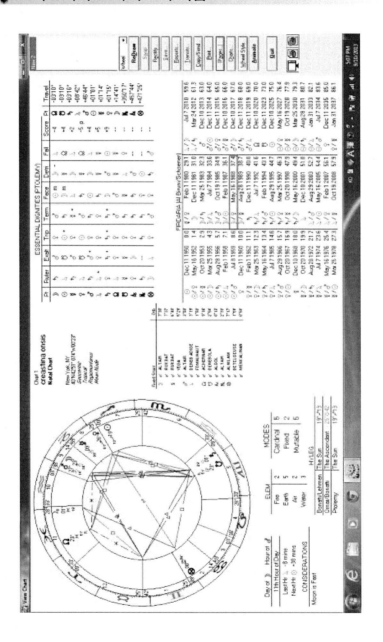

개인적으로 제자 분들에게 인터넷에 떠도는 차트는 보지 말라고 말한다. 인터넷에 떠도는 유명인의 삶의 차트를 가져와서 묻는 제자 분들, 유명 탤런트들의 차트를 가져와서 묻는 제자 분들이 있다. 왜냐하면 인터넷상에 떠도는 유명인의 삶은 우리 모두가 잘 알고 있는 것들이다. 그러므로 차트를 해석함에 있어 꿰어 맞추게 된다. 이렇게 해서는 결코 차트해석 실력이 늘지 않는다.

인터넷 상에서 이런 차트들이 돌아다니고 있다고 하면서 제자 분들이 가져와서 설명을 해달라고 한다. 크리스티나 오나시스의 네이티비티 네이탈 출생차트에서 재물에 대하여.

1. 네이탈 출생차트에서 네이티브는 자신을 다스리는 1st의 룰러 우가 유산상속을 다스리는 8th의 코로드로 위치해 있다.
2. 1st의 룰러 우의 디스포지터는 보편적 재물을 다스리는 시그니피케이터인 ♃이다.
3. 네이티브의 재물과 운명을 지배하는 ⊗는 재물을 다스리는 2nd에 위치하여 보편적 재물의 시그니피케이터인 ♃로부터 △애스펙트를 이루고 있다.

이상으로 플래닛들의 배치를 통해 크리스티나 오나시스는 막대한 유산을 상속받으리라는 것을 알 수 있다.

크리스티나 오나시스의 네이티비티 네이탈 출생차트에서 배우자에 대하여

1. 페러그라인하여 약한 ☉이 배우자를 다스리는 7th에 코로드로 위치하고 있으며 재물의 하우스인 8th의 사인 ♐의 영향을 받고 있다.
2. ☉은 가정과 유산을 다스리는 4th와 유흥과 유희를 다스리는 5th를 다스리는 룰러이다.
3. ☉의 디스포지터는 법을 다스리는 ♃이다.
4. ☉의 디스포지터인 ♃가 인간관계 및 사교를 다스리는 11th에 위치하여 네이티브를 다스리는 1st의 커스프를 □애스펙트를 이루고 있다.

위 사실을 종합하여 판단하면 네이티브가 만나는 남자들은 사회적으로는 권위가 있으나 오만 무례하며 탐욕적이며 여성편력이 심한 사람들이다. 그로 인하여 법적인 분쟁을 야기 시키며 이러한 삶은 크리스티나 오나시스에게 크나큰 상실감을 안겨주었다. 그런데 ☉은 네이티브가 인생에서 지향하는 삶을 보여주므로 남자에 대한 지나친 관심과 의존성이 남성편력으로 비춰지게 된다.

그렇다면 크리스티나 오나시스는 점성학적으로 보았을 때 어떠한 삶을 살아야만 불행한 삶을 피해갈 수 있을까?

배우자의 하우스를 다스리는 7th의 사인 ♏의 룰러 ♂는 종교의 하우스이며 정신세계를 다스리는 9th에서 사인 ♑의 영향을 받고 있다. 사인 ♑은 상체부분은 산양의 모습을 하고 있고 꼬리부분은 물고기 지느러미를 하고 있다. 상체의 산양은 육(물질)을 상징하며 꼬리 부분인 물고기 지느러미는 물(정신)을 상징한다.

사인 ♑이 주는 교훈은 인생에서 한 번쯤 정신적인 가치와 세속적인 가치 사이에서 하나의 선택을 하는 기로에 놓일 수 있다는 것을 보여준다. 이때가 되면 성공에 대한 야망과 욕심, 남성에 대한 지나친 관심과 욕망을 자제해야 하며 내면의 마음을 잘 다스리고 정신적인 가치를 추구해야만 한다는 것을 보여준다. 왜냐하면 사인 ♑은 인간에 대한 타락을 주관하는 사인이기 때문에 내면의 마음을 잘 다스리지 못하면 그동안 쌓아온 명성과 성공을 한순간에 잃을 수 있기 때문이다.

배우자와 연인, 이성 관계를 다스리는 7th의 룰러 ♂가 종교와 학문의 하우스인 9th에 위치하여 사인 ♑의 영향력 아래에 위치하고 있다는 것은 네이티브는 배우자나 이성에 대한 집착을 자제해야 하며 정신적인 세계관으로 마음을 잘 다스려가야 함을 말해주고 있다. 그런데 크리스티나 오나시스는 그렇게 하지 못했다.

크리스티나 오나시스의 네이티비티 네이탈 출생차트에서 죽음에 대하여

1. 네이티비티 네이탈 출생차트에서 네이티브의 운명을 지배하는 ⊗는 재물을 다스리는 2nd에 위치하여 죽음을 다스리는 8th에 위치한 죽음을 다스리는 8th에 우치한 1st의 룰러 우로부터 ∞애스펙트를 이루고 있다.
2. ☊이 유희의 하우스인 5th에 위치하고 있다.
3. 피르다리아에서 ☽가 메이저로 들어온다.
4. 피르다리아에서 우가 마이너로 들어온다. 1988년 5월 16일 크리스티나 오나시스가 37세 되던 해에 죽음을 다스리는 8th로 우가 마이

너로 들어온다.

5. 마이너 ♀가 죽음의 하우스인 8th에 위치하여5th에 위치한 ☊과
   ♄에 □애스펙트를 이루며 2nd에 위치하여 네이티브의 운명을 지
   배하는 ⊗를 ∽애스펙트를 이루고 있다.

5th는 창조적인 자기표현을 통하여 자아실현의 기쁨과 행복을 얻는
하우스이며 성과 유희를 다스리는 하우스이다. 사람들은 누구나 자아실
현을 통하여 기쁨과 행복을 얻게 될 때 삶의 의미를 느끼게 된다. 그런
데 5th에서 장애를 다스리는 ☊이 있다는 것은 네이티브의 억눌린 삶의
의식을 반영하며 왜곡된 성의식을 나타낸다. 이렇게 되면 사람들은 돌
파구를 찾게 된다.

물의 플래닛 메이저 ☽는 사건의 강, 약을 다스리며 마이너 ♀가 사건
을 다스린다. 1988년 5월 16일 크리스티나 오나시스가 37세 되던 해에
물의 플래닛 마이너 ♀ 죽음의 하우스인 8th로 들어와서 2nd에 위치한
⊗와 ∽애스펙트를 이루며, 5th에 위치한 ☊과 ♄에 각각 □애스펙트
를 이룬다.

이것은 약물중독을 의미한다. 죽음의 사인은 밝혀지지 않았지만 차트
상에서 애스펙트에서의 관계를 놓고 볼 때 약물중독으로 죽은 것이다.

♀는 향정신성 약물 또는 의약품을 의미하며 ♀가 마이너에서 들어오
면 사인 ♎와 ♉가 움직인다. 사인 ♎는 타인에 의한 죽음이나 무기, 폭
력 등에 의해 살해당하는 것이다. 또한 5th는 도박빚, 유흥비, 약물중독,
자식에 의한 죽음을 다스린다.

무엇이 크리스티나 오나시스를 죽음으로 몰고 갔을까? 우리는 한 번 생각해볼 수 있다. 마이너로 들어온 ♀가 재물을 다스리는 2nd에 위치한 ⊗를 ∞애스펙트한 관계를 미루어 짐작할 수 있다. 그럼 누구에 의해서일까? 그것 또한 ♀의 디스포지터와 사인에 의해서 알 수 있다.

점성학 무료프로그램

　점성학을 처음 공부하는 사람들은 굳이 유료프로그램을 사용할 필요가 없다.

[대한점성학협회 홈페이지 자료실 무료프로그램]

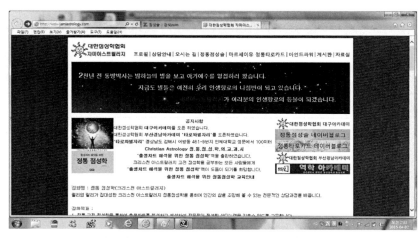

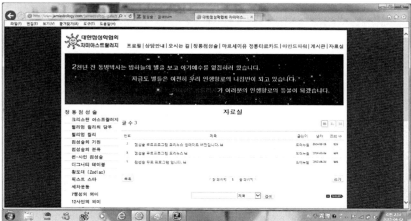

◆ 점성학 유료프로그램

많은 분들이 『출생차트 해석을 위한 정통점성학』을 보고 점성학 프로그램에 대하여 문의를 해오고 있다. 전문가용으로서 사용하기에 편리한 프로그램인 'SolarFire(솔라파이어)' 프로그램에 대하여 소개하고자 한다.

'SolarFire(솔라파이어)' 점성학 프로그램을 판매하는 사이트는 세계 여러 나라에 걸쳐 많이 있지만 미국에 있는 http://alabe.com을 이용한다. 참고로 'SolarFire' 점성학 프로그램은 '영문 윈도우'에서만 설치가 가능하다.

http://alabe.com 메인 홈페이지이다.

메인 홈페이지 메뉴에서 Software를 클릭하면 제품을 클릭할 수 있는 팝업메뉴가 뜬다. 팝업메뉴에서 Solarfire v9를 클릭한다.

Solarfire v9를 클릭하면 다음과 같은 화면으로 넘어간다.

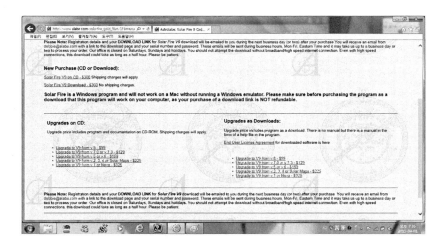

기존의 Solarfire 정품사용자라면 업데이트를 받을 수 있고 새로 구입하고자 하는 사람은 360달러에 다운을 받을 수 있다. 그러나 Solarfire CD로 받고자 하면 40달러의 운송료가 추가되어 400달러에 구입할 수 있다.

| 해탈의 자유 |

우리가 상상한 것은 현실이 되고, 우리는 현실보다 더 현실 같은 상상 속에 살고 있다. 상상 속의 현실이 현실이 아님을 알게 될 때 우리는 해탈의 자유를 누리게 될 것이다.

2015년 조만섭

| 참고문헌 |

조만섭, 2012, 『출생차트 해석을 위한 정통점성학』, 에세이퍼블리싱

네이버 블로그 '정통점성술'

네이버 영화

뉴턴코리아 편집부, 2012, 『사계절의 별자리 관찰』, 뉴턴코리아

http://rakooon.tistory.com/m/post/625

http://www.quantumyoga.org

http://www.opencourse.info/astronomy/introduction/04.motion_mo
    on/

▌저자소개

• 조만섭

전자계산학을 전공하였으며 경기대학교 국제문화대학원(현 문화예술대학원) 동양철학과에서 명리학을 전공하였으며 석사학위논문으로는 '명리이론과 궁합의 상관관계연구'가 있다.

- 1997년도 인도의 마하리시 마헤시 요기가 창안한 '초월명상' TM 수료
- 2000년도 미국 호세 실바박사가 창안한 마음의 창조학 실바메서드 '마인드 컨트롤과 울트라 마인드 ESP' 수료
- 2003년도 마르세이유 정통타로카드 입문
- 2005년도부터 크리스천 아스트랄러지와 자미두수 연구
- 2007년도 레드 썬 김영국 교수님으로부터 자기최면과 타인최면을 사사받음.

대한점성학협회 http://www.jamiastrology.com,
정통점성술 네이버 블로그 http://blog.naver.com/dominuel,
네이버 블로그 정통타로카드 http://blog.naver.com/yerae5를 운영 중이다.

• 윤소현

'타로와 별자리' 원장
대한점성학협회 부산경남아카데미 http://www.koreanastrology.kr과 타로와 별자리 네이버 블로그 http://blog.naver.com/sohe0718을 운영 중이다.
현재 김해시 인제대학교 정문에서 '타로와 별자리' 상담소를 운영하고 있다.